文化产业
经营合同
实 务

赵玉忠 编著

图书在版编目（CIP）数据

文化产业经营合同实务/赵玉忠编著. —北京：经济管理出版社，2011.12
ISBN 978-7-5096-1714-4

Ⅰ.①文… Ⅱ.①赵… Ⅲ.①文化产业—经济合同—基本知识—中国 Ⅳ.①D922.165

中国版本图书馆 CIP 数据核字（2011）第 250475 号

出版发行：经济管理出版社
北京市海淀区北蜂窝 8 号中雅大厦 11 层
电话：(010)51915602　　邮编：100038
印刷：北京银祥印刷厂　　　　　　经销：新华书店
组稿编辑：王　琼　　　　　　　　责任编辑：王　琼
责任印制：黄　铄　　　　　　　　责任校对：陈　颖

720mm×1000mm/16　　19.75 印张　　365 千字
2012 年 3 月第 1 版　　　　　2012 年 3 月第 1 次印刷
定价：48.00 元
书号：ISBN 978-7-5096-1714-4

·版权所有　翻印必究·

凡购本社图书，如有印装错误，由本社读者服务部负责调换。联系地址：北京阜外月坛北小街 2 号
电话：(010)68022974　　邮编：100836

序 言

伴随大众传播技术（尤其是互联网和数字化技术）的不断创新与广泛应用，文化产业成为本世纪内最具发展潜力的"朝阳产业"，成为许多国家的国民经济主导产业乃至支柱产业。中国通过实施建设创新型国家和知识产权战略，必将使文化产业成为经济可持续发展的新增长点。党的十七届六中全会史无前例地通过《中共中央关于深化文化体制改革、推动社会主义文化大发展大繁荣若干重大问题的决定》，该决定提出"加快发展文化产业，推动文化产业成为国民经济支柱性产业；进一步深化改革开放，加快构建有利于文化繁荣发展的体制机制；建设宏大文化人才队伍，为社会主义文化大发展大繁荣提供有力人才支撑"的战略性决策。这无疑为我国文化产业的发展、繁荣提供了坚实的政治保障。《文化产业经营合同实务》一书的出版，顺应了我国文化产业飞速发展对高层次、复合型文化产业经营人才培养的需求。

《文化产业经营合同实务》一书共设有六章。前四章分别讲授物权法、版权法、合同法以及相关经营行为法知识；第五章结合文化产业经营特点介绍十种有名合同实务，包括买卖合同、赠与合同、借款合同、租赁合同、承揽合同、技术合同、保管合同、委托合同、行纪合同和居间合同（后三种在书中统称"经纪合同"）；第六章结合文化产业经营特点介绍八种无名合同实务，包括投资合同、版权合同、劳务合同、演出合同、娱乐合同、旅游合同、培训合同和网络合同。该书共编撰90个合同文本，其中收录示范文本12个、自编参考文本78个，涵盖了文化产业的主要经营业务，堪称文化产业经营合同实务之全书。

赵玉忠教授长期从事高校文化法律法规教学与研究，多年担任文化行业单位法律顾问，兼具较高的理论素养与丰富的实践经验。中国第一例导演著作权纠纷案，就是由我们两人分别代理导演和厂方出庭对簿公堂。由于当时处于计划经济体制向市场经济体制过渡时期，民事立法相对滞后，本案最终以调解方式结案。在计划经济体制下，人与人（包括法人和自然人）之间的经济联系大多具有纵向关系。诸如，上级下拨资金、下达任务；下级（及员工）完成任务、交付产品。在市场经济体制下，人与人之间的联系多为横向关系，即市场主体之间平等交易关系。20世纪90年代以来，我国相继颁布和实施了《著作权法》、《产品质量法》、《反不正当竞争法》、《消费者权益保护法》、《广告法》、《合同法》、《拍卖法》、《招标投标法》、《物权法》等法律，初步构建起具有中国特色的社会主义民事法律体系和市场经营秩序。文化产业经营人员应当懂法、守法，既要熟悉市场法律知识，又要掌握合同签约技巧，依法维护作为民事主体的单位和个人的正当权益。这样才能有效避免经济纠纷乃至诉争，促进文化产业的良性发展。赵玉忠教授慧眼独具，率先投身文化产业的法律事业，具有开拓性意义。他勤于思考，长于实践，并笔耕不辍，从这个意义上来说，出自他手的《文化产业经营合同实务》一书，对提高我国文化产业经营人员的业务素质具有重要的实用价值。

刘春田

2012年1月于北京·人大明德法学楼

目 录

第一章 物权法 ... 1
- 第一节 物权法概述 ... 1
- 第二节 所有权 ... 3
- 第三节 用益物权 ... 8
- 第四节 担保物权 ... 10
- 第五节 占有 ... 16

第二章 版权法 ... 19
- 第一节 版权法概述 ... 19
- 第二节 版权的客体和内容 ... 21
- 第三节 版权的归属与获得 ... 25
- 第四节 保护期限与合理使用 ... 28
- 第五节 邻接权 ... 32
- 第六节 侵权责任与保障措施 ... 35

第三章 合同法 ... 39
- 第一节 合同法概述 ... 39
- 第二节 合同的订立 ... 43
- 第三节 合同的效力 ... 49
- 第四节 合同的履行 ... 52
- 第五节 合同的变更、转让和终止 ... 55
- 第六节 违约责任 ... 61

第四章 相关经营行为法 ... 65
- 第一节 拍卖法 ... 65
- 第二节 招标投标法 ... 72

第三节　产品质量法 …………………………………………… 78
   第四节　反不正当竞争法 ……………………………………… 84
   第五节　消费者权益保护法 …………………………………… 89

第五章　有名合同实务 ……………………………………………… 95
   第一节　买卖合同 ……………………………………………… 95
   第二节　赠与合同 ……………………………………………… 102
   第三节　借款合同 ……………………………………………… 107
   第四节　租赁合同 ……………………………………………… 112
   第五节　承揽合同 ……………………………………………… 121
   第六节　技术合同 ……………………………………………… 138
   第七节　保管合同 ……………………………………………… 151
   第八节　经纪合同 ……………………………………………… 156

第六章　无名合同实务 ……………………………………………… 167
   第一节　投资合同 ……………………………………………… 167
   第二节　版权合同 ……………………………………………… 185
   第三节　劳务合同 ……………………………………………… 211
   第四节　演出合同 ……………………………………………… 219
   第五节　娱乐合同 ……………………………………………… 224
   第六节　旅游合同 ……………………………………………… 231
   第七节　培训合同 ……………………………………………… 265
   第八节　网络合同 ……………………………………………… 272

后　记 ………………………………………………………………… 310

第一章 物权法

第一节 物权法概述

一、物权的概念与分类

物权是指权利人在法定的范围内直接支配一定的物,享有其利益,并排斥他人干涉的民事财产权。我国《物权法》规定,本法所称物权,是指权利人依法对特定的物享有直接支配和排他的权利,包括所有权、用益物权和担保物权。物权具有以下法律特征:一是物权的权利主体是特定的,而义务主体是不特定的;二是物权的内容是直接支配一定的物,并排斥他人干涉;三是物权的客体是特定的物;四是物权具有追及效力和优先效力。物权的追及效力是指权的标的物不管辗转流入何人手中,物权人都可以依法向物的非法占有人索取,请求其返还原物。

物权的分类主要有以下三种:

(1) 按物的支配范围划分,分为自物权和他物权。自物权又称所有权或完全物权;他物权是指所有权以外的其他物权,又称定限物权。

(2) 按设立目的划分,分为用益物权和担保物权。用益物权是指以物的使用收益为目的的物权;担保物权是指以担保债权为目的的物权。

(3) 按物权的客体为动产或不动产划分,分为动产物权和不动产物权。

二、物权法的概念及其调整对象

物权法有广义和狭义之分。广义的物权法,是指调整物权关系即人对于物的支配关系的法律规范的总称。狭义的物权法,是指民法法典关于物权的规定。我国《物权法》于2007年3月16日第十届全国人民代表大会第五次会议通过,自2007年10月1日起施行。

物权法所调整的对象就是物权法律关系,实质上是人基于对物的支配所产生的人与人之间的关系。人对于物的支配关系具体表现为人对于物的归属和利用关系。对物的归属关系,就是确定特定的物归谁所有,谁享有绝对的支配权。对物的利用关系,就是对于一个具体的物,究竟谁有权对其进行利用,既包括所有权人对自己所有物的利用,也包括他人对所有权人所有物的合法利用。

三、物权法的基本原则

(一) 物权法定原则

物权法定原则包括:第一,物权须由法律设定。当事人在其协议中不得明确规定其通过合同设定的权利为物权,也不得设定与法定物权不相符合的物权。第二,物权的内容须由法律规定,而不能由当事人通过协议设定。第三,物权的效力须由法律规定,而不能由当事人通过协议加以设定。第四,物权的公示方法须由法律规定,不得由当事人随意设定。

(二) 一物一权原则

一物一权原则有:第一,物权的客体仅为独立的特定的物。只有作为物权的客体的物具有独立性和特定性的情况下才能明确物权的支配范围,使物权人能够在其客体上形成物权并排斥他人干涉。第二,根据一物一权,一个所有权的客体仅为一个独立物,集合物原则上不能成为一个所有权的客体,而只能成为多个所有权的客体。第三,一物的某一部分不能成立单个的所有权,即一物只能在整体上成立一个所有权,而一物的某一部分如尚未与该物完全分离,则不能成为单独所有权的客体,尤其是对那些附属于主物的从物而言,只能是主物的一部分。在交易上,当主物的所有权发生转移,从物也随之转移。

(三) 公示、公信原则

公示是指物权在变动时,必须将物权变动的事实通过一定的公示方法向社会公开,从而使第三人知道物权变动的情况,以避免第三人遭受损害并保护交易安全。公信是指一旦当事人变更物权时,依据法律规定进行了公示,即使依公示方法表现出来的物权存在瑕疵,但对于信赖该物权的存在并已从事物权交易的人,法律仍然承认其具有与真实的物权存在相同的法律效果,以保护交易安全。

第二节 所有权

一、所有权概述

(一) 所有权的概念

所有权是指由国家法律确定的人们对于财产的占有、使用、受益和处分的权利。它是所有制在法律上的表现。所有权具有以下法律特征：一是所有权是绝对权，即所有权不需要他人的积极协助（只要他人不干预）便能实现；二是所有权具有排他性，即任何人不得干涉所有人行使所有权；三是所有权是一种最全面、最充分的权利。

(二) 所有权的权能

根据我国《物权法》规定，所有权包括四项权能：占有、使用、收益、处分。

1. 占有。占有是指人对财产的实际持有和控制，表现为人对物的事实上的占有。占有权是指所有人对其财产的实际控制权，是所有人对其财产进行消费或进入流通领域的前提条件。所有权人直接占有物是比较普遍的现象，但在现实生活中，也经常有非所有人占有的情况，非所有人的占有，分为合法占有和非法占有。例如，国有企业依法占有国家财产，属于合法占有。

2. 使用。使用是指人按照物的性能和用途加以利用。使用权是指所有人对其财产的直接利用权，是所有权人取得所有权的重要目的。财产的使用是为了生产和生活的需要，使用他人的财产可以是有偿的，也可以是无偿的。

3. 收益。收益是指收取由其财产所派生的利益。收益权是指所有人享有其财产所派生的利益权。派生利益的财产称为原物，这种财产派生出来的利益称为孳息，孳息又可以分为天然孳息和法定孳息。天然孳息是指因某种自然规律而派生出来的孳息，如母鸡生的蛋、果树结果实等。法定孳息是指由法律直接规定并因一定的法律事实而派生出来的孳息，如因出租财产而收取的租金，因储蓄而取得利息等。

4. 处分。处分是指财产在事实上或法律上的命运。处分权是指所有人对于自己财产的决定权，是财产所有权的最基本权能。事实上的处分，是指将财产直接消耗于生产或生活过程中。法律上的处分，是指将财产通过法律行为进行处置，处分权一般属于所有人，但在法律的规定下，也可由

(三) 所有权的种类

1. 国家所有权。国家所有权是指国家对国有财产的占有、使用、收益和处分的权利。它是在全民所有制的基础上，特定的权利主体（国家）和不特定的义务主体（任何公民和法人）之间形成的权利和义务关系。国家对国有财产享有排他的支配权。

2. 劳动群众集体所有权。劳动群众集体所有权是指劳动群众集体组织依法对集体的财产行使占有、使用、收益和处分的权利，它是劳动群众集体所有制在法律上的表现。集体所有的财产受法律保护，禁止任何单位和个人侵占、哄抢、破坏。

3. 私人所有权。私人所有权是公民依法享有的占有、使用、收益和处分其生产资料和生活资料的权利，是公民个人所有制在法律上的表现。私人对其房屋、生活用品、生产工具、原材料等不动产和动产享有所有权，私人合法的储蓄、投资及其收益受法律保护，国家保护私人的继承权及其他合法权益。私人的合法财产受法律保护，禁止任何单位和个人侵占、哄抢、破坏。

二、相邻关系

(一) 相邻关系的概念

相邻关系是指两个或两个以上相互毗邻不动产的所有人或使用人，在行使其不动产的所有权或使用权的过程中相互给予对方的一种便利或者对自己权利的限制，因而发生的权利义务关系。相邻关系具有以下法律特征：第一，相邻关系的主体必须是两个或两个以上的人。相邻关系可以在公民之间，也可以在法人之间，或在公民与法人之间发生。第二，相邻关系是因为主体所有或使用的不动产相邻而发生的，如因为房屋相邻产生了通风采光的相邻关系。第三，相邻关系基本上是相邻一方有权要求他方提供必要的便利，他方应给予必要的方便。第四，相邻关系的客体主要是行使不动产权利所体现的利益。相邻各方在行使权利时，既要实现自己的合法利益，又要为邻人提供方便，尊重他人的合法权益。

(二) 相邻关系的种类

1. 邻地利用关系。邻地利用关系是指不动产所有人或使用人为了行使自己的不动产权利而必须利用其相邻之不动产权利人的不动产，则相邻之不动产权利人不得基于其所有权或使用权而予以禁止，但利用人必须选择给对方造成最小损失的方式并给对方以补偿。

2. 用水和排水关系。我国《物权法》规定：对自然流水的利用，应当在不动产的相邻权利人之间合理分配。对自然流水的排放，应当尊重自然流向。

3. 妨害妨免关系。所谓妨害妨免关系是指不动产所有人在行使自己的不动产权利时不得给相邻之不动产权利人造成不应由其忍受的妨害。

相邻关系不动产所有人有义务容忍相邻之不动产所有人为了行使其不动产权利而不得已造成的一定程度的妨碍，但是超出此必要限度的妨害则构成对相邻不动产所有人或使用人权利的侵害。其具体内容包括：①不得完全阻碍相邻不动产权利人对光线的采纳——采光权。②不可量物侵害之排除。土地所有人或使用人，于他人之土地有煤气、蒸汽、臭气、烟气、热气、灰屑、喧嚣、振动及其他与此相类者侵入时，得禁止之。③地基动摇或其他损害妨免。土地权利人在自己土地上进行建筑等活动时不得造成相邻土地地基动摇、塌陷等损害。

4. 越界关系。①建筑物越界。土地所有人在自己土地上建造建筑物，越过边界而占了相邻土地，相邻之土地所有人不得要求其拆除，即不得行使其妨害排除请求权，但是可以要求其赔偿或者以合理的价格购买该占用部分的土地。②树木等越界。土地所有人或使用人在自己土地上种植树木等其根系或者枝叶越界进入相邻土地内，该相邻土地的权利人有权请求其割除。

(三) 处理相邻关系的原则

我国《物权法》规定，不动产的相邻权利人应当按照有利生产、方便生活、团结互助、公平合理的原则，正确处理相邻关系。

三、共有

(一) 共有的概念

所谓共有，是指两个或两个以上的民事主体对同一标的物共同享有所有权。共有的主体称为共有人，客体称为共有财产或共有物。各共有人之间因财产共有形成的权利义务关系，称为共有关系。共有具有以下法律特征：第一，共有的主体不是一个而是两个或两个以上的公民或法人。第二，共有的客体即共有物是特定的，它既可以是独立物，也可以是集合物。第三，共有人对共有物按照各自的份额享有权利并承担义务，或者平等地享有权利和承担义务。每个共有人对共有物享有占有、使用、收益和处分的权利，不受其他共有人的侵犯。

(二) 共有的种类

1. 按份共有。按份共有是指共有人按照预先确定的各自财产份额，对共有财产享受权利和承担义务的一种形式。按份共有权的行使，应遵循协商一致、维持财产现值和优先购买的原则。按份共有法律关系，可因合伙、联营、共同购置、继承等产生，可因财产分割、共有人相互间的出让和赠与等消失。

2. 共同共有。共同共有是指共有人对于全部共有财产享有平等的所有权。共同共有分为夫妻共有和家庭共有。共同共有法律关系一般是在共同生活、共同劳动、共同继承等情况下发生的，主要发生在家庭成员之间。它因身份关系的变化或共有人的死亡而消灭。

（三）共有财产的分割

对共有财产的分割可以采取以下三种方式：

1. 实物分割。在不影响共有财产的使用价值和特定用途时，可以对共有财产采取实物分割的方式。可以进行实物分割的共有物一般是可分物，如粮食、布匹等。

2. 变价分割。如果共有财产不能分割或者分割有损其价值，而且各共有人都不愿意接受共有物时，可以将共有物出卖，由各共有人分别取得价金。

3. 作价补偿。对于不可分割的共有物，共有人中的一人愿意取得共有物的，可以由该共有人取得该共有物。对于共有物的价值超过其应得份额的部分，取得共有物的共有人应对其他共有人作价补偿。

四、所有权的特别规定

（一）善意取得

善意取得是指无权处分他人动产的占有人，在不法将动产转让给第三人以后，如果受让人在取得该动产时出于善意，就可以依法取得对该动产的所有权，受让人在取得动产的所有权以后，原所有人不得要求受让人返还财产，而只能请求转让人（占有人）赔偿损失。善意取得的要件有三个：①受让人取得财产时出于善意。②取得的财产必须是依法可以流通的动产。③受让人必须通过交换而取得财产。

适用善意取得制度的后果是所有权的移转。让与人向受让人交付了财产，从受让人实际占有该财产时起，受让人就成为财产的合法所有人，而原所有人的权利归于消灭。善意取得制度在保护善意的受让人的同时，也应保护原所有人的利益。原所有人丧失所有权，可以向无权处分人主张损害赔偿或者不当得利请求权。无权处分人处分所有人的财产行为往往同时构成违约行为、侵权行为与不当得利，所有人可以选择行使。

（二）先占

1. 先占的要件：①须为动产。②须为无主的动产。所谓无主是指没有所有人，而不是所有人不明。无主物包括从来就没有所有人的物和所有人抛弃之后而没有所有人的物两种。③须占有该无主物。④须以所有的意思占有。

2. 先占的法律效果。先占所构成的是一种事实行为，而不是法律行为。由先占人取得该无主物的所有权。若法律规定某些动产专属于国家，即使未为任何人所有也不是无主物，不能通过先占而取得，比如珍奇动植物等。

（三）拾得遗失物

遗失物是指所有人遗忘于某处，不为任何人占有的物。遗失物只能是动产，不动产不存在遗失的问题。遗失物也不是无主财产，只不过是所有人丧失了对于物的占有。

拾得遗失物的法律后果：①拾得人的返还义务。拾得遗失物，应当返还权利人。②拾得人的通知或上交义务。拾得人应当及时通知权利人领取，或者送交公安机关等有关部门。③拾得人在遗失物送交有关部门前，有关部门在遗失物被领取前，应当妥善保管遗失物。因故意或者重大过失致使遗失物毁损、灭失的，应当承担民事责任。④拾得人有费用偿还请求权和依据悬赏广告而获得报酬的权利。权利人领取遗失物时，应当向拾得人或者有关部门支付保管遗失物等支出的必要费用；权利人悬赏寻找遗失物的，领取遗失物时应当按照承诺履行义务；拾得人侵占遗失物的，无权请求保管遗失物等支出的费用，也无权请求权利人按照承诺履行义务。⑤无人认领时国家取得所有权。遗失物自发布招领公告之日起6个月内无人认领的，归国家所有。

（四）拾得漂流物、发现埋葬物或隐藏物

我国《物权法》规定：拾得漂流物、发现埋藏物或者隐藏物的，参照拾得遗失物的有关规定。《文物保护法》等法律另有规定的，依照其规定。

（五）添附

添附是指数个不同所有人之物结合成一物，或者由所有人以外的加工而成一个新物的法律事实。添附有如下三种情形：①附合。附合是指两个或两个以上不同所有人的财产结合在一起而不能分离，若分离会毁损该物或者所需费用过大的事实。附合可分为动产与动产的附合、动产与不动产的附合、不动产与不动产的附合。②混合。混合是指两个或两个以上不同所有人的种类物互相混杂不能识别的事实。③加工。加工是指在他人之物上进行劳动使之成为新物的事实。

添附的法律后果：由于添附而形成新物的，两个物有价值大小之分的，新物之所有权归价值大的一方，由取得所有权的一方对另一方提供补偿；若不能分出价值大小的归两个人共有，该种共有是按份共有。

第三节 用益物权

一、用益物权的概念与种类

用益物权是指非所有权人对他人所有物所享有的占有、使用和收益的他物权。用益物权作为物权的一种形态，具有对世性、支配性、特定性、排他性和公示性等物权的一般法律特征。用益物权与其他物权形态相比，具有下列基本法律特征：第一，用益物权是一种他物权。第二，用益物权是一种限制物权。第三，用益物权是一种以物的使用价值为实现基础的实体支配权。第四，用益物权大多为独立物权。第五，用益物权的客体主要是不动产。

用益物权可以分为四类：土地承包经营权、建设用地使用权、宅基地使用权和地役权。

二、土地承包经营权

(一) 土地承包经营权的概念

土地承包经营权是指自然人、法人或者其他组织因从事耕作、种植或其他农业生产经营项目而基于承包合同对集体所有或集体使用的国家所有的农业用地所享有的占有、使用、收益的权利。土地承包经营权的主要法律特征是：第一，土地承包经营权的客体是集体所有或者国家所有交给集体使用的农业用地。第二，土地承包经营权的权利内容必须以种植业、养殖业等农业生产为目的。第三，该种权利虽然作为集体土地使用权但是却是可以转让的权利。第四，土地承包经营权的权利主体有一定的限制，农民集体所有的土地由本集体经济组织以外的单位或者个人承包经营的，必须经村民会议2/3以上成员或者2/3以上村民代表的同意，并报乡（镇）人民政府批准。

(二) 土地承包经营权的取得与消灭

1. 土地承包经营权的取得方式。①通过签订承包经营合同而原始取得。②因转让行为继受取得。③继承。④因法院强制执行等其他原因而取得承包经营权。

2. 土地承包经营权的消灭原因：①期限届满。耕地的承包期为30年。草地的承包期为30~50年。林地的承包期为30~70年，特殊林木的林地承包期，经国务院林业行政主管部门批准可以延长。②承包人放弃承包权,即承包人交回承包土地。③提前收回。承包期内,承包方全家迁入设区的市,转为非农业户口的,应当将承包的耕地和草地交回发包方。

三、建设用地使用权

(一) 建设用地使用权的概念

建设用地使用权是指因建筑建筑物或其他工作物而对国家所有的非农业用地进行占有、使用、收益的用益物权。建设用地使用权具有以下法律特征:第一,建设用地使用权是使用他人土地的权利。第二,建设用地使用权是存在于国家所有的土地之上的物权。第三,建设用地使用权是以建筑物或其他工作物为目的的权利。第四,建设用地使用权的权利人可以对土地进行占有、使用和收益,并且可以将该土地使用权进行转让、抵押等处分行为。

(二) 建设用地使用权的取得

建设用地使用权作为一种用益物权,则用益物权的一般取得原因(如转让、继承等),自然也适用于建设用地使用权。建设用地使用权初次取得有如下两种方式:①划拨。土地划拨是土地使用人只需按照一定程序提出申请,经主管机关批准即可取得土地使用权,而不必向土地所有人交付租金及其他费用。②土地使用权出让。土地使用权出让是国家以土地所有人身份将土地使用权在一定期限内让与土地使用者,并由土地使用者向国家支付土地使用权出让金的行为。

土地使用权出让主要有三种方式:协议、招标和拍卖。根据《物权法》规定,工业、商业、旅游、娱乐和商品住宅等经营性用地以及同一土地有两个以上意向用地者的,应当采取招标、拍卖等公开竞价的方式出让。

(三) 建设用地使用权的期限

以划拨方式取得的建设用地使用权没有期限的限制。以出让方式取得的建设用地使用权有最高期限的限制,其最高期限为:①居住用地70年。②商业、旅游、娱乐用地40年。③教育、科技、文化、卫生、体育用地50年。④综合用地或其他用地50年。⑤工业用地50年。

四、宅基地使用权

宅基地使用权是指农民集体成员对于农民集体所有的土地以建设自用住宅为目的而享有的占有、使用的排他性权利。宅基地使用权有如下法律特征:第一,宅基地使用权的所属主体特定。特定的宅基地仅限于本集体经济组织内部的成员享有使用权。第二，宅基地使用权的客体是本集体所有的非农业用地。第三，宅基地使用权的内容是依法建造，保有个人住宅、庭院而对土地的占有、使用和收益的权利。第四，宅基地使用权须经合法手续取得。第五，宅基地使用权是没有期限的，是可以进行继承的。

五、地役权

地役权是指为了利用自己土地的便利而对他人的土地进行一定程度的利用或者对他人行使土地权利进行限制的权利。地役权具有以下法律特征：第一，地役权是使用他人土地的权利。第二，地役权是为利用自己土地的便利而利用他人土地的权利。第三，地役权具有从属性。第四，地役权具有不可分性。

第四节 担保物权

一、担保物权的概念与种类

（一）担保物权的概念

担保物权又称价值权，是指权利人直接支配标的物的交换价值用以担保其债权实现的他物权。与用益物权相比，担保物权具有以下法律特征：第一，担保物权是以支配标的物的价值为其内容的物权。第二，担保物权是以确保债务的履行为目的的物权。第三，担保物权具有从属性。

（二）担保物权的种类

1. 意定担保物权与法定担保物权。依据担保物权发生的原因，可以将担保物权分为意定担保物权和法定担保物权。意定担保物权是指基于法律行为，即担保合同而产生的担保物权，包括抵押权和质权两种。法定担保物权则是根据法律的规定直接发生的担保物权，民法规定了一种：留置权。区别意定担保物权与法定担保物权的意义有两方面：①意定担保物权必须签订合法有效的合同；而法定担保物权无须签订任何合同，但必须符合法律规定的要件。②同一标的物上既有法定担保物权又有意定担保物权，那么法定担保物权恒优先于意定担保物权，而不论两者何者成立在先。

2. 动产担保物权、不动产担保物权、权利担保物权。这是依据担保物权的客体进行的分类。不动产之上只能设定一种担保物权即抵押权。动产担保权则包括动产抵押权、动产质权和留置权三种。权利担保物权可以是权利质权,也可以是权利抵押权。

二、抵押权

(一) 抵押权的概念

抵押是指债务人或第三人不转移抵押物的占有,将抵押物作为债权的担保,债务人不履行债务时,债权人有权依法将抵押物折价或以拍卖、变卖抵押物的价款优先受偿的担保行为。抵押权是指债权人对于债务人或第三人不转移占有而提供担保的不动产或其他财产,在债务人不履行债务时,依法享有的处分其担保财产并就其价金优先受偿的权利。抵押权具有以下法律特征:第一,抵押权是一种担保物权。第二,抵押权是不转移标的物占有的担保物权。第三,抵押权是以抵押财产的变价而优先受偿的权利。所谓优先受偿是指债务人不履行债务时,债权人有权依照法律规定以抵押财产折价或者以拍卖、变卖该财产的价款优先受偿。

(二) 抵押权的设定

1. 抵押权的设定方式。抵押权可以采取两种设定方式:一是根据法律规定直接产生。根据法律规定所设定的抵押权称为法定抵押权。二是基于当事人之间所订立的抵押合同而设定。依抵押合同而产生的抵押权称为约定抵押权。在我国,由于现行立法对法定抵押权规定得很少,因此在实践中所产生的抵押权主要为约定抵押权。根据《担保法》的规定,抵押合同应当采用书面的形式。

2. 抵押当事人。抵押当事人包括抵押人和抵押权人。抵押权人就是指债权人,因为抵押权是担保主债权而存在的,所以只有被担保的主债权中的债权人才能成为抵押权人。抵押人即抵押财产的所有人,是以自己的财产为自己或他人债务设定抵押的人,他既可能是债务人,也可能是第三人。

3. 抵押物。抵押物是抵押权的标的或客体。并非所有的财产都可以用来作为抵押标的物,抵押的财产必须是特定的财产,或者该财产具有特定的范围。由于抵押权的实现要将抵押物拍卖、变卖,因此抵押物必须是可以转让的物。凡是法律禁止流通或已被强制执行的财产是不能作为抵押物的。

根据《物权法》规定,债务人或者第三人有权处分的下列财产可以抵押:①建筑物和其他土地附着物。②建设用地使用权。③以招标、拍卖、公开协商等方式取得的荒地等土地承包经营权。④生产设备、原材料、半成品、产品。⑤正在建造的建筑物、船舶、航空器。⑥交通运输工具。⑦法律、行政法规未禁止抵押的其他财产。

《物权法》同时又从反面规定了不得抵押的财产：①土地所有权。②耕地、宅基地、自留地、自留山等集体所有的土地的土地使用权，但法律规定可以抵押的除外。③学校、幼儿园、医院等以公益为目的的事业单位和社会团体的教育设施、医疗卫生设施和其他社会公益设施。④所有权、使用权不明或有争议的财产。⑤依法被查封、扣押、监管的财产。⑥以法定程序确认为违法、违章的建筑物抵押的，抵押无效。⑦当事人以农作物和与其尚未分离的土地使用权同时抵押的，土地使用权部分的抵押无效，但农作物抵押有效。

4. 抵押物登记。当事人以土地使用权、房地产或厂房等建筑物、林木、航空器、船舶、车辆、企业的设备和其他动产为标的进行抵押的，应当办理抵押物登记。以其他财产抵押的，可以自愿办理抵押物登记，抵押合同自签订之日起生效。当事人未办理抵押物登记的，不得对抗第三人。

（三）抵押的效力

1. 抵押权所担保的债权的范围。抵押权担保的范围包括主债权及利息、违约金、损害赔偿金和实现抵押权的费用。抵押合同另有约定的，按照约定。

2. 抵押人的权利与义务。抵押人享有如下权利：①抵押人对抵押物的占有权和收益权。②抵押人对抵押物的处分权。③抵押人对抵押物设定多项抵押的权利。④抵押人对抵押物的出租权。

抵押人的主要义务是妥善保管好抵押物，采取各种必要的措施以防止抵押物的毁损灭失和价值减少。因抵押人的行为造成抵押物价值减少时，抵押人有义务恢复抵押物的价值，或者提供与减少的价值相当的担保。

3. 抵押权人的权利与义务。抵押权人享有如下权利：①支配抵押物并排除他人侵害的权利。②孳息收取权。③优先受偿权。抵押权人的主要义务是在实现抵押权时严格按照法定和约定的方式及程序，不得损害抵押人和其他人的利益。

4. 抵押权的实现。抵押权的实现须具备如下条件：①必须债务人的债务已到清偿期。②债务人未履行债务。这包括拒绝履行、迟延履行和不适当履行。③必须存在合法有效的抵押。抵押权的实现方式有抵押物折价、拍卖和变卖三种。折价是指抵押权人和抵押人达成协议，将抵押物折价用于清偿债务，并使抵押权人取得抵押物的所有权。拍卖是指以公开的竞争方式出卖。变卖是指由抵押权人出卖抵押物。

三、质权

（一）质权的概念

质押是指债务人或第三人将其动产或权利转移给债权人占有，债务人不履行债务时，债权人依法从该动产或权利中优先受偿的担保行为。质权是指债权人为了担保债权的实现就债务人或第三人移交占有的动产或权利于债务人不履行债务时所享有的优先受偿的权利。质权具有以下法律特征：第一，质权具有一切担保物权具有的共同特性，即从属性、不可分性和物上代位性。第二，质权的标的是动产和可转让的权利，不动产不能设定质权。质权因此分为动产质权和权利质权。第三，质权是转移质物占有的担保物权，质权以占有标的物为成立要件。

（二）动产质权

1. 动产质权的概念和标的物。动产质权是指债务人或者第三人将其动产移交债权人占有，将该动产作为债务担保，债务人不履行债务时，债权人有权依法以该动产折价或者以拍卖、变卖该动产的价款而优先受偿。作为质押的标的物应具备的条件：①动产质押的标的物必须具有可让与性。所谓可让与性，是指该财产能够转移。在法律上不可让与的财产，不能作为质押的标的。②动产质押的标的物须为特定物。如果物尚未特定，即不能确定特定的质物从而使债权缺乏特定的对象不能转移占有，同时物不特定也不能转移占有。

2. 动产质权的设定。设定动产质权，出质人和质权人应当以书面形式订立质押合同。如果当事人采用口头方式订立质押合同，该质押的设定是无效的。出质人和质权人在合同中不得约定在债务履行期届满质权人未受清偿时，质物的所有权转移为质权人所有。

3. 动产质权所担保的债权范围。质押担保的范围包括主债权及利息、违约金、损害赔偿金、质物保管费用和实现质权的费用。质押合同另有约定的，按照约定。

4. 出质人的权利与义务。出质人的权利包括：①动产出质以后，出质人虽然将质物的占有权转移给质权人，但是在法律上并没有丧失对质物的所有权，因此他仍然有权处分其已经出质的财产。②出质人在质权人因保管不善致使质物毁损、灭失时，有权要求质权人承担民事责任。③质权人不能妥善保管质物可能致使其灭失或者毁损的，出质人可以要求质权人将质物提存，或者要求提前清偿债权而返还质物。出质人的主要义务是不得妨害质权人享有并行使对质物的权利。

5. 质权人的权利与义务。质权人的权利包括：①对质物的占有和留置权。②收取质物的孳息。③质物转质权。质权人在债权存续中，为了对自己的债务提供担保而将物转移占有给第三人，从而在该质物上设定新的质权，此种情况称为转质。④预先拍卖和变卖质物权。⑤优先受偿权。质权人有权就质物卖得的价金优先受偿，从而实现其债权。质权人的主要义务是妥善保管质物。

（三）权利质权

1. 可以出质的权利类型。可以出质的权利类型包括：①汇票、本票、支票、债券、存款单、仓单、提单；②依法可以转让的股份、股票；③依法可以转让的商标专用权、专利权、著作权中的财产权；④基金份额；⑤应收账款。

2. 权利质权的成立要件。以汇票、本票、支票、债券、存款单、仓单、提单出质的，从交付权利凭证之日起成立；以其他财产出质的，从登记之日起成立。

3. 关于权利质权的特别规定。①关于出质权利的转让。一是权利质权成立后，出质人未经质权人同意不得再将出质的权利予以转让；二是在取得质权人同意的前提下可以将出质权利予以转让，但是应当将转让所得价款提前清偿债务或者提存。②关于票据债权等出质的特殊规定。汇票、支票、本票、债券、存款单、仓单、提单的兑现日期或者提货日期先于主债权到期的，质权人可以兑现或提货，并与出质人协议将兑现的价款或提取的货物提前清偿债务或提存。③知识产权出质后不得许可他人使用。知识产权中的财产权出质后，出质人不但不得转让该项知识产权而且也不得许可他人使用。在取得质权人同意时可以许可他人使用，但是出质人许可他人使用出质的知识产权中的财产权所得的价款，应当向质权人提前清偿债务或提存。

四、留置权

（一）留置权的概念

留置是指债权人按照合同约定占有债务人的动产，债务人不按照合同约定期限履行债务的，债权人可以依法留置该动产，以该动产折价或以拍卖、变卖该动产的价款优先受偿的担保行为。留置权是指债权人按照合同的约定占有债务人的动产，债务人不按照合同约定的期限履行债务的，债权人有权依照法律规定留置财产，以该财产折价或者以拍卖、变卖该财产的价款优先受偿。

留置权具有以下法律特征：第一，留置权只能发生在特定的合同关系中。第二，留置权是一种担保物权，因为它的主要作用是为了担保债权的实现。第三，留置权可两次发生效力。第一次发生效力是指在留置产生时，债权人在其债权没有得到清偿时，有权留置债务人的财产，留置本身是第一次发生效力。第二次发生效力是指债务人超过规定的期限仍不履行其债务，留置权人可依法以留置物折价或拍卖、变卖的价款优先受偿。第四，留置权具有不可分性。这是指债权没有获得全部清偿以前，留置权人有权留置全部标的物，并可以对留置标的物的全部行使权利。第五，留置权具有从属性。留置权的发生以与留置标的物有牵连性的债权的存在为前提，并随债权的消灭而消灭。

（二）留置权的成立条件

留置权的成立条件：①债权人必须占有债务人的动产，债权人占有债务人的动产是留置权发生的前提。②占有的动产必须与债权有牵连关系。③债权须已届清偿期而债务人未按规定的期限履行义务。④留置必须符合法律的规定和当事人的约定。根据《担保法》规定，只有在因保管合同、运输合同、加工承揽合同发生的债权以及法律可以留置的其他合同中，债权人才能行使留置权。债权人只有按照这些合同占有债务人的财产，才有可能发生留置行为；同时行使留置权不得违背法律和公序良俗，也不得与债权人所承担的义务相抵触。

（三）留置权关系中当事人的权利义务

1. 留置权人的权利与义务。留置权人享有如下权利：①对留置标的物的占有权。②留置物孳息收取权。③必要使用权。从原则上说留置权人对留置物不享有使用权，但是在特殊情况下，出于保管留置物的需要，留置权人可适当地使用留置物。例如，为了防止留置的汽车生锈进行适度的使用。④拍卖、变卖权。留置权人在留置债务人的财产后，债务人逾期仍不履行的，债权人可以与债务人商议以留置物折价，也可以依法拍卖、变卖留置物。⑤优先受偿权。留置权人的主要义务是妥善保管留置物。

2. 债务人的权利与义务。债务人的主要权利是，在留置物被留置以后债务人并不丧失对留置物的所有权。债务人的主要义务是在留置权发生后，不得干扰、阻碍留置权人行使留置权，并应偿付因留置物而支出的必要费用。

（四）留置权的实现

留置权的实现应当遵循如下程序：①确定履行债务的宽限期。债权人在留置债务人的财产后，应当立即确定履行债务的宽限期，如果在宽限期内债务人仍不履行债务，则留置权人可对留置物进行拍卖、变卖，并以变价的价值优先受偿。关于宽限期，债权人和债务人可以在主合同中自行约定，但约定的期限不得少于两个月。②债权人在留置债务人的财产以后，应当立即通知债务人。③在规定宽限期以后，宽限期内债务人仍不履行债务的，留置权人有权行使留置权。在偿付债权以后如有剩余额，应返还给债务人；如无法返还的，应予提存，提存费用从该剩余额中支付。留置物折价或拍卖、变卖后，其价款超过债权数额的部分归债务人所有，不足部分由债务人清偿。

第五节 占有

一、占有的概念和种类

（一）占有的概念

占有是指民事主体对物在事实上的控制和管领。占有的保护仅基于占有这一事实，而不论该占有是有权占有还是无权占有、是自主占有还是他主占有、是善意占有还是恶意占有。

（二）占有的种类

1. 有权占有和无权占有。根据占有是否依据本权占有可以分为有权占有与无权占有。有权占有是指有本权的占有。本权既可以是物权如所有权、用益物权等；也可以是债权，如租赁权等。无权占有是指无本权的占有，如盗窃他人之物而进行的占有等。区别有权占有与无权占有的意义在于：无权占有人在本权占有人请求返还原物时，有返还的义务。

2. 自主占有和他主占有。依据占有人的意思可以将占有分为自主占有与他主占有。自主占有是指以将物作为自己所有而进行的占有。他主占有是指不以所有人的意思而进行的占有。区别自主占有与他主占有的意义在于：作为所有权取得的时效要件的占有和先占要件的占有，应当是自主占有。

3. 直接占有和间接占有。以占有人是否在事实上控制物为标准可以将占有分为直接占有与间接占有。直接占有是指在事实上对物进行控制。间接占有是指基于一定法律关系，对于事实上占有物的人（即直接占有人）有返还请求权，因而间接对物管领的占有。间接占有是间接占有人与直接占有人间存在特定的法律关系，基于这种法律关系，间接占有人对于直接占有人有返还请求权。例如，质权人、承租人、保管人基于质权、租赁、保管法律关系，占有标的物，是直接占有人，而享有返还请求权的出质人、出租人、寄托人为间接占有人。

4. 善意占有和恶意占有。无权占有依占有人的主观心理状态可以分为善意占有与恶意占有。善意占有是指占有人不知其无占有的权利而进行的占有。恶意占有是占有人知道其无占有的权利而进行的占有。区别两者的意义在于：取得时效中与善意取得中的占有都以善意占有为要件。

二、占有的效力

(一) 占有的推定效力

1. 权利推定效力。由于通常情形占有人即为物之合法权利人，从而为了保护交易安全，法律推定物之占有人为物之合法权利人。这一效力恰与动产物权以占有为其公示方式相配合。对于不动产而言，登记的效力强于占有的效力，即法律推定登记名义人为不动产的合法权利人，而不是推定占有人为合法权利人，唯若该不动产未进行登记则推定占有人为其合法权利人。权利推定的范围。凡是以占有为要件的动产物权均可推定，如所有权、质权、租赁权等。推定为何种权利取决于占有人行使何种权利的意思。

2. 事实推定效力。①推定占有人为自主占有。②推定占有人为善意、公然、和平占有。③推定占有人为持续占有，即前后两时间占有标的物的人，推定其于此两时间点之中间一直占有。

(二) 占有的权利取得效力

无权占有人基于其对标的物的占有在符合法定条件下即可取得该标的物的相应权利。如基于时效取得和善意取得。我国《物权法》没有规定占有的时效取得，仅规定了动产的善意取得制度。

三、占有的保护

对占有的保护仅基于占有这一事实，而不论占有人的占有为何种占有，即使是恶意的无权占有也受到法律的保护，第三人不得再行侵害。

(一) 占有人的自力救济

占有人在其占有受到侵害时，如果侵害人没有比占有人更强的权利，则占有人有权依其占有进行自力救济，包括自力防御权和自力取回。前者是指占有人对于侵夺或妨害其占有的行为，可以以自己的力量进行防御和反击；后者是指占有人对于被他人侵夺的占有物，有权取回。

(二) 占有人的保护请求权

占有人的保护请求权有两方面：第一，占有物返还请求权。占有人在其占有被侵夺时，有权请求返还其占有物。第二，占有妨害排除请求权。占有在其占有受到妨害使占有人无法完全支配其占有物时，占有人有权请求排除妨害。

(三) 占有人的损害赔偿请求权

占有人的占有受到他人不法侵害而受到损失的，可基于其占有而请求加害人承担损害赔偿责任。

四、占有人的法律责任

(一) 占有人保管标的物的义务

因为占有人实际控制着标的物,所以最有能力保护标的物防止标的物的毁损灭失,所以法律赋予了占有人保管标的物的义务。

(二) 恶意占有人的损害赔偿义务

占有人因使用占有的不动产或者动产,致使该不动产或动产受到损害的,恶意占有人应当承担赔偿责任。占有的不动产或动产毁损、灭失,该不动产或动产的权利人请求赔偿的,占有人应当将因毁损、灭失取得的保险金、赔偿金或补偿金等返还权利人;权利人的损害未得到足够弥补的,恶意占有人还应当赔偿损失。

(三) 孳息返还义务

不动产或动产被占有人占有的,权利人可以请求返还原物及其孳息,但应当支付善意占有人因维护该不动产或动产所支出的必要费用。

第二章 版权法

第一节 版权法概述

一、版权的概念

版权也称著作权,是指作者对其创作的科学、文化和艺术作品依法享有的权利。版权既有人身权利(或精神权利),又有财产权利(或经济权利)。这种专有权未经作者许可或转让,他人不得占有和行使,否则就是"侵犯版权"。作者对其作品依法享有的专有权利,在大陆法系国家(如法国、德国),习惯上称为著作权、作者权;在英美法系国家(如英国、美国),习惯上称为版权。我国《著作权法》规定,本法所称的著作权即版权。

二、版权法的概念及其调整对象

广义来讲,版权法是指关于协调作品的作者与传播者和使用者关系的法律规范,包括《宪法》、《民法通则》、《著作权法》、《刑法》以及行政法规和行政规章有关著作权的规定。例如,我国《宪法》规定:公民有言论出版自由,有获得劳动报酬的权利。又如,我国《民法通则》规定:公民、法人享有著作权(版权),依法享有署名、发表、出版、获得报酬的权利。狭义来讲,版权法是指《中华人民共和国著作权法》,该法于1990年9月7日颁布,自1991年6月1日起施行(2001年9月27日修订)。

版权法调整的对象,是作品的作者、传播者和使用者之间的关系。作为传播科学文化的作品一旦公开,作者就很难控制他人使用。版权就是以法律上肯定作者对其作品拥有所有权,使其作品不为他人擅自使用。作者不仅享有因他人使用其作品而获得报酬的经济权利；同时还享有尊重其作者身份和人格的精神权利。此外，科学文化知识的广泛传播，能够促进社会文明和进步。因而在作者行使个人权利与社会对科学文化知识的需要之间，客观上存在着矛盾。版权法不仅要保障科学、文化和艺术作品的作者获得报酬以激励他们创作，而且要保障全社会都可以从这种创作中受益。也就是说，版权法旨在协调上述两者之间的矛盾，调整作者、传播者和使用者之间的关系。

三、版权法的作用

版权法旨在保护科学、文化和艺术作品作者的版权以及与版权有关的权益，鼓励有益于社会主义精神文明、物质文明建设作品的创作和繁荣，促进社会主义文化和科学事业的发展与繁荣。其作用具体有以下几方面：

（一）保护作者的经济权利

作者在作品的创作过程中，付出辛勤的、创造性的脑力劳动，理应获得相当的物质报酬。作者由于其作品的出版、展示、向公众传播而应享有经济收益。因此，版权立法的作用之一，就是保护作者的经济权利（即财产权）。

（二）保护作者的精神权利

作为脑力劳动创造的智力成果，体现着作者的人格。而人格权是人身权的重要组成部分。因此，版权立法的作用之二，是保护作者的精神权利（即人身权）。作者享有的作品署名权、修改权、发表权和完整性权等受法律保护，任何人不得干涉，否则要承担侵权责任。

（三）保障社会公众对作品的合理利用

为了有利于科学文化的传播与普及，版权立法一般均有这样的规定：一是确定著作权经济权利的保护期，超过保护期的作品进入社会公有领域，公众可以无偿使用。二是对版权的权利予以一定限制，即规定"合理使用"范围。公众在此范围内使用作品不属侵权行为。一般来说，合理使用的范围是以不得盈利为限度。这样，既维护作者的正当权益，又保障公众对作品的合理利用，从而有利于科学文化的发展与繁荣。

第二节 版权的客体和内容

一、版权的客体

(一) 版权客体的特征

版权客体，也称版权保护的对象，是指作者创作的以某种物质形式表现的文学、艺术和科学作品。但是，并非所有作品都是著作权的客体，有些作品就不属于版权法保护之列。受版权保护的作品，必须具备以下两个特征：

1. 作品具备一定的物质形式。版权所保护的，是作者创作的以一定物质形式表现的作品，而不是作者的思想。物质的表现形式有手稿、乐谱、照片、图画、模型、拷贝、磁带等。作者的构思或设想，如果没有以一定的物质形式表现出来，即使它具有重大的科学或艺术价值，也不能成为著作权的客体。

2. 作品具有独创性。版权所保护的是作者创造性劳动的成果，而不是从另一部作品中抄袭来的作品。抄袭的作品是不受保护的。当然，这里所称独创性，并非指世界上独一无二的。只是这一作品基本上说是独立创作出来的原作，即使有另一个非常相像或类似的作品早已问世，也可以受到法律保护。

(二) 作品的分类

我国《著作权法》规定的作品，包括以下列形式创作的文学、艺术、自然科学、社会科学、工程技术等作品。

1. 文字作品。文字作品是指小说、诗词、散文、论文等以文字形式表现的作品。

2. 口述作品。口述作品是指即兴的演说、授课、法庭辩论等以口头语言形式表现的作品。

3. 音乐、戏剧、曲艺、舞蹈、杂技艺术作品。音乐作品是指交响乐、歌曲等能够演唱或者演奏的带词或者不带词的作品；戏剧作品是指话剧、歌剧、地方戏曲等供舞台演出的作品；曲艺作品是指相声、快板、大鼓、评书等以说唱为主要形式的作品；舞蹈作品是指通过连续的动作、姿势、表情表现的作品；杂技作品是指杂技、魔术、马戏等通过形体动作和技巧表现的作品。

4. 美术、建筑作品。美术作品是指绘画、书法、雕塑等以线条、色彩或者其他方式构成的有审美意义的平面或者立体的造型艺术作品；建筑作品是指以建筑物或者构筑物形式表现的具有审美意义的作品。

5. 摄影作品。摄影作品是指借助器械在感光材料或者其他介质上记录客观物体形象的艺术作品。

6. 电影作品和以类似摄制电影的方法创作的作品。这类作品是指摄制在一定介质上，由一系列有伴音或者无伴音的画面组成，并且借助适当装置放映或者以其他方式传播的作品。

7. 工程设计图、产品设计图、地图、示意图等图形作品和模型作品。图形作品是指为施工、生产绘制的工程设计图、产品设计图，以及反映地理现象、说明事物原理或者结构的地图、示意图等作品；模型作品是指为展示、试验或者观测等用途，根据物体的形状和结构，按照一定比例制成的立体作品。

8. 计算机软件。

9. 法律、行政法规规定的其他作品。

（三）不受保护的作品

版权保护的范围广泛，但并非所有作品都受到保护。《著作权法》规定下列三类作品不享有著作权：①官方文件。官方文件包括法律，法规，国家机关的决议、决定、命令和其他具有立法、行政、司法性质的文件及其正式译文。②时事新闻。时事新闻是指通过报纸、期刊、广播、电视、网络等大众传播媒介报道的单纯事实性的消息。为了鼓励公开传播消息和新闻，报纸、期刊、广播、电视、网站报道的时事新闻不受著作权的保护。③历法、通用数表、通用表格和公式。此类作品均属于社会公共财富的常识性作品，故不受《著作权法》的保护。

此外，我国《著作权法》规定，依法禁止出版、传播的作品不受保护。例如，诋毁《宪法》所确立的社会制度、有损国家主权、宣扬邪教或违背当代社会道德准则（如含有淫秽内容）的作品。

二、版权的内容

版权内容，是指作者或者著作权人依法享有的权利，包括人身权和财产权两部分。人身权也称精神权利，是指作者享有与其创作作品不可分割、不能转让的身份权和人格权，诸如发表权、署名权、修改权、保护作品完整权等。财产权也称经济权利，是指作者或著作权人享有转让或许可他人对其作品以某种方式使用而获得报酬的权利，诸如复制权、发行权、摄制权、信息网络传播权等。

（一）人身权（精神权利）

作者或著作权人享有的精神权利（人身权）包括以下四项：

1. 发表权。发表权是指决定作品是否公之于众的权利。作者有权决定其作品是否公开发表、采取何种形式发表以及发表的时间和地点。

2. 署名权。署名权是指表明作者身份，在作品上署名的权利。作者有权决定在其作品上署真名、假名或者不署名，有权确认自己是某作品的作者。从否定意义上讲，署名权也包括作者有权禁止未参与创作的其他人在其作品上署名。

3. 修改权。修改权是指作者享有修改或授权他人修改作品的权利。

4. 保护作品完整权。保护作品完整权是指保护作品不受歪曲、篡改的权利。也就是说，作者有权禁止他人未经本人同意而任意增删或修改其作品。

上述署名权、修改权和保护作品完整权为作者终生享有，既不能剥夺，也没有时间限制。就是作者在转让或者许可其经济权利之后，其仍然保留着精神权利。

（二）财产权（经济权利）

作者或著作权人享有的经济权利（财产权），是指授权他人以各种形式使用其作品并因此获得报酬的专有权利，即"使用权和获得报酬权"。使用权和获得报酬权，属于无形财产权，这种权利与使用作品的各种方式相对应。随着科学技术的进步，利用作品的方式不断增加，作者的经济权利也日趋扩展。概括起来，主要有以下几种：

1. 复制权。复制权是指以印刷、复印、拓印、录音、录像、翻录、翻拍等方式将作品制作一份或者多份的权利。复制权是作者最基本和首要的权利。

2. 发行权。发行权是指以出售或赠与方式向公众提供作品的原件或复制件的权利。例如，录像制品的批发和零售。发行权通常被视为包含在复制权中。当作者签订复制其作品的合同时，其有权规定其复制品发行的条件，如数量、价格、区域等。但在法律上一般明确规定发行权，以便于发行权的单独行使。例如，某作品发行权的再许可或再转让。

3. 出租权。出租权是指有偿许可他人临时使用电影作品和以类似摄制电影的方法创作的作品、计算机软件的权利。

4. 展览权。展览权是指公开陈列美术作品、摄影作品的原件或复制件的权利。

5. 表演权。表演权是指公开表演作品（包括文字作品、音乐作品、戏剧作品、曲艺作品、舞蹈作品等）以及用各种手段公开播送作品的表演的权利。作者有权将作品许可给乐团、剧团或其他表演者向公众表演，并有权取得相应报酬。

6. 放映权。放映权是指通过放映机、幻灯机等技术设备再现美术、摄影、电影和以类似摄制电影的方法创作的作品的权利。

7. 广播权。广播权是指以无线方式公开广播或传播作品，以有线传播或转播的方式向公众传播或广播的作品，以及通过扩音器或其他传送符号、声音、图像的类似工具向公众传播或广播的作品的权利。在电台、电视台上广播作品，也是一种公演。但是为了有别于舞台上的公演，法律上一般明确规定广播权。随着大众传播技术的不断创新和广泛应用，广播权愈加显得重要和突出。

8. 信息网络传播权。信息网络传播权是指在互联网的环境中以有线或无线方式向公众提供作品，使公众可以在其个人选定的时间和地点获得作品的权利。随着大众传播技术的不断创新和广泛应用，信息网络传播权同样显得重要和突出。

9. 摄制权。摄制权是指以摄制电影或以类似摄制电影的方法将作品固定在载体上的权利。例如，摄制电影、摄制电视剧、摄制DV（数码影像）等。电影、电视、数码影像是现代化的大众传播媒介，将文字作品及其他作品改编并摄制成影视作品或DV作品，是一种具有较高经济价值的利用权。法律上明确规定这项特定的改编权，表明其重要性。

10. 改编权。改编权是指改变作品，创作出具有独创性的新作品的权利。改编就是在原有作品的基础上，通过改变作品的表现形式或者用途，创作出具有独创性的新作品。例如，将中篇小说改编成戏剧（电影、电视）文学剧本，将长篇小说改编成适宜报刊分期连载的小说等。作者有权自行改编或授权他人改编其作品。

11. 翻译权。翻译权是指将作品从一种语言文字转换成另一种语言文字的权利。例如，将中文版作品译成日文版、英文版作品译成中文版。作者有权自行翻译或授权他人翻译其作品。

12. 汇编权。汇编权是指将作品或者作品的片断通过选择或者编排，汇集成新作品的权利。作者有权许可他人将其作品或者作品的片断编入文集、辞典、百科全书、报纸、期刊等汇编作品中。

上述摄制权、改编权、翻译权和汇编权，都属于演绎性权利。演绎权虽然不是作者的首要权利，但对演绎作品的利用，往往构成作者版权收入的主要来源。

第三节　版权的归属与获得

一、版权的归属

版权的归属是指版权法所要确立的版权主体。作为一项公认的原则，版权属于作者，如无相反证明，在作品上署名的公民、法人或非法人单位为作者。但是，由于不同作品创作时的不同情况，著作权主体的确认就不那么简单。因此，我国《著作权法》要对著作权的归属予以详细的规定。

（一）独立作品

独立作品是指一个自由的作者创作的作品，版权归该独立作者享有。

（二）演绎作品

演绎作品是指通过改编、摄制、翻译、注释、整理已有的作品而产生的作品。演绎作品的版权归改编、摄制、翻译、注释、整理人享有。但是，由于演绎作品是在原作品基础上产生的，所以改编、摄制、翻译、注释、整理人在行使版权时，不得侵犯原作品的版权。

（三）合作作品

合作作品是指两人以上共同创作的作品，著作权归合作作者共同享有。例如，一篇文章由甲、乙两人合写，甲拟提纲乙执笔，然后甲再定稿；或者甲提供素材，乙加以综合。又如，一本书由甲拟提纲并编写几章，乙、丙等人各编写另外几章，最后甲总纂。上述形式都属于合作作品。合作作品可以分割使用的，作者对各自创作的部分可以单独享有版权，但行使版权时不得侵犯合作作品整体的版权。例如，《摄影手册》一书由7人合作编写，每人分编1章、2章或3章。照相机、感光材料、摄影技法、暗室工艺等各章作者，可将自己所写章节内容在期刊上发表（即可以单独使用），但不得擅自将全书内容以另种形式出版，否则就是侵犯合作作品整体著作权。

合作作品不可以分割使用的，其版权由合作作者共同享有，通过协商一致行使；不能协商一致，又无正当理由的，任何一方不得阻止他方行使除转让权以外的其他权利。但是，所得收益应当合理分配给所有合作作者。

（四）汇编作品

汇编作品是指将若干作品、作品的片断或者不构成作品的数据或其他材料，通过选择或者编排体现为具有独创性的作品，包括报纸、期刊、文集、百科全书等。汇编作品作为一个整体，其版权归汇编人享有，但行使版权时不得侵犯原作品的版权。

（五）电影作品和以类似摄制电影的方法创作的作品

电影作品和以类似摄制电影的方法创作的作品版权由制片者享有，但编剧、导演、摄影、作词、作曲等作者享有署名权，并有权按照与制片者签订的合同获得报酬。该类作品中的剧本、音乐等可以单独使用的作品，其作者有权单独行使其版权。

（六）职务作品

职务作品是指公民为完成法人或者其他组织工作任务所创作的作品。职务作品在西方市场经济国家被称为雇佣作品。职务作品的版权归属分以下两种情况：

1. 有下列情形之一的职务作品，作者享有署名权，版权的其他权利由法人或其他组织享有（单位可给予作者奖励）：①主要是利用法人或其他组织的物质技术条件创作，并由法人或其他组织承担责任的工程设计图、产品设计图、地图、计算机软件等职务作品。②法律、行政法规规定或合同约定版权由法人或其他组织享有的职务作品。

2. 在其他情形下创作的职务作品，作者享有版权，作者所在单位有在业务范围内的优先使用权。作品完成两年内，未经单位同意，作者不得许可第三人以与单位使用的相同方式使用该作品。职务作品完成两年内，经单位同意，作者许可第三人以与单位使用的相同方式使用作品所获报酬，由作者与单位按约定的比例分配。作品完成两年的期限，自作者向单位交付作品之日起计算。

（七）委托作品

委托作品是指受他人委托创作的作品。例如，甲机构委托某影视制作公司制作一部宣传片，该宣传片著作权应当由甲机构享有。又如，乙公司委托某画家设计商标，商标的专有权归乙公司享有，但商标图案作为美术作品，其版权应归该画家享有，画家有权将商标图案作为美术作品展出。由此可见，委托作品存在确立著作权归属的问题。《著作权法》规定，受委托创作的作品，版权归属由委托人和受托人（即作者）通过合同约定，合同未作明确约定或没有订立合同的，版权属于受托人。

（八）美术作品

美术作品包含两种经济权利：一种是有形财产权，即实物所有权；另一种是无形财产权，即版权（展览权、出版权等）。一般来说，收藏者可以将美术作品原件赠与或出售给他人，但不得将原件复制发行。为了区别两种权利，《著作权法》规定，美术等作品原件所有权的转移，不视为作品版权的转移，但美术作品原件的展览权由原件所有人享有。

二、版权的获得

版权的获得，可分为原始获得和继受获得两种。原始获得是指《著作权法》确定的作者获得著作权的方式。继受获得则指其他人从作者处获得著作权的方式。

（一）原始获得

在建立版权制度的国家中，作者获得版权（著作权）的方式有以下三种：①自然获得。自然获得指著作权随着作品被创作完成而自然产生，无须履行任何手续。②版权标记。版权标记是指对已发表的作品要求带有版权标记才能获得版权。版权标记由作者姓名、出版年份、版权符号（图书为C，音像制品为R）三部分组成。世界版权公约的缔约国均有此项要求。③注册获得。注册获得指对已发表的作品在法定时间内在政府版权管理部门注册，获得的版权。

我国《著作权法》确立的是第一种方式：作者对其所创作的作品，不论是否发表（如手稿），均享有版权。但是，这并不意味着获得版权不需任何条件。其先决条件是作者，必须是获得版权的"合格人"。合格人包括中国公民、中国法人或其他组织、作品在中国境内首先发表的外国人、作品在与中国签订双边协议或参加同一国际版权公约的国家首次发表的外国人。

（二）继受获得

继受获得分为以下两种情况：

1. 版权属于公民的，公民死亡后，其作品的使用权和获得报酬权（即财产权）在法定保护期限内，依照继承法的规定转移。

遗产是公民死亡时遗留的个人合法财产，其中包括公民版权中的财产权利。继承分为法定继承和遗嘱继承。我国《继承法》规定，继承开始后，按照法定继承办理；有遗嘱的，按遗嘱继承或遗赠办理。法定继承顺序：第一顺序，配偶、子女、父母；第二顺序，兄弟姐妹、祖父母、外祖父母。继承开始后，由第一顺序继承人继承，第二顺序继承人不继承。没有第一顺序继承人的，由第二顺序继承人继承。被继承人的子女先于被继承人死亡的，由被继承人的子女的晚辈直系血亲（如孙子女、外孙子女）代位继承。代位继承人一般只能继承其父亲或母亲有权继承的遗产份额。

作者死亡后，其版权中的署名权、修改权和保护作品完整权由作者的继承人或受遗赠人保护。版权无人继承又无人受遗赠的，其署名权、修改权和保护作品完整权由版权行政部门保护。作者生前未发表的作品，如果作者未明确表示不发表，作者死亡后50年内，其发表权可由继承人或受遗赠人行使；没有继承人又无人受遗赠的,由作品原件的所有人行使。

2. 版权属于法人或其他组织的,法人或其他组织变更、终止后,其作品的使用权和获得报酬权在法定期限内,由承受其权利义务的法人或其他组织享有;没有承受其权利、义务的法人或其他组织的,由国家享有。国家享有版权作品的使用,由国家版权行政部门管理。

第四节 保护期限与合理使用

一、版权的保护期限

版权不同于所有权,不是没有时间限制的永恒权利。为了协调作者行使专有权(即经济权利)与作品传播的矛盾,版权立法规定版权受保护的期限。在作者有生之年及其死后若干年内,作者及其继承人依法独占其劳动成果,并可以从其作品的有偿使用中获得经济报酬;期限届满,作品就进入公有领域,成为人类共有的文化财富,任何人都可以自由使用。规定版权的保护期限,既有利于维护作者正当合理的权益,从而促进创作繁荣;又有利于科学文化的普及,促进社会文明与进步。

(一)经济权利的保护期

版权的保护期限,是基于经济权利的合理限制而设定的。根据我国《著作权法》规定,作者的经济权利(即使用权和获得报酬权)的保护期有以下几种类型:

1. 独立作品。一个公民单独创作的作品,其使用权和获得报酬权的保护期为该作者终生及其死亡后50年,截止于作者死亡后第50年的12月31日。这是一般的规定。

2. 合作作品。合作作品是两人以上共同创作的作品,因此存在选择最先还是最后死亡作者来确定身后保护期的问题。我国是以最后死亡作者的身后期为标准,即截止于最后死亡作者死亡后第50年的12月31日。

3. 法人或者非法人单位的作品。法人或者其他组织是社会组织,不存在"自然死亡",因此不适用于以公民(自然人)终生加死后若干年计算的保护期,需另外规定。法人或者非法人单位的作品及著作权(署名权除外)由法人或者非法人单位享有的职务作品,其使用权和获得报酬权的保护期为50年,截止于作品首次发表后第50年的12月31日。但是,这类作品自创作完成后

50年内未发表的，不再予以保护。

4. 电影、电视、录像、摄影作品。电影、电视、录像作品的使用权和获得报酬权归制片者享有。制片者可能是自然人，也可能是法人或非法人单位（目前我国制片者均属后者）。因此，这类作品的使用权和获得报酬权的保护期为50年，截止于作品首次发表后第50年的12月31日。但作品自创作完成后50年内未发表的，不再予以保护。

5. 匿名作品。匿名作品即作者身份不明的作品。匿名作品的作者身份不明，就不能实行作者去世后的一般保护期。因为不了解作者的"死亡之年"，就不可能计算保护期。故规定匿名作品的使用权和获得报酬权的保护期为50年，截止于作品首次发表后第50年的12月31日。作者身份一旦确定，适用前述规定。

经济权利的保护期限有两种形式：一种是作者终生及其死亡后50年，截止于作者死亡之后第50年的12月31日；另一种截止于作品首次发表之后第50年的12月31日。立法规定截止于第50年12月31日，是便于使用者推算该50年保护期。也就是说，除了作者死亡作品首次发表于1月1日这一特殊情况外，该50年均从死亡之年或发表之年第2年起计算。例如，影片《焦裕禄》1990年出品，该片50年的保护期为1991~2040年。

（二）精神权利的保护期

一般来说，精神权利为作者终生享有，作者死后由其继承人代为行使（主要指发表权）。当经济权利保护期届满后，任何人可以自由地再版、复制作品，但无权更改作者的署名或作品的内容，否则同样以侵权论处。

1. 发表权。发表权的保护期，与使用权和获得报酬权相同。若是法人作品或影视作品，为50年；若是公民的作品，其发表权在作者死后50年内，由其继承人代为行使。当经济权利保护期届满后，发表与否的权利就无实质意义。

2. 署名权、修改权和保护作品完整权。这三项权利的保护期不受限制，即此类精神权利为作者终生享有。例如，曹雪芹的《红楼梦》、罗贯中的《三国演义》等，不论已发表了数百年还是上千年，任何人无权篡改上述作品的署名和内容。

二、版权的合理使用

版权所有人的专有权（主要指经济权利），既不是永恒的权利，也不是绝对、无限制的权利。为了不使这种专有权变成公众获得知识和整个社会教育、科学和文化发展的障碍，版权立法除规定保护期限之外，还在权利范围上予以限制，即规定合理使用的范围。在法定范围内，不经版权所有人的许可，不向其支付报酬，也不会视为侵权。所谓"合理使用"，即不以盈利为目的的使用。这种合理使用，就构成对版权权利的限制。这将有利于科学文化的广泛传播和整个民族文化素质的提高，促进社会文明与进步。我国《著作权法》规定，在下列情况下使用作品，可以不经版权所有人许可，不向其支付报酬（但应当指明作者姓名和作品名称），不视为侵犯版权。

（一）为个人学习、研究或欣赏而使用他人已经发表的作品

为个人学习、研究或者欣赏而复制作品，一般来说属于合理使用。但是，随着复制技术的进步和广泛应用，私人复制作品越来越容易，这就必然影响出版者和作者的收益。例如，对于音像制品的复制，尤其用于欣赏方面的复制，必须严格限制。否则会危及音像市场，损害出版者及作者的正当权益。

（二）为介绍、评论而适当引用他人已经发表的作品

为介绍、评论某一作品或者说明某一问题，可以在作品中适当引用他人已经发表的作品。例如，为评论一部新电影，可以在电视专题节目中播放该电影的一些片断。所谓"适当引用"，必须具备下列条件：一是引用目的仅限于介绍、评论某一作品或者说明某一问题；二是所引用部分不能构成引用人作品的主要部分或实质部分；三是不得损害被引用作品著作权人的利用。实践中"适当引用"的界限为，引文部分不得长于正文（如评论）部分。

（三）为报道时事新闻而再现或者引用已经发表的作品

在报纸、期刊、广播、电视节目或者新闻纪录影片中，为报道时事新闻可以引用已经发表的作品。这种引用，指在符合新闻报道目的的范围内，不可避免地再现或者引用已经发表的作品。例如，电视新闻报道《千里走单骑》影片首映式活动消息，引用了该影片个别片断。

（四）刊登或播放已经发表的时事性文章

报纸、期刊、广播电台、电视台、网站等媒体可以刊登或者播放其他媒体已经发表的关于政治、经济、宗教问题的时事性文章（但作者声明不许刊登、播放的除外）。

（五）刊登或播放在公共集会上的讲话

报纸、期刊、广播电台、电视台、网站等媒体可以刊登或者播放在公共集会上发表的讲话（但作者声明不许刊登、播放的除外）。

（六）为学校教学或者科学研究而使用已发表的作品

为学校课堂教学或者科学研究，可以翻译或者少量复制已经发表的作品，供教学或者科研人员使用，但不得出版发行。这种使用，不得影响作品的正常利用，也不得无故损害版权所有人的合法权益。这样规定，既可避免由于版权的专有性而妨碍民族文化素质的提高和国家科学技术的进步，又可防止借教

学、科研的幌子从事盈利性的活动。

（七）为执行公务而使用已发表的作品

国家行政、司法机关在行政、司法活动中，为履行其行政执法（许可、听证、处罚）职能，解决行政、民事、刑事纠纷以及执行其他公务的需要，可以在合理范围内复制、播映所涉及的作品。但是，这种使用不得影响作品的正常利用，不得无故损害版权所有人的合法权益。

（八）为陈列或保存版本而复制所收藏的作品

图书馆、档案馆、纪念馆、博物馆、美术馆等为陈列或者保存版本的需要，可以复制本馆所收藏的作品。这类复制品可以在该馆内公开陈列、展览，也可以作为档案在该馆内保存。

（九）免费表演已经发表的作品

专业或者非专业表演团体的免费表演，属于非盈利性质的活动，并且有利于全民族的文化普及，因此可以使用已经发表的作品。但是，这种使用必须坚持不得向观众收取费用，也不得向表演者支付报酬。

（十）复制室外公共场所设置或陈列的艺术作品

对设置或者陈列在室外公共场所的艺术作品，可以进行临摹、绘画、摄影、录像。因为这些具有公开性的艺术品和建筑物，例如，天安门广场中央矗立的人民英雄纪念碑，第29届北京奥运会期间在街道、赛场摆放的"福娃"造型，往往被作为背景或者主题的衬托物来拍照或者临摹，所以属于合理使用的范围。对于这一类型的艺术作品，人们可以采取非直接接触的方法进行复制。

（十一）将汉语言文字作品译成少数民族语言文字在国内出版发行

将中国公民、法人或者其他组织已经发表的以汉族语言文字创作的作品翻译成少数民族语言文字在国内出版发行，也属于合理使用。但是，必须把握两点：一是已经发表的汉族语言文字作品限于原作品为汉族语言文字的作品；二是被译成少数民族语言文字的作品限于国内出版发行。否则，就有可能侵害原作品作者和出版者的合法权益。

（十二）将已经发表的作品改成盲文出版

将已经发表的作品改成盲文出版，是全民文化普及的一项重要措施，所以这种情形下的使用，也属于合理使用的范围。

第五节 邻接权

一、邻接权的概念

邻接权是指与版权相邻的、具有近似版权性质的权利,包括出版者权、表演者权、录音录像制作者权、广播组织(包括广播电台和电视台)权。我国《著作权法》中所称的保护"与著作权有关的权益",就是指邻接权。

邻接权与版权都属于知识产权的范畴,但两者有着明显区别:一是版权保护的客体是作品,而邻接权保护的客体是传播作品的媒介;二是版权保护的主体是创作者,而邻接权保护的主体是以出版、表演、录音录像、广播等形式传播作品的传播者。

二、出版者权

出版者权是指出版者对其出版的图书、报纸、期刊依法享有的权利,可细分为图书出版者权和报刊出版者权。

(一)图书出版者权

1. 出版权的取得。图书出版者出版图书应当和著作权人订立出版合同,并支付报酬。

2. 图书出版者权。图书出版者对版权所有人交付出版的作品,可以合同约定享有专有出版权并受法律保护。图书出版合同中约定图书出版者享有专有出版权但没有明确其具体内容的,视为图书出版者享有在合同有效期内和在合同约定的地域范围内以同种文字的原版、修订版出版图书的专有权利。图书(及期刊)出版者有权许可或者禁止他人使用其出版的图书(及期刊)的版式设计。该版式设计专有权的保护期限为 10 年。

3. 图书再版和修改。图书出版者重印、再版作品的,应当通知版权所有人并支付报酬。图书脱销后,图书出版者拒绝重印、再版的,版权所有人有权终止合同。版权所有人寄给图书出版者的两份订单在 6 个月内未能得到履行,视为图书脱销。图书出版者经作者许可,可对作品修改、删节。

(二)报刊出版者权

1. 初刊权。报刊出版者使用作者的作品采用投稿(及约稿)形式,不采用书面合同形式。作者向报社、期刊社投稿的，自稿件发出之日起 15 日内未收到报社通知决定刊登的，或者自稿件发出之日起 30 日内未收到期刊社通知决定刊登的，可以将同一作品向其他报社、期刊社投稿。双方另有约定的除外。

2. 转载、摘编权。作品刊登后，除版权所有人声明（应在首次刊登该作品时附带声明）不得转载、摘编外，其他报刊可以转载或者作为文摘、资料刊登，但应当按照规定向版权所有人支付报酬。

3. 修改权。报纸、期刊社可以对作品作文字性修改、删节。但是，对内容的修改，应当经作者许可。

三、表演者权

表演者指演员和演出单位。演员主要指表演享有版权的作品的音乐、戏剧、曲艺、舞蹈、杂技、电影、电视演员等。有些国家立法将体操运动员也列为表演者。表演者权是指表演者对其表演依法享有的权利。

（一）表演权的取得

表演者使用他人作品演出，应当取得版权所有人许可并支付报酬；使用改编、翻译、注释、整理已有作品而产生的演绎作品进行演出，应当取得演绎作品版权所有人和原作品版权所有人的许可并支付报酬。

（二）表演者的权利

表演者对其表演依法享有下列权利：①表明表演者身份。②保护表演形象不受歪曲。③许可他人从现场直播和公开传送其现场表演，并获得报酬。④许可他人录音录像，并获得报酬。⑤许可他人复制、发行录有其表演的录音录像制品，并获得报酬。⑥许可他人通过信息网络向公众传播其表演，并获得报酬。上述第 3 至第 6 项权利的保护期为 50 年。

四、录音录像制作者权

录音录像制作者权是指录音录像制作者对其制作的音像制品依法享有的权利。

（一）录音录像权、表演者权的取得

录音制作者使用他人作品制作录音录像制品，应当取得版权所有人的许可，并支付报酬；使用改编、翻译、注释、整理已有作品而产生的演绎作品，应当取得演绎作品版权所有人和原作品版权人的许可并支付报酬。录音制作者使用他人已经合法录制为录音制品的音乐作品制作录音制品，可以不经版权所

有人的许可，但应按照规定支付报酬（版权所有人声明不许使用的不得使用）。录音录像制作者制作音像制品，应当同表演者订立合同，并支付报酬。

（二）录音录像制作者权

录音录像制作者对其制作的音像制品，享有许可他人复制、发行、出租、通过信息网络向公众传播并获得报酬的权利。该权利的保护期为50年。

五、广播组织权

广播组织权是指广播电台、电视台对其制作的广播电视节目依法享有的权利。

（一）播放权、表演者权的取得

广播电台、电视台播放他人未发表的作品，应当取得版权所有人许可，并支付报酬；播放他人已发表的作品，可以不经版权所有人许可，但应当支付报酬；播放已经出版的录音制品，可以不经版权所有人许可，但应当支付报酬（当事人另有约定的除外）。

电视台播放他人的电影作品和以类似摄制电影的方法创作的作品、录像制品，应当取得制片者或录像制作者许可，并支付报酬；播放他人的录像制品，还应当取得版权所有人许可，并支付报酬。

（二）广播组织权

广播电台、电视台有权禁止未经许可的下列行为：①将其播放的广播、电视转播。②将其播放的广播、电视录制在音像载体上以及复制音像载体。上述权利的保护期为50年。

六、使用已发表作品的收转

报刊出版、表演者、录音制作者、广播电台、电视台使用已发表的作品，可以不经版权所有人的许可，但应当按规定支付报酬。如果作者或版权所有人地址不明的，应在使用作品后1个月内，将应付报酬寄送国家版权局指定的机构，由该机构转送该版权所有人。

第六节　侵权责任与保障措施

一、侵犯版权的法律责任

为了切实保护公民和法人的智力成果,我国《著作权法》规定了侵犯版权的行为类型以及相应承担的法律责任。当版权所有人或者邻接权人的权利受到不法侵害时,他们可依法向版权行政管理机关或者人民法院提出申诉或者提起诉讼,版权行政管理机关或者人民法院可以依法采取制裁(补救)措施,追究侵权行为人的法律责任,维护权利人的合法权益,保障社会文化和科学事业的发展与繁荣。

(一) 民事责任

侵犯版权、邻接权应当承担民事责任的方式主要有:停止侵害、消除影响、公开赔礼道歉、赔偿损失等。我国《著作权法》规定,有下列侵权行为的,应当承担民事责任:①未经版权所有人许可,发表其作品的。②未经合作作者许可,将与他人合作创作的作品当作自己单独创作的作品发表的。③没有参加创作,为谋取个人名利,在他人作品上署名的。④歪曲、篡改他人作品的。⑤剽窃他人作品的。⑥未经版权所有人许可,以展览、摄制电影和以类似摄制电影的方法使用作品,或以改编、翻译、注释等方式使用作品的。⑦使用他人作品,应当支付报酬而未支付的。⑧未经电影作品和以类似摄制电影的方法创作的作品、计算机软件、录音录像制品的版权所有人或者邻接权人许可,出租其作品或者录音录像制品的。⑨未经出版者许可,使用其出版的图书、期刊的版式设计的。⑩未经表演者许可,从现场直播或者公开传送其现场表演,或者录制其表演的。⑪其他侵犯版权以及邻接权的行为。

侵犯版权或邻接权的,侵权人应当按照权利人的实际损失给予赔偿;实际损失难以计算的,可以按照侵权人的违法所得给予赔偿。赔偿数额还应包括权利人为制止侵权行为所支付的合理开支。例如,调查取证费用、异地诉讼差旅费用、聘请律师费用等。《著作权法》规定:权利人的实际损失或侵权人的违法所得不能确定的,由法院根据侵权行为的情节,判决给予50万元以下的赔偿。

(二) 行政责任

侵犯版权、邻接权应当承担行政责任的方式主要有:责令停止侵权行为、没收违法所得、没收侵权复制品、罚款、没收主要用于制作侵权复制品的材料/工具/设备等。

我国《著作权法》规定，有下列侵权行为的，除承担民事责任之外，可由版权行政机关给予行政处罚：①未经版权所有人许可，复制、发行、表演、放映、广播、汇编、通过信息网络向公众传播其作品的。②出版他人享有专有出版权的图书的。③未经表演者许可，复制、发行录有其表演的录音录像制品，或者通过信息网络向公众传播其表演的。④未经录音录像制作者许可，复制、发行、通过信息网络向公众传播其制作的录音录像制品的。⑤未经许可，播放或者复制广播、电视的。⑥未经版权所有人或者与邻接权人许可，故意避开或者破坏权利人为其作品、录音录像制品等采取的保护版权或者邻接权的技术措施的（法律另有规定的除外）。⑦未经版权所有人或者与邻接权人许可，故意删除或者改变作品、录音录像制品等的权利管理电子信息的（法律另有规定的除外）。⑧制作、出售假冒他人署名的作品的。

有上述所列侵权行为、同时损害社会公共利益的，版权行政管理部门可以处非法经营额3倍以下的罚款；非法经营额难以计算的，可以处10万元以下的罚款。

（三）刑事责任

侵犯版权、邻接权应当承担刑事责任的方式主要有：有期徒刑、拘役和罚金。根据我国《刑法》及有关法规的规定，以盈利为目的、有下列侵权行为并且违法所得数额较大或者有其他严重情节的，应当追究侵权人的刑事责任：①未经版权所有人许可，复制发行其文字作品、音乐、电影、电视、录像作品、计算机软件及其他作品的。②出版他人享有专有出版权的图书的。③未经录音录像制作者许可，复制发行其制作的录音录像的。④销售明知属于侵权复制品的。⑤通过信息网络擅自向公众提供他人的作品、表演、录音录像制品的。

二、司法保障措施

为了有效打击侵权盗版行为，切实维护版权所有人和邻接权人的合法权益，我国《著作权法》还规定了禁令、财产保全、证据保全、没收财产等必要的司法保障措施。

（一）禁令和财产保全措施

版权所有人或邻接权人有证据证明他人正在实施或即将实施侵犯其权利的行为，如不及时制止将会使其合法权益受到难以弥补的损害的，可以在起诉前向法院申请采取责令停止有关行为和财产保全的措施。例如，由法院裁定向涉嫌侵权行为人发出禁令，查封、扣押涉嫌侵权行为人的财产等。

(二) 证据保全措施

为了制止侵权行为，在证据可能灭失或以后难以取得的情况下，版权所有人或者邻接权人可以在起诉前向法院申请保全证据。法院接受申请后，必须在48小时内作出裁定；裁定采取证据保全措施的，应当立即开始执行。法院可以责令申请人提供担保，申请人不提供担保的，驳回证据保全申请。申请人在法院采取证据保全措施后15日内不起诉的，法院应当解除保全措施。

(三) 没收财产措施

法院审理侵犯版权或邻接权案件，可以没收侵权行为人的违法所得、侵权复制品以及进行违法活动的财物。

第三章 合同法

第一节 合同法概述

一、合同的概念

合同也称契约,是平等主体的自然人、法人、其他组织之间设立、变更和终止民事权利义务关系的协议。合同一般限定为财产合同,是当事人经过协商、达成一致的产物。

合同具有以下法律特征:第一,合同是双方的法律行为。合同必须双方当事人意思表示一致,否则,合同就不能成立。双方当事人意思表示一致,又叫合意,即双方想达到的目的一致,不一定意思表示的意向(方向)一致;相反,当事人的意向往往是对应的。如买卖合同,一方要买,一方要卖,意向对应。但双方想转移标的物的所有权,以取得经济利益为目的,则是共同的。第二,合同双方当事人的法律地位平等。双方当事人在合同关系中的法律地位是平等的,任何一方不得把自己的意志强加给对方,任何组织和个人不得非法干预。这是合同双方当事人自由表达意志的前提,也是双方当事人权利与义务对等的基础。第三,合同是合法的法律行为。合同之所以发生法律效力,是由于双方当事人的意思表示符合国家法律和法规,因而为法律所承认和保护。所以,合同必须依法订立,它是一种合法的法律行为。

二、合同的分类

合同依据不同的标准划分,可以分为许多种类。通过合同分类,有助于人们对各类合同的性质及其特征加深理解。

（一）双务合同与单务合同

根据当事人双方权利义务的分担方式，可以将合同分为双务合同与单务合同。双务合同是指当事人双方相互承担义务的合同。例如，买卖、租赁、承揽、保险等合同均为双务合同。在双务合同中，当事人承担的义务与他们所享有的权利，是相互关联、互为因果的。例如，租赁合同，出租人有将要出租的财产（比如影片拷贝、录像光盘）交给承租人使用的义务，同时有权要求承租人交付租金；承租人有交付租金的义务，同时有权向出租人请求交付出租的财产。双方的权利和义务相互依存、对立统一。所以双务合同既是双方相互承担义务的合同，也是双方都享有权利的合同。由于合同主要调整的是商品交换、等价互利的经济关系，所以现实生活中绝大多数合同属于双务合同。单务合同是指当事人一方只承担义务而另一方只享有权利的合同。例如，赠与、借用等合同就是单务合同。

区别双务合同与单务合同的意义，在于双务合同具有单务合同所没有的法律后果。从双方履行义务的顺序看，如果法律和合同没有规定任何一方有首先履行的义务，任何一方在自己没有履行义务的情况下，无权请求对方履行。从因不可抗力而不能履行合同的后果看，一方因不可抗力而不能履行合同时，无权请求履行合同；如果对方已履行，应将所得返还给对方。从因当事人的过错而不能履行合同的后果看，一方已履行了合同，另一方由于自己的过错而未能履行合同时，一方可以请求另一方履行合同，赔偿损失或解除合同。

（二）诺成合同与实践合同

根据合同的成立是否以交付标的物为要件，可以将合同分为诺成合同与实践合同。诺成合同，又称不要物合同，是指当事人意思表示一致即可成立的合同。如买卖、承揽、劳务等合同。实践合同，又称要物合同，是指除当事人意思表示一致外，还须交付标的物方能成立的合同。如借款、保管、运输等合同。

区别诺成合同与实践合同的意义，主要在于确认合同是否成立和合同生效的时间。

（三）有偿合同与无偿合同

根据当事人取得权利是否以偿付为代价，可以将合同分为有偿合同与无偿合同。有偿合同是指因合同权利而必须偿付相应代价（包括支付价款，提供劳务）的合同。例如，买卖、租赁、劳务等合同。无偿合同是指享有合同权利而不必偿付代价的合同。例如，赠与、无息借款等合同。有些合同可以是有偿的，也可以是无偿的。例如，委托、保管等合同。

区别有偿合同与无偿合同的意义，主要在于分辨当事人责任的大小。一般来说，有偿合同的债务人的责任较重，无偿合同的债务人的责任较轻。例如，有偿保管合同的保管人因故意或过失造成保管物毁损、灭失时，应付全部财产责任；而无偿保管合同的保管人因过失造成保管物毁损、灭失时，虽不能免除其责任，但应从轻酌定。

(四) 要式合同与不要式合同

根据合同的成立是否需要特定的形式，可以将合同分为要式合同与不要式合同。要式合同，是指法律要求必须具备一定的形式和手续的合同。如旧房、旧车买卖合同，以办理过户手续为合同生效要件，所以隶属要式合同。不要式合同，是指法律不要求必须具备一定形式和手续的合同。在现实生活中绝大多数合同属于不要式合同。此种分类意义，在于要式合同必须具备法定的要件方为有效。

(五) 为订约人利益的合同与为第三人利益的合同

根据订立的合同是为谁的利益，可以将合同划分为为订约人利益的合同与为第三人利益的合同。为订约人利益的合同是指由订约人享有合同权利和直接取得利益的合同。通常，当事人是为了达到一定目的自己订立合同，由自己享有合同权利和承担合同义务。为第三人利益的合同是指订约的一方当事人不是为了自己，而是为第三人设定权利，使其获得利益的合同。在这种合同中，第三人既不是缔约人，也不是通过代理人参加订立合同，但可以直接享有合同的某些权利，可直接基于合同取得利益。例如，人身保险或财产保险的投保人指明受益人的保险合同，就是为第三人利益订立的合同。

为第三人利益订立合同只是为第三人设定请求权，带来利益，而不是给第三人设立义务。因此，订约双方无须事先征得第三人的同意；自合同成立时起，第三人就可根据合同行使这项请求权，无须订约人的参与；第三人拒绝接受合同，那么合同对第三人不发生法律效力。此种分类意义，在于确定根据合同获得请求权人的范围以及适应社会生活的各种需要。

(六) 主合同与从合同

根据合同间是否有主从关系，可以将合同分为主合同与从合同。主合同是指不依赖其他合同而能够独立存在的合同。如买卖、租赁等合同。从合同是指须以其他合同的存在为前提而存在的合同。例如，抵押、担保等合同。主合同终止，从合同原则上也随之而终止。从合同如无效，主合同不一定无效。

(七) 有名合同与无名合同

根据合同是否具有法律明确规定的称谓，可以将合同分为有名合同与无名合同。有名合同也称典型合同，是指法律上赋予一定名称，并规定其内容的合同。在现实生活中合同关系错综复杂，法律只能按一定的标准，对经常发生的合同关系加以分别规定，明确合同的名称、构成要素以及当事人的主要权利和义务。我国《合同法》分则具体规定了15种有名合同：买卖合同，供用电、水、气、热力合同,赠与合同,借款合同,租赁合同,融资租赁合同,承揽合同,建设工程合同,运输合同,技术合同,保管合同,仓储合同,委托合同,行纪合同和居间合同。无名合同是指法律上没有赋予一定名称的合同。例如后面将介绍的演职人员劳务合同。无名合同在内容上只要不违反法律法规,同样具有法律效力。

区别有名合同与无名合同的意义,在于处理合同纠纷时适用法律不同。有名合同的纠纷,应当按照《合同法》分则中有关该合同的具体规定处理;无名合同的纠纷,则应根据《合同法》总则的一般规定以及参照分则或其他法律最相类似的规定处理。

三、合同法的概念及其调整范围

广义来讲,合同法是指调整平等主体的自然人、法人、其他组织之间设立、变更和终止民事权利义务关系的法律规范,包括《民法通则》、《合同法》、《担保法》、《拍卖法》、《投标招标法》、《著作权法》等法律以及行政法规和行政规章有关合同规范的规定。狭义来讲,合同法是指《中华人民共和国合同法》。该法分为总则、分则和附则,共23章428条。该法于1999年3月15日颁布,自1999年10月1日起施行。

合同法调整平等主体的自然人、法人、其他组织之间的合同关系,即民事权利义务关系。民事权利义务关系可以分为财产关系和人身关系。财产关系是指因财产的所有和财产的流转而形成的具有直接的财产内容的民事关系。根据双方当事人协商一致产生的债权债务关系属于合同法的调整范围。基于单方民事法律行为、侵权行为、不当得利、无因管理和其他法律事实所产生的债权债务关系,则不属于合同法的调整范围。婚姻、收养、监护等有关身份关系的协议,也不属于合同法的调整范围。

四、合同法的基本原则

合同法的基本原则是合同法的主旨和根本准则,贯穿于整个合同法律制度和规范之中。我国合同法确定的基本原则包括:

(一)平等原则

合同当事人法律地位平等原则是经济法律关系的基本原则。因此,合同关系的成立以当事人双方在平等地位上经过协商一致为根本条件。各个经济组织之间在职能、规模、经营能力诸方面虽有区别,但在它们之间发生经济往来并以合同形式体现的时候,彼此的法律地位是完全平等的,没有高低、从属之分。所以，任何一方不得把自己的意志强加给对方，任何单位和个人不得非法干预。

(二) 自愿原则

当事人享有自愿订立合同的权利，任何单位和个人不得非法干预。所谓自愿，是指当事人在民事活动中进行的合同行为，应当出于自身真实的意愿，而不是受他人欺诈、胁迫所为。如果受欺诈、胁迫所为，就是违反了法定的自愿原则。当然，当事人的自愿必须是限于法律许可的范围。

(三) 公平原则

合同当事人应当遵循公平的原则来确定各方的权利与义务。所谓公平，是指在签订合同活动中，必须合情合理。凡属显失公平的合同行为，经当事人一方请求，人民法院可以依据公平原则而予变更或撤销。

(四) 诚实信用原则

当事人行使权利和履行义务应当遵循诚实信用的原则。诚实信用，是保证合同正确圆满地履行、维护当事人声誉的重要原则。合同一经协商成立生效，当事人就必须遵循诚实信用原则，全面地履行合同义务，以使对方合同权利得以正常实现。

(五) 遵法重德原则

当事人在订立和履行合同活动中，应当切实贯彻遵法重德的原则。所谓遵法重德，就是要遵守国家法律法规、尊重社会公德，不得扰乱社会经济秩序，不得损害社会公共利益。

第二节　合同的订立

一、合同的形式

合同有口头形式、书面形式和其他形式三种。

(一) 口头形式

口头形式的合同，是指用口头交谈（包括电话）进行意思表示而订立的合同。口头形式合同主要适用于即时清结的合同关系。例如，音像书店与顾客之间的音像制品买卖；影院剧场与观众之间票款交易。公民之间的小额借贷、短期保管、临时委托等非即时清结的合同，也往往采取口头形式。

口头形式合同的优点在于简便、迅速、易行。因此，这种形式在社会生活中广泛采用。其缺点是发生纠纷时较难取证，不易分清责任。

（二）书面形式

书面形式的合同，是指以文书形式进行意思表示而订立的合同。书面形式包括合同书、信件和数据电文（电报、电传、传真、电子数据交换和电子邮件）等可以有形表现所载内容的形式。

书面形式合同的优点是有据可查，发生纠纷时比较容易分清各方责任。因此，我国《合同法》第十条规定：法律、行政法规规定采用书面形式的，应当采用书面合同。当事人约定采用书面形式的，也应当采用书面形式。

（三）其他形式

合同的其他形式，主要是指行为方式，即当事人并不直接用口头或者书面形式进行意思表示，而是通过实施某种作为或者不作为的行为方式来进行意思表示。某种作为是明示意思表示的一种，如顾客到开架书店购买图书，直接到书架上拿取图书，支付书款后合同即成立，无须以口头或书面形式确立双方的合同关系。某种不作为是默示的意思表示方式，如存在汽车租赁业务关系的企业之间，在合同到期后承租方未交还汽车而是续交租金，出租方实收该笔租金，就是以默示的意思表示方式续签合同。但是，不作为的意思表示只有在法定或约定、存在交易习惯的情况下，才可视为同意的意思表示。

我国《合同法》认可合同的"其他形式"，是与国民经济的飞速发展、交易形态的日趋多样化的国情现状相适应的。

二、合同的内容

合同的内容由当事人约定，一般包括以下条款：

（一）当事人的名称或者姓名和住所

（二）标的

标的是指合同中确立双方权利和义务共同指向的对象。合同标的可以是货物，也可以是货币、劳务、工程项目等。例如，买卖合同的标的是物品，借款合同的标的是货币，演职人员劳务合同的标的是劳务，广告设计制作合同的标的是工作成果。合同标的必须明确、具体和肯定。没有标的或者标的不明确的，双方的权利、义务就无从依据。没有标的的合同是空的，标的不明确的合同则无法履行。

（三）数量

数量是衡量标的的指标或尺度，决定双方当事人权利、义务的大小和范围。数量要清楚，计量要明确，不可含混不清。计量方法按国家或行业主管部门规定执行；没有规定的，按双方协议执行。计重量的产品，必须明确是毛重还是净重。有些产品还应规定交货数量的正负尾差、合理磅差或者超欠幅度。

(四) 质量

质量是指产品、劳务或工作成果的优劣程度。质量的标准就是规格，例如，一定的大小、轻重、性能、精密度等。产品标准化水平是衡量一个国家技术水平和管理水平的尺度，是经济现代化的一个重要标志。有国家或行业标准的，按国家标准或行业标准执行；没有国家和行业标准的，由双方协议商定。

(五) 价款或者报酬

价款或者报酬是取得物品或者接受劳务、工作成果的一方向对方所支付的代价。它是以货币的数量来表示的。物品的价款是商品价值的货币表现形式，反映了商品交换关系的客观要求。一方取得产品或者接受劳务、工作成果，就要按照等价交换的原则给付对方相当数量的代价。

在订立合同时，当事人双方应当按照等价有偿的原则商定价款或者报酬。在合同中还应阐明价款或者报酬的计算标准和结算办法。

(六) 履行的期限、地点和方式

1. 履行期限。履行期限是享有合同权利的一方要求对方履行义务的请求权发生的时间。只有这一时间到来，权利人才能请求义务人履行义务。如果合同中不规定履行期限，那就等于允许义务人可以无限期地拖延其应履行的合同义务，结果会给权利人造成损失，或使社会经济活动从根本上丧失原来的意义。

2. 履行地点。履行地点是指交货、提货、付款、服劳务或建设的地点。合同规定有履行地点的，按约定地点履行；履行地点不明确的，根据合同性质确定。例如，合同标的是给付货币，在接受货币一方的所在地履行；合同标的是交付不动产，在不动产所在地履行；其他标的在履行义务一方所在地履行。确定合同的履行地点是很重要的，不仅有利于履行义务一方履行债务，而且也是分清责任的依据。

3. 履行方式。履行方式是指采取什么方法来实现合同所规定的双方当事人的义务。履行方式依据合同的不同内容有转移财产地方式、提供劳务方式、提供工作成果方式等。例如，买卖、供电等合同是通过产品和资金的互相转移方式来实现的；保管、运输、劳务等合同是通过一方提供劳务、一方交付报酬的方式来实现的。

(七) 违约责任

违约责任是指违反了合同规定应当承担的法律责任。违约责任是对不履行合同规定义务的一方的制裁措施。它对维护合同的严肃性，督促当事人履行合同义务，全面实现合同条款有着重要作用。

（八）解决争议的方法

解决争议的方法是指在合同中需要订立如遇纠纷采取何种方式解决争议的程序性条款。该项条款一般作如下表述：在合同履行过程中如发生矛盾或纠纷，双方本着平等互利、诚实信用的原则友好协商解决；如果协商不成，双方确定交由某方所在地的仲裁委员会裁决，或者通过某方所在地人民法院诉讼解决。如果是涉外合同，还应明确适用法律，如本合同适用中华人民共和国法律。

此外，我国《合同法》对采用格式条款订立的合同使用予以必要的限制。所谓格式条款，是指当事人为了重复使用而预先拟定，并在订立合同时未与对方协商的条款。例如，现实生活中常见的房屋销售合同、机动车辆保险合同、移动电话租用合同等。法律对格式条款的使用进行限制的主要内容有：①提供格式合同的一方对于免除或限制其责任的条款，有向对方提示或说明的义务。②含有本方免责、加重对方责任、排除对方主要权利等条款内容的，此类条款无效。③对格式条款有两种以上的解释的，应当做出不利于提供格式条款一方的解释。④格式条款和非格式条款不一致的，应当采用非格式条款。

三、合同的订立程序

合同的订立程序，就是合同内容的协商过程，一般分为要约与承诺两个阶段。

（一）要约

要约，也称发盘、发价等，是指当事人一方向他人提出合同条件，希望和对方订立合同的意思表示。提出要约的一方称为要约人，接受要约的一方称为受要约人。要约应当符合法定的两个要素：一是内容具体确定；二是表明经受要约人承诺，要约人即受该意思表示的约束。

要约与要约邀请不同。要约邀请是当事人一方邀请他人向自己提出要约，经过邀请的一方承诺后，合同才能成立。要约则不同，要约一经受要约人承诺，原则上即可成立合同。下列情况视为要约邀请：寄送的商品或服务价目表、拍卖公告、招标公告、招股说明书、商业广告等。但是，商业广告的内容符合要约规定的，可以视为要约，如期刊上印制的征订单。

要约到达受要约人时生效。要约生效后，受要约人即获得承诺的权利。但是，除法律有特别规定外，受要约人没有必须承诺（即接受要约而与之建立合同关系）的义务。受要约人不做承诺的，除法律或行政法规另有规定外，也没有通知要约人的义务。

要约发出后，遇有下列情形之一的，要约失效，要约人不再受要约的约束。
1.要约的拒绝。受要约人把不承诺的意思在承诺期限内通知要约人。

2. 要约的撤回。要约可以撤回，但撤回要约的通知应当在要约到达受要约人之前或是同时到达。否则，撤回要约的通知不发生撤回的效力。

3. 要约的撤销。要约可以撤销，但撤销要约的通知应当在受要约人发出承诺之前到达受要约人。

4. 承诺期已过。这分为两种情况：一是要约确定承诺期限的，承诺期限届满受要约人未做出承诺，要约即失效；二是要约没有确定承诺期限的，在合理期限内受要约人未做出承诺，要约也即失效。所谓"合理期限"，应当包括信件、电报的往返程时间（如采用传真、电子邮件方式可以忽略往返程时间）和受要约人考虑承诺的必要时间。

5. 受要约人提出变更条件。受要约人虽未直接拒绝要约，但表示以对要约内容做实质性变更为条件订立合同。在这种情况下应当视为拒绝要约，原要约因而失效。同时，对于这种提出变更条件的意思表示，应当视为受要约人向原要约人发出的新要约（或称反要约）。有关合同的标的、数量、质量、价款或报酬、履行期限、履行地点和方式、违约责任、解决争议方法等的变更，均是对要约内容的实质性变更。

(二) 承诺

承诺是受要约人同意要约的意思表示，即受要约人向要约人表示愿意按照要约内容与其订立合同的答复。承诺的内容与要约的内容一致。承诺的效力表现为要约人收到受要约人的承诺时，合同即告成立。承诺的方式有以下五种：

1. 到达承诺。受要约人在承诺期限内发出承诺，要约人也是在此期限内收到承诺，合同即告成立。

2. 迟到承诺。受要约人在规定期限内发出承诺，但因邮电传递等原因，承诺迟延到达时，要约人应立即向受要约人声明承诺迟到。否则，视为承诺未迟到而合同成立。

3. 推定承诺。如果要约人发出要约时声明不需要承诺通知，而把对方履行合同的行为视为受要约人同意合同生效的意思表示，则从受要约人着手履行合同时起，合同即告成立。例如，出版社邮寄图书、音像制品征订单，从订户汇款时起，合同成立。

4. 默示承诺。要约中明确指出或表示对方不答复，则视为受要约人已接受。因此，受要约人的默示，有时也是承诺的一种表示方式。

5. 法定程序认定的承诺。根据法律规定或者当事人的约定，合同必须经过一定的程序，如经行政机关许可、办理财产过户手续、公证机构公证、律师见证等，则必须当该程序完成后，合同才能成立。

四、合同成立的时间和地点

(一) 合同成立的时间

一般情况下,承诺生效时合同成立。根据订立合同所采用形式的不同,可有以下四种确认合同的成立时间的情形。

1. 口头订立的合同,自口头承诺时生效。

2. 当事人采用合同书形式订立合同的,自双方当事人签字或者盖章时合同成立。

3. 当事人采用信件、数据电文等形式订立合同的,可以在合同成立之前要求签订确认书。签订确认书时合同成立。

4. 法定或约定采用书面形式订立合同的,当事人未采用书面形式,或者采用其他形式订立合同,在签字或盖章前,一方已履行主要义务,对方接受的,该合同成立。

(二) 合同成立的地点

合同成立的地点是指承诺生效的地点。合同成立的地点是发生合同纠纷后确定管辖法院的依据,在国际贸易中还可以作为确定适用法律的依据,因此具有重要意义。同样,根据订立合同所采用形式的不同,可有以下四种确认合同成立地点的情形。

1. 口头订立的合同以口头承诺地点为合同生效地点;根据贸易习惯或要约人要求做出承诺行为的地点为合同成立地点。

2. 采用合同书形式订立合同的,双方在同一时间或地点签字或盖章的,该地点为合同成立地;双方不在同一地点签字或盖章的,以最后签字或盖章的地点为合同成立地。

3. 采用数据电文形式订立合同的,收件人的主营业地点为合同成立地;没有主营业地点的,其经常居住地为合同的成立地。

4. 当事人另有约定的,按照其约定确认合同的成立地。

五、缔约过失责任

缔约过失责任是指在订立合同过程中,一方违背诚实信用原则,致使合同未能成立并给对方造成损失时所应承担的损害赔偿责任。

(一) 缔约过失责任的种类

当事人在订立合同过程中有下列情形之一,给对方造成损失的,应当承担损害赔偿责任:①假借订立合同,恶意进行磋商。②故意隐瞒与订立合同有关的重要事实或者提供虚假情况。③未履行保密义务。④有其他违背诚实信用原则的行为。

（二）缔约过失责任与合同违约责任的区别

1. 两者责任性质不同。违约责任是因一方违反有效合同约定的义务而产生的责任；缔约过失责任的前提是当事人之间并不存在合同关系，它是由于违反法定义务而产生的责任。

2. 两者的归责原则不同。违约责任适用"严格责任"的原则；缔约过失责任适用"过错责任"原则，即由于当事人主观上的故意或过失，造成缔约过程中对方的损失。

3. 两者发生的时间不同。违约责任发生在合同成立生效之后；缔约过失责任是发生在合同订立过程中。

4. 两者承担责任方式不同。违约责任可采用违约方支付违约金、赔偿金、定金或者采取补救措施、继续履行等；缔约过失责任只有一种赔偿损失的方式。

第三节 合同的效力

一、合同的生效

（一）合同生效的要件

一般合同生效的基本要件有以下四个：①行为人具有相应的民事行为能力。②意思表示真实。③不违反法律和社会公共利益。④合同形式必须合法。

（二）合同生效的时间

合同生效的时间可分为以下三种情况：

1. 一般合同。对于大多数合同而言，合同成立的同时生效。但是法律、行政法规规定合同须办理批准、登记等手续后才能生效的，其相关手续办理完成后合同才能生效。没有规定登记后生效的，当事人未办理登记手续不影响合同的效力，但是合同标的物的所有权及其他物权不能转移。

2. 附条件的合同。附条件的合同是指当事人把一定条件的成就与否作为合同效力是否发生或者消灭的依据的合同。根据条件对合同效力限制的不同，可以分为附生效条件的合同和附解除条件的合同。

3. 附期限的合同。附期限的合同是指当事人约定一定期限作为合同的效力发生或终止的合同。

(三) 合同成立与生效的区别

对于大多数合同而言，合同成立的同时生效。但是实质上，合同成立与生效是两个不同的法律概念。它们解决不同的法律问题，具体表现在以下三方面：

1. 合同成立与否是事实问题，可由当事人提出证据加以证明；而合同生效与否是法律问题，由国家司法机关根据法律规定对当事人订立的合同进行判断。

2. 合同不成立的后果，仅仅表现为当事人之间产生的民事赔偿责任，一般表现为缔约过失责任；而合同无效的后果，除承担一定的民事责任外，还有可能产生行政甚至刑事上的责任。

3. 合同成立与否主要涉及当事人的意愿问题，如果当事人主张合同成立，国家不会主动干预；而合同无效体现了国家对合同的否定评价，如合同内容违法，即便当事人不主张合同无效，国家也会干预。

二、效力待定的合同

效力待定的合同是指与合同成立时是否发生效力尚不能确定，有待于其他行为使之确定的合同。效力待定的合同主要有以下四种情况：

(一) 限制行为能力人订立的合同

限制行为能力人订立的合同，经法定代理人追认后，该合同有效。但是，纯获利益的合同或与其年龄、智力、精神健康状况相适应而订立的合同，不必经法定代理人追认。

(二) 无权代理人以他人名义订立的合同

无权代理人（包括超越代理权和代理权终止后的）以他人名义订立的合同，未经被代理人追认，对被代理人不发生效力，由该行为人承担责任。但是，相对人（即合同另一方）有理由相信该行为人有代理权的，则该代理行为有效。后种情形被称为"表见代理"，即在无权代理的场合，如果善意相对人客观上有正当理由相信无权代理人具有代理权而与其发生法律行为，该法律行为的效果直接由被代理人承担。

(三) 法定代表人超越权限订立的合同

法人或其他组织的法定代表人、负责人超越权限订立的合同，除相对人知道或应当知道其超越权限的以外，该合同有效。

（四）无处分权人处分他人财产的合同

无处分权人处分他人财产的合同，经权利人追认或该无处分权人在订立合同后取得处分权的，该合同有效。

三、无效合同

（一）无效合同的法定情形

我国《合同法》明确规定有下列情形之一的，合同无效：①一方以欺诈、胁迫的手段订立合同，损害国家利益的。②恶意串通，损害国家、集体或第三人利益的。③以合法形式掩盖非法目的的。④损害社会公共利益的。⑤违反法律、行政法规强制性规定的。

（二）无效免责条款的法定情形

免责条款的提出，必须明确免责事项和免责范围。免责条款是当事人协商的结果，一般来说应当是有效的。但是，我国《合同法》明确规定合同中有下列情形之一的，其免责条款无效：①造成对方人身伤害的。②因故意或重大过失给对方造成财产损失的。

四、可变更或撤销的合同

可变更或撤销的合同，是指合同因意思表示不真实，当事人可以向法院或仲裁机构请求变更或撤销，从而使得已生效的合同内容发生变更或使合同归于无效。我国《合同法》规定，合同订立的内容或程序有下列情形之一的，当事人一方有权请求法院或仲裁机构予以变更或撤销：①重大误解。②显失公平。③一方以欺诈、胁迫手段或是乘人之危。

五、合同被确认无效或被撤销的后果

（一）合同被确认无效或被撤销的效力

1. 合同自始无效。合同被确认无效或被撤销以后，将溯及既往，导致合同自成立时就是无效，就不具有法律约束力。

2. 合同部分无效不影响其他部分的效力。

3. 争议解决条款具有相对独立性。争议解决条款是当事人约定解决合同争议的手段、地点及适用法律的条款，其效力不受合同无效、变更、终止的影响。

(二) 合同被确认无效或被撤销的法律后果

合同被确认无效或被撤销的法律后果有三个方面：①返还财产。②赔偿损失。③对恶意串通行为进行制裁。除民事责任以外，当事人在合同被确认无效或被撤销后，还有可能承担相应的行政责任乃至刑事责任。例如，吊销营业执照、判处罚金等。

第四节 合同的履行

一、合同履行的规则

合同生效后，当事人应当按照约定全面履行自己的义务，并且应当遵循诚实信用的原则，根据合同的性质、目的和交易习惯履行通知、协助、保密等义务。对于合同履行中出现的下列实际问题或争议，当事人应当遵循法定的规则。

(一) 部分条款不明确时合同的履行

合同生效后，当事人就质量、价款或者报酬、履行地点等内容没有约定或者约定不明确的，可以协议补充；不能达成补充协议的，按照合同有关条款或者交易习惯确定。当事人就有关合同内容约定不明确，依照上述规定仍不能确定的，适用下列规定：

1. 质量要求不明确的，按照国家标准、行业标准履行；没有国家标准、行业标准的，按照通常标准或者符合合同目的的特定标准履行。

2. 价款或者报酬不明确的，按照订立合同时履行地的市场价格履行；依法应当执行政府价或者政府指导价的，按照规定履行。

3. 履行地点不明确，给付货币的，在接受货币一方所在地履行；交付不动产的，在不动产所在地履行；其他标的，在履行义务一方所在地履行。

4. 履行期限不明确的，债务人可以随时履行，债权人也可以随时要求履行，但应当给对方必要的准备时间。

5. 履行方式不明确的，按照有利于实现合同目的的方式履行。

6. 履行费用的负担不明确的，由具有履行义务的一方负担。

(二) 合同价格调整的履行

执行政府定价或者政府指导价的，在合同约定的交付期限内政府价格调整的，按照交付时的价格计价。逾期交付标的物的，遇价格上涨时，按照原价格执行；价格下降时，按照新价格执行。逾期提取标的物或者逾期付款的，遇价格上涨时，按照新价格执行；价格下降时，按照原价格执行。

（三）向第三人履行债务

当事人约定由债务人向第三人履行债务的，债务人未向第三人履行债务或者履行债务不符合约定，应当由债务人向债权人承担违约责任。例如，广告客户与广告公司签订广告代理合同，约定由广告客户向某电视台（即第三人）支付广告费用款项，如果广告客户未向该电视台支付该笔费用，应由广告客户向广告公司承担违约责任。

（四）第三人代为履行

当事人约定由第三人向债权人履行债务的，第三人不履行债务或者履行债务不符合约定，应当由债务人向债权人承担违约责任。例如，广告公司与某电视台签订广告代理合同，约定由广告客户（即第三人）向该电视台支付广告费用款项，如果广告客户未向该电视台支付该笔费用，应由广告公司向该电视台承担违约责任。

（五）提前履行和部分履行

债权人可以拒绝债务人提前履行债务或部分履行债务，但提前履行或部分履行不损害债权人利益的除外。债务人提前履行或部分履行给债权人增加的费用，由债务人负担。例如，音像制作公司比合同约定提前20天向音像书店托运一批音像制品，如果该音像书店有存放地方，提前发货是可行的；如果该音像书店没有存放地方，该批制品在物流中心暂时存放，由此增加的保管费用应由音像制作公司负担。

（六）因债权人原因导致履行困难时债务人的权利

根据协助履行原则，债权人分立、合并或变更住所，导致债权人主体或履行地点的变更，应当及时通知债务人，否则将造成债务人的履行发生困难。在这种情况下，为了保证债务人的利益，债务人可以中止履行或者将标的物提存。

二、合同的担保

担保是指法律、法规规定或者由当事人约定的保证合同履行的方法。担保的产生和存在以它所保证的合同存在为前提。我国《担保法》规定，在买卖、承揽、借贷等经济活动中，债权人需要以担保方式保障其债权实现的，可以依法设定担保。担保可以单独订立书面合同（包括具有担保性质的信函、传真等），也可以在主合同中订立担保条款。担保包括抵押、质押、留置、保证和定金五种方式。抵押、质押、留置三种担保方式已在前文担保物权（抵押权、质权和留置权）中介绍，这里着重介绍保证和定金两种担保方式。

（一）保证

保证是指由保证人向债权人保证债务人履行债务的担保行为。一般而言，保证人和债权人约定，当债务人不履行债务时，保证人按照约定履行债务或承担责任。保证人承担保证责任后，有权向债务人追偿。

1. 保证人。保证人是指具有代为清偿债务能力的，并且愿为债务人按照约定履行债务或承担责任的法人或自然人。法定下列几种人不能作为保证人：①国家机关。②学校、幼儿园、医院等以公益为目的的事业单位、社会团体。③企业法人的分支机构和职能部门。

2. 保证方式。保证方式有两种：①一般保证：保证人在主合同纠纷非经审判或者仲裁，并就债务人财产依法强制执行仍不能履行债务前，对债权人可以拒绝承担保证责任。②连带责任保证：债务人债务履行期限届满不能履行债务的，债权人可以自主选择由债务人或保证人在保证范围内履行。

3. 保证范围。保证担保的范围包括主债权及利息、违约金、损害赔偿金和实现债权的费用。

4. 保证期间。保证期间是指保证人承担保证责任的期限范围。未约定保证期间的，保证期间为主债务履行期届满之日起6个月。

5. 保证责任的承担和免除。一般保证中债权人未对主债务人提起诉讼或者申请仲裁的，连带责任保证中的债权人未要求保证人承担保证责任的，保证人免除保证责任。

（二）定金

定金是指当事人约定一方向对方预付一定比例的价款作为债权的担保。当债务人履行债务后，该项定金应当抵作价款或者收回。定金担保的法律意义在于：当给付定金的一方不履行约定的债务时；无权要求返还定金；收取定金的一方不履行约定的债务时，应当双倍返还定金。

1. 定金与预付款的区别。定金与预付款（也称订金）的区别有四个方面：①定金是债的担保，具有担保作用；而预付款是支付手段，无担保作用。②定金能证明合同的成立；而预付款不能证明合同成立。③定金于订约时交付；而预付款于订约后交付。④当一方不履行合同义务时，定金具有制裁作用；而预付款不具备惩罚、补偿的功能。

2. 定金合同。定金应以书面形式约定。定金合同从实际交付定金之日起生效。定金的数额由当事人约定，但法定不得超过主合同标的额的20%。

三、合同的保全

合同的保全是保护债权合同对外效力的表现。为防止债务人财产不当减少而损害债权人的债权,法律允许债权人对债务人或第三人的行为行使代位权或撤销权,以保护其债权。

(一) 代位权

因债务人怠于行使其到期债权,对债权人造成损害的,债权人可以向法院请求以自己的名义代位行使债务人的债权。债权人行使代位权的条件有四个方面:①债权人对债务人的债权合法。②债务人怠于行使其到期债权,对债权人造成损害。③债务人的债权已到期。④债务人的债权不是专属于债务人自身的债权。

代位权的行使范围以债权人的债权为限。债权人行使代位权的必要费用,由债务人负担。

(二) 撤销权

因债务人放弃其到期债权、无偿转让财产或者以明显不合理的低价转让财产(并且受让人知道该情形),对债权人造成损害的,债权人可以请求法院撤销债务人的行为。

撤销权的行使范围以债权人的债权为限。债权人行使撤销权的必要费用,由债务人负担。撤销权自债权人知道或者应当知道撤销事由之日起一年内行使。自债务人的行为发生之日起五年内没有行使撤销权的,该撤销权消灭。

第五节 合同的变更、转让和终止

一、合同的变更

合同变更是指在合同成立后、尚未履行或者尚未完全履行前,由于实现合同的条件发生变化,当事人依据法律规定的条件和程序,对原合同的某些条款进行修改或补充。诸如,合同标的数量的增减、价款及结算方法的变动、履行地点的调整、履行时间的提前或延期、履行方式的改变等,都可视为合同的变更。

(一) 合同变更的原因

合同的变更主要由于以下五种原因：

1. 因不可抗力使合同不能履行而变更。因不可抗力致使合同约定的部分义务不能履行的，当事人可以变更合同。不可抗力的发生是当事人可以变更合同的因素之一。

2. 因情势变化致使合同履行显失公平而变更。在客观情势变化的情况下，当事人能够履行合同，但履行明显不公平，即由于履行原合同规定明显对一方没有意义或造成重大损害，此时应允许当事人变更合同。

3. 因当事人违约而变更。所谓违约，是指当事人不按合同约定履行合同义务。因当事人违约而变更合同的，实际上是赋予无过错的一方当事人以变更合同的请求权。

4. 因订立时意思表示不真实而变更。我国《合同法》规定，下列意思表示不真实的合同可以变更：①因重大误解而订立的合同。②显失公平的合同。③一方以欺诈手段订立的合同。④一方以胁迫手段订立的合同。⑤一方乘人之危订立的合同。上述合同违反了法定的公平、诚实信用等基本原则，与受损的当事人真实意思相违背，因此，法律赋予受损的一方当事人以变更合同的请求权。

5. 因当事人自愿而变更。合同是双方当事人协商一致订立的，那么也可以根据当事人双方的意愿进行变更。这体现了合同的自由原则，体现了当事人的意志自由。一般来说，经过双方当事人重新协商同意，是允许变更他们原有合同的。在双方协商一致的前提下允许变更合同的内容，目的在于使当事人的合同关系更能适应已经变化了的新情况，使生产经营活动更能符合客观实际情况的需要，避免造成不必要的浪费或损失。但是，当事人自愿达成修改或补充协议不得违反法律强制性规定，不得损害国家利益和社会公共利益。

(二) 合同变更的条件

合同的变更，应当具备以下四个条件：

1. 原已存在着合同关系。合同的变更是在原合同的基础上通过当事人双方的协商，改变原合同关系的内容。因此，不存在原合同关系就不可能发生变更问题。对无效合同和已经被撤销的合同，不存在变更的问题。对可撤销而尚未被撤销的合同，当事人可以不经法院或仲裁机关裁决，而采取协商的手段，变更某些条款，消除合同中的重大误解或显失公平的现象，使之成为符合法律要求的合同。

2. 合同变更须依据法律的规定或当事人的约定。当事人可以请求法院根据《合同法》的相关规定，对属于重大误解或显失公平的合同进行变更；或者当事人协商一致，在原来合同内容的基础上达成新的协议。

3. 须遵守法定的方式。一般而言，合同变更的形式应当与合同订立的形式相一致。比如，以书面形式订立的合同，变更时也应当采用书面形式。法律、行政法规规定变更合同应当办理批准、登记等手续的，应当办理相应的手续。

4. 须有合同内容的变化。合同的变更是对原合同关系的内容做某些修改或补充，例如，买卖合同标的物数量的增加或减少、价款和结算办法的调整、交货时间的提前或延期、运输方式和交货地点改变等，必然导致合同条款的变化。

（三）合同变更的程序

合同一般是由双方当事人协商一致变更的。在实践中，当事人协商变更合同的程序包括以下主要步骤：

1. 一方当事人提出或者发出变更合同的书面建议或通知。在符合条件的情况下，要求变更或解除合同的一方当事人，应以书面形式向对方提出建议。这种建议一般包括下列内容：①变更合同的理由。②有关条款内容的变更后果（如赔偿责任）的处理。③对方答复期限等。

2. 对方就变更合同进行答复。另一方当事人接到对方变更合同的书面要求后，要在法定或约定的期限内以书面形式予以答复，表示同意或不同意；不同意的可提出不同的意见（对后果处理）；逾期不答复的，应当视为默认。

3. 双方达成变更合同的协议。双方都表示同意变更合同的，经过协商同意，达成一致意见后，应制作变更合同的协议书。该协议书包括有关文书、电报等。

对于因不可抗力、情势变更和意思表示不真实等产生变更请求权而变更合同，对方不同意的，权利人可请求法院或仲裁机构变更。例如，对于意思表示不真实而订立的有关合同，包括重大误解的合同、显失公平的合同、因欺诈而订的合同、因胁迫订立的合同、乘人之危所订的合同等，根据《合同法》规定，受害人不要求撤销的，可以向法院或者仲裁机构请求变更。法院或者仲裁机构通过诉讼或仲裁程序强制变更合同，实际上是对变更请求权人权益的保护。

根据有关法律、行政法规规定变更合同应当办理批准、登记等手续的，如中外合作企业经营合同、大型游艺设施和不动产买卖合同等，当事人不仅要达成合同变更的修改或补充协议，还应到有关主管部门办理批准或登记手续后方为生效。

二、合同的转让

合同转让是指当事人一方依法将合同的权利和义务全部或部分地转让给第三人的法律行为。实际上,合同转让属于广义的合同变更范畴,合同转让并不是变更合同的内容,而是变更合同主体。原债权人或债务人被称为让与人,新债权人或债务人被称为受让人。合同转让分为合同权利的转让、合同义务的转移、合同权利义务一并转让三种。

(一) 合同权利的转让

1. 合同权利转让的条件。合同权利的转让,又称债权转让,是指债权人通过协议将合同权利的全部或部分转让给第三人的行为。一般而言,只要是不违反法律和社会公共利益,合同权利均应允许转让。债权人转让权利的,应当通知债务人。未经通知的,该转让对债务人不发生变化。同时,未经受让人同意,债权转让通知不得撤销。

为维护市场交易秩序、兼顾当事各方利益,我国《合同法》规定下列合同权利不得转让:①根据合同性质不得转让的,主要是指基于当事人信任关系而发生的债权。②依照当事人约定不得转让的。③依照法律规定不得转让的。

2. 合同权利转让的效力。①对受让人的效力包括:债权人转让权利的,受让人同时取得与债权有关的从权利。但该从权利专属于债权人自身的除外。债权人转让全部权利的,受让人取代原债权人成为合同的权利主体;债权人转让部分权利的,受让人加入原合同关系,与原债权人共同作为债权人。②对债务人的效力包括:债务人接到债权转让通知后,债务人应当向受让人履行债务。债务人对让与人的抗辩可以向受让人主张。债务人对让与人的抵消权可以向受让人行使。债务人向受让人行使抵消权的条件是:首先,债权转让已经发生效力;其次,债务人对让与人享有债权;最后,债务人的债权先于转让的债权到期或同时到期。

(二) 合同义务的转移

1. 合同义务转移的条件。合同义务的转移,也称债务承担,是指债务人将合同义务的全部或部分转移给第三人。与权利转让不同,合同义务的转移使债务的承担者发生变化,将直接影响到债权人债权的实现。从保护债权人的角度出发,法定债务人转移合同义务的,应当征得债权人的同意。

2. 合同义务转移对受让人的效力。①债务人转移全部义务的,受让人取代原债务人成为合同的义务承担者;债务人转移部分义务的,受让人加入原合同关系,与原债务人共同作为债务人。②新债务人可主张原债务人对债权人进行抗辩。③新债务人应当承担与主债务有关的从债务,但从债务专属于原债务人自身的除外。

(三) 合同权利义务一并转让

合同权利义务的一并转让指当事人一方将其在合同中的权利和义务一并转让给第三人。当事人进行合同权利义务的一并转让的，应当征得对方的同意；应当遵守《合同法》对合同权利转让的范围和效力、合同义务转移的效力的规定。

三、合同的终止

合同的终止，也称合同的消灭，是指合同因法定原因终止其法律效力，合同规定的当事人的权利义务关系归于消灭。合同终止的后果是消灭了当事人之间既存的权利义务关系，同时也使基于该合同的担保及其他权利义务关系一并终止。但是，合同的权利义务终止，并不影响合同结算和清理条款的效力。我国《合同法》规定，存在下列六种情形（即法定原因）之一的，合同的权利义务终止。

(一) 清偿

清偿，即债务已经按照约定履行。当事人订立合同的目的，就是使债务人履行其债务和债权人实现其权利。只有通过合同的实际履行，当事人订立合同的目的才会实现。当事人完全履行了其合同债务，合同自然归于消灭。这个履行应当是当事人全面履行合同的行为，只有与合同的约定完全相同的履行，才会发生合同终止的效力。

(二) 解除

解除，即合同解除。合同解除是指合同有效成立后，当具备合同解除条件时，因当事人一方或双方的意思表示而使合同关系即当事人之间的权利义务关系消灭的法律行为。合同解除，就是使合同不再对双方当事人具有法律约束力，使合同的效力归于终止。合同的解除是合同终止的一种不正常方式。合同的解除，分为约定解除和法定解除两类。

1. 约定解除。约定解除也称协议解除，是指合同生效后，未履行、未完全履行前或不能履行时，当事人以解除合同为目的，经协商一致，订立一个解除原合同的协议，从而使原合同的效力终止，当事人双方之间的权利义务关系归于消灭。

2. 法定解除。法定解除的事由主要有以下四种：①因不可抗力而致使合同目的不能实现的。②在履行期限届满之前，当事人一方明确表示或者以自己的行为表示不履行主要债务的。③当事人一方迟延履行主要债务，经催告后在合理期限内仍未履行的。④当事人一方迟延履行债务或者有其他违约行为致使合同目的不能实现的。

合同解除后,尚未履行的,终止履行;已经履行的,根据履行情况和合同性质,受损害的当事人可以要求恢复原状、采取其他补救措施,并有权要求对方赔偿损失。

(三) 抵消

抵消,即债务相互抵消。合同的抵消是指合同双方当事人互为债权人和债务人,各以自己的债权充抵对方的债权,使自己的债务与对方的债务在等额内消灭。所以,通过债务的相互抵消,也可以产生使合同终止的效果。

一般来说,抵消终止合同需要具备四个条件:①双方互相负有相同的义务、互相享有相同的权利。②须双方的义务为同一性质,即同类的给付。③须双方的义务均到履行期。④债权债务的性质可以抵消。但是,法律明确规定不能抵消或当事人约定不能抵消的权利义务,则不能抵消。

(四) 提存

提存是指由于债权人的原因,债务人无法向其交付标的物时而将该标的物交给提存机关(如工商局合同监管机构),从而消灭债务的制度。标的物提存后,不论债权人是否提取,都产生债务消灭的法律后果。

提存原因主要有三个方面:①债权人无正当理由拒绝受领。②债权人下落不明。③债权人死亡未确定继承人或丧失民事行为能力未确定监护人。提存视为标的物的交付,故而自提存之日起,提存物的所有权转移;债权人作为提存标的物的所有人,该标的物上的权利(如货款在提存期间产生的利息)由其享有,义务(如保管费用)和风险(如标的物毁损灭失)也由其承担。

(五) 免除

免除,即债权人免除债务。债权人免除债务人部分或全部债务的,合同的权利义务即部分或者全部终止。免除是依债权人单方意思表示免除债务而发生法律效力,即债权人抛弃债权,从而消灭合同关系。

(六) 混同

混同,即债权债务同归于一人。混同是合同关系终止的一种特定的方式。当债权债务同归于一人时,比如有业务往来的两家企业合并,相互之间就不再存在债权与债务,合同也就失去了履行的意义,合同关系也随之消灭。

第六节 违约责任

一、违约责任的特征

违约责任,也称违反合同的民事责任,是指合同当事人因不履行合同义务或者履行合同义务不符合约定而向对方承担的民事责任。违约责任与合同债务有密切联系。违约责任与其他法律责任相比,具有以下法律特征:①违约责任的产生是以合同当事人不履行合同义务为条件的,即违约责任是以违反合同义务为首要特征的。②违约责任具有相对性,而相对性则表明违约责任只能在特定的当事人之间即合同关系的当事人之间发生。③违约责任具有补偿性。④违约责任可以由当事人约定,即当事人可在法定范围内对双方的违约责任做出事先的安排。⑤违约责任是民事责任的一种形式。

二、违约责任的构成要件

违约责任的构成要件是指违约当事人应具备何种条件才应承担违约责任。违约责任的构成要件可分为一般构成要件和特殊构成要件。

(一) 违约责任的一般构成要件

违约责任的一般构成要件,是指合同违约当事人承担任何违约责任形式都必须具备的要件。违约责任的一般构成要件有两个。

1. 违约行为。违约行为是指合同当事人违反合同义务的行为。我国《合同法》规定,当事人一方不履行合同义务或者履行合同义务不符合约定的,应当承担违约责任。违约行为可以分为预期违约和实际违约两类。①预期违约。预期违约也称先期违约,是指在合同履行期限到来之前,一方无正当理由明确表示其在履行期到来后将不履行合同(此为明示毁约),或者其行为表明其在履行期到来后将不可能履行合同(此为默示毁约)。②实际违约。实际违约包括拒绝履行、迟延履行、不适当履行、部分履行和其他不完全履行合同的行为。

2. 无免责事由。无免责事由是指不存在法定免责和约定免责事由。①法定免责的事由是指不可抗力。所谓不可抗力,是指不能预见、不能避免并不能克服或者非人力所能控制的客观情况。不可抗力一般包括由自然原因引起的水灾、旱灾、地震、海啸等自然灾害和由社会原因引起的战争、罢工、骚乱、海盗等社会不测事件。我国《合同法》规定，因不可抗力不能履行合同的，根据不可抗力的影响，部分或全部免除责任。所以，不可抗力是法定免责的事由。②约定免责的事由是指当事人在合同中事先约定限制或免除其未来责任的条款。但是合同约定的下列免责条款法定无效：造成对方人身伤害的；因故意或重大过失造成对方财产损失的。

在合同履行的过程中，当事人一方的任何违约行为，如果既不存在法定免责事由也没有事先约定免责条款，那么违约方就要承担违约责任。

(二) 违约责任的特殊构成要件

违约责任的特殊构成要件，是指各种具体的违约责任形式所要求的责任构成要件。一般来说，赔偿损失责任的构成要件有以下四个方面：①违约行为。违约行为包括拒绝履行、不适当履行和不完全履行合同等行为。②主观过错。主观过错包括违约人故意和过失两种心理状态。③损害事实。即对方当事人发生了实际损失。④违约行为与损害事实之间的因果关系。即两者之间存在前因后果的关系。只有同时具备了上述四个要件，违约方才负有向对方赔偿损失的责任。但是，对方应当采取适当措施防止损失的扩大，却没有采取适当措施致使损失扩大的，不得就扩大的损失要求赔偿。此外，当事人因防止损失扩大而支出的合理费用由违约方承担。

三、违约责任的承担方式

违约责任的承担方式有下列五种：

(一) 继续履行

继续履行也称实际履行、依约履行、强制继续履行，是指在一方违反合同时，另一方有权要求其依据合同的规定继续履行。继续履行是一种违约后的补救方式，其基本内容是要求违约方继续依据合同规定做出履行。继续履行方式可以与违约金、赔偿损失和定金责任并用。

(二) 采取补救措施

采取补救措施是指受损害方根据标的的性质和损失的大小，可以合理要求对方采取修理、更换、重做、退货、减少价款或者报酬等补救措施。这种补救方式主要适用于买卖、承揽之类合同履行中出现的不适当履行所造成的损害。例如，广告合同承揽方制作的广告牌，其所选用的字型和色彩与合同约定不符，此时广告客户可以要求承揽方修改或重做，也可以提出减少约定报酬的要求。

(三) 赔偿损失

赔偿损失是指违约方因不履行或不完全履行合同义务而给对方造成损失，依法和依据合同规定应当承担赔偿损失的责任。赔偿损失范围包括实际损失和预期利益损失，但不得超过违约方订立合同时预见到或应当预见违约可能造成的损失。

(四) 支付违约金

支付违约金是指由当事人通过协商预先确定的、在违约发生后做出的独立于履行行为以外的给付。《合同法》规定，当事人可以约定一方违约时应当根据违约情况向对方支付一定数额的违约金。约定的违约金低于或者过分高于造成损失的，当事人各方可以分别请求法院或者仲裁机构予以增加或者适当减少。当事人迟延履行约定违约金的，违约方支付违约金后，还应当履行债务。

(五) 定金罚则

定金是指合同当事人为了确保合同的履行，约定由一方按合同标的额的一定比例预先给付对方的金钱。《合同法》规定，当事人可以约定一方向对方给付定金作为债权的担保。债务人履行债务后，定金应当抵作价款或者收回。定金罚则是指给付定金的一方不履行约定债务的，无权要求返还定金；收受定金的一方不履行约定债务的，应当双倍返还定金。当事人既约定定金又约定违约金的，一方违约时，对方只能在定金条款与违约金条款之间选择适用其中的一种条款。

四、违约责任与侵权责任竞合的法律适用

所谓责任竞合，是指由于某种法律事实的出现而导致两种或两种以上的责任产生，这些责任彼此之间是相互冲突的。在民法中，责任竞合主要表现为违约责任与侵权责任的竞合。在违约行为与侵权行为发生竞合时，当事人可选择违约责任请求权或侵权责任请求权。例如，某影视公司与张某签订电视文学剧本许可协议后，又约请王某修改加工（法定许可），并在片头字幕上将王某署名"联合编剧"之一。该影视公司"联合编剧"的做法，对张某一方来说既属于违约行为，又构成侵权行为。在这种情况下，张某有权依据《合同法》要求该公司承担违约责任，也可以依据《著作权法》要求该公司承担侵权责任。

第四章 相关经营行为法

第一节 拍卖法

一、拍卖法概述

（一）拍卖的概念

拍卖是指以公开竞价的形式，将特定物品或财产权利转让给最高应价者的买卖方式。拍卖作为一种竞争性缔约方式，具有如下法律特征：①买卖是通过中间人（即拍卖人）进行的，拍卖活动涉及委托人、拍卖人、竞买人三方，法律关系较一般买卖关系更为复杂。②公开竞价，即拍卖活动紧紧围绕价格因素展开竞争，对同一拍卖标的经多个竞买人公开应价，出价最高者才有资格作为买受人。③现场成交，即竞买人通过拍卖现场公开应价，表示买进，拍卖人通过法定程序确定买受人，交易即告成立。

（二）拍卖法的概念及其基本原则

拍卖法是指确定拍卖当事人资格及拍卖规则，调整因拍卖交易活动而产生的社会关系的法律规范的总称。我国《拍卖法》于1996年7月5日第八届全国人大会常委会第二十次会议通过，自1997年1月1日起施行（2004年8月28日第十届全国人大常委会第十一次会议修订通过）。

凡在中国境内委托拍卖或参加竞买的（包括外国人、外国企业和组织），均适用《拍卖法》。该法规定，拍卖活动应当遵守有关法律、行政法规，遵循公开、公平、公正、诚实信用的原则。

（三）拍卖的分类

在拍卖活动中，人们习惯根据拍卖人的业务范围或拍卖的对象进行分类，最常见的分类如下：

1. 物品拍卖与权利拍卖。如果拍卖的对象是有形的物品,即可由感官感知的、占据立体空间的实物,就属于物品拍卖。如果拍卖的对象是无形的,就属于权利拍卖。但这些权利一般是能够带来经济利益的权利,如商标权、土地使用权等。

2. 公物拍卖与非公物拍卖。根据拍卖对象的所有权属性,可以将拍卖分为公物拍卖与非公物拍卖。公物是指国家所有的财产和劳动群众集体所有的财产。在处分公物时,可以采取多种方式,拍卖只是其中之一。由于公物拍卖不仅可以有效地杜绝腐败,还可以最大限度地使财产增值,因此应成为公物处理的首选方式。

3. 一般物品拍卖与特殊物品拍卖。可用于拍卖的物品多种多样,一般物品与特殊物品是相比较而言的。特殊物品拍卖是指对拍卖人资格有特别要求的拍卖活动。文物被视为特殊物品,经营文物拍卖企业须具备多于一般拍卖企业的注册资本,并拥有文物拍卖专业知识的人员。

4. 公开拍卖与定向拍卖。公开拍卖是指对竞买人资格仅有一般限制的拍卖,凡具备民事行为能力及竞买的经济能力、对拍卖品感兴趣的人,均可参加竞买应价。定向拍卖是指对竞买人资格有特殊要求,从而将竞买人限制在一定范围内的拍卖。

(四) 拍卖标的

拍卖标的是指在拍卖活动中,拍卖人展示的、受委托人的委托打算出卖的、可供竞买人出价应买的财产。《拍卖法》规定,拍卖标的应当是委托人所有或依法可以处分的物品或财产权利。

二、拍卖当事人

(一) 拍卖人

1. 拍卖人的资格。拍卖人是委托人与竞买人的中介人,是拍卖当事人之一。由于拍卖活动具有较强的专业性和较大的风险,因此对拍卖人的主体资格必须明文规定。我国《拍卖法》规定,拍卖人是指依照《拍卖法》和《公司法》设立的从事拍卖活动的企业法人。设立拍卖企业应当具备的条件:①有100万元人民币以上的注册资本。②有自己的名称、组织机构、住所和章程。③有与从事拍卖业务相适应的拍卖师和其他工作人员。④有符合拍卖法和其他有关法律规定的拍卖业务规则。⑤有公安机关颁发的特种行业许可证。⑥符合国务院有关拍卖业发展的规定。⑦法律、行政法规规定的其他条件。

拍卖企业从事经营文物拍卖活动,在注册资本和从业人员资格方面,还必须满足下列特殊条件:①有1000万元人民币以上的注册资本。②有具有文物拍卖专业知识的人员。

2. 拍卖师的资格。拍卖师是指有资格主持拍卖活动的自然人。我国《拍卖法》规定，拍卖师应当具备以下条件和资格：①具有高等院校专科以上学历和拍卖专业知识。②在拍卖企业工作2年以上。③品行良好。④经拍卖师资格考核合格，取得拍卖师资格证书。

有下列情形之一的，不得担任拍卖师：①被开除公职未满5年的。②吊销拍卖师资格证书未满5年的。③因故意犯罪受过刑事处罚的。

3. 拍卖人的权利和义务。拍卖人享有以下权利：①有权要求委托人说明拍卖标的的来源和瑕疵。②认为需要时可以对拍卖标的进行鉴定。③有权要求竞买人出具合法有效的证明文件，以确定其竞买资格。④有权指定拍卖师。⑤依法主持拍卖活动，不受他人非法干涉。

4. 拍卖人的义务。拍卖人负有以下义务：①应当向竞买人说明拍卖标的的瑕疵。②接受委托后，未经委托人同意，不得委托其他拍卖人拍卖。③对委托人交付拍卖的物品有保管义务。④委托人、买受人要求对其身份保密的，应为其保密。⑤拍卖成交后，应按照约定向委托人交付拍卖标的的价款，并按照约定将拍卖标的移交给买受人。⑥不得以竞买人的身份参加自己组织的拍卖活动，也不得委托他人代为竞买。⑦不得在自己组织的拍卖活动中拍卖自己的物品或者财产权利。⑧不得与委托人串通，损害竞买人的利益。⑨不得与竞买人串通，损害委托人的利益。

(二) 委托人

委托人是指委托拍卖人拍卖物品或者财产权利的公民、法人或者其他组织。委托人对委托拍卖的标的应当具有处分权。公民作为委托人时，应当具备民事权利能力和民事行为能力。

1. 委托人的权利。委托人享有以下权利：①有权确定拍卖标的的保留价并要求拍卖人保密。②在拍卖开始前可以撤回拍卖标的，但要支付一定的费用。③拍卖成交后，有权取得拍卖品价款。

2. 委托人的义务。委托人负有以下义务：①应当向拍卖人说明拍卖标的的来源和瑕疵。②不得参与竞买，也不得委托他人代为竞买。③依照约定或者拍卖法的规定，向拍卖人支付佣金。④按约定由委托人移交拍卖标的的，拍卖成交后，委托人应将拍卖标的移交给买受人。

(三) 竞买人与买受人

竞买人是指参加竞购拍卖标的物的公民、法人或者其他组织。买受人是指以最高应价购得拍卖标的物的竞买人。

1. 竞买人的权利与义务。竞买人享有以下权利：①有权了解拍卖标的物的瑕疵，查验拍卖标的物和有关拍卖资料。②可以自行参加竞买，也可以委托其代理人参加竞买。竞买人负有以下义务：①拍卖时一经应价不得撤回，除非有其他竞买人有更高应价；②竞买人之间、竞买人与拍卖人之间不得恶意串通，损害他人利益。

2. 买受人的权利与义务。买受人按照约定支付拍卖标的物价款后，有权取得拍卖标的物。买受人负有按照约定支付价款和受领拍卖标的物的义务。

三、拍卖程序、方式与规则

（一）拍卖程序

由于拍卖活动涉及的当事人有三方，且买方具有不确定性，须经过竞价予以明确，为了预防纠纷，保证拍卖的公正，《拍卖法》对拍卖程序做了较为详细的规定。

1. 拍卖委托。拍卖委托是拍卖程序的起始阶段，在此期间，委托人选择拍卖人，拍卖人审查委托人资格及拍卖标的物，同意接受委托后，双方签订委托合同，从而为进入拍卖的下一阶段奠定基础。拍卖人认为需要对拍卖标的物进行鉴定的，可以进行鉴定。鉴定结论与合同载明的拍卖标的物状况不相符的，拍卖人有权要求变更或者解除合同。

委托拍卖合同必须采取书面形式，合同应载明以下事项：①委托人、拍卖人的姓名或者名称、住所。②拍卖标的物的名称、规格、数量、质量。③委托人提出的保留价，拍卖的时间、地点。④拍卖标的物交付或者转移的时间、方式。⑤佣金及其支付的方式、期限。⑥价款的支付方式、期限；违约责任。⑦双方约定的其他事项。

2. 拍卖公告。拍卖公告是拍卖人向社会公众发布拍卖信息的一种法定形式。拍卖公告的内容应当包括拍卖的时间和地点、拍卖标的物、拍卖标的物展示时间和地点、参与竞买应当办理的手续及其他需要公告的事项。发布的方式应当通过报纸或者其他新闻媒介。根据我国《拍卖法》第45条的规定，拍卖公告应当由拍卖人于拍卖日前7日发布。

3. 拍卖展示。拍卖展示是将拍卖标的物的实物或者资料提供给竞买人了解和观察的法定程序。拍卖展示由拍卖人负责组织，委托人应为此提供方便。拍卖人负有如实介绍拍卖标的物的义务；经过展示，对于十分明显的瑕疵，竞买人丧失瑕疵请求权。根据我国《拍卖法》第48条规定，拍卖人应当在拍卖之前展示拍卖标的物，并提供查看拍卖标的物的条件及有关资料；展示的时间不得少于两日。

4. 拍卖实施。拍卖实施是指通过现场拍卖达成交易的过程。它是整个拍卖活动的最后阶段，也是最重要的阶段。拍卖实施过程，一般分为以下四个步骤：

（1）现场拍卖。现场拍卖由拍卖师主持，首先应宣布拍卖规则和注意事项，随后进入竞买程序。我国《拍卖法》规定，竞买人的最高应价经拍卖师落槌或者以其他公开表示买定的方式确认后，拍卖成交。现场拍卖阶段，拍卖人应当制作拍卖笔录，该笔录应由拍卖师、记录人签名；拍卖成交的，还应当由买受人签名。

（2）成交付费。现场拍卖成交后，拍卖人与买受人应签署拍卖成交确认书，确认书是拍卖成交的书面证明文件；与此同时，买受人应付清所有费用，之后拍卖人应交付拍卖品及有关凭证和资料。买受人不能付清所有费用的，应向拍卖人支付拍卖成交价20%以下的定金，并商定付清全部费用的时间，待全部费用付清后方可提货。日后买受人不履行合同的，不得收回定金；拍卖人不履行合同的，应双倍返还定金。

（3）履约。由于拍卖涉及委托人、拍卖人、买受人三方，且委托人与买受人不直接交易，成交后须由拍卖人分别与之结清货款及相关手续，即按照委托合同将拍卖所得价款交给委托人，并获得拍卖佣金和有关费用；按照拍卖合同向买受人交付拍卖标的物，在买受人不能付清价款之前，不能将拍卖标的物交予买受人，否则自付对委托人付款的责任。

（4）再行拍卖。再行拍卖是指就同一委托人委托的同一拍卖标的物而言，由原拍卖人进行的第二次或者多次拍卖。在下列两种情况下，可能导致再行拍卖：①初次拍卖未能成功，委托人可与拍卖人重新签订拍卖合同，再行拍卖。②初次拍卖成交后，买受人拒绝交付价款或不按时交付价款，使拍卖程序无法正常终结，拍卖人与委托人可商定再行拍卖。此时，再行拍卖视为原拍卖程序的继续，无须重新签订拍卖委托合同。再行拍卖与初次拍卖相比，给拍卖人、委托人造成的损失，由原买受人承担。

（二）拍卖方式

拍卖方式是指在拍卖时，竞买人表达自己竞买意志和愿望的方式。在拍卖实践中，最常见的是增价拍卖与减价拍卖，这是根据拍卖时价格走向的不同所做的分类。

1. 增价拍卖。增价拍卖是指在拍卖中，竞买人的报价遵循由低到高的规律依次递增，价格走向只增不减，直至竞买人的最高报价被拍卖师确认成交。加价的幅度可以事先明确规定，也可以不规定，还可以在拍卖过程中进行调整（一般是开始时加价幅度大，然后逐步减小）。增价拍卖能够较好地保护委托人的利益，这一拍卖方式在拍卖业采用的最为广泛。

2. 减价拍卖。减价拍卖，也称为降价拍卖，是指在拍卖中，价格走向逐步降低的拍卖方式，即拍卖师从一个事先确定的价位开始，按照既定的减价幅度，遵循由高到低的规律依次报价，直至竞买人应价击槌成交。减价拍卖有利于缩短拍卖时间，提高成交率，适合大宗鲜活物品的拍卖。在减价拍卖中，如果同时有两人应价，拍卖便转为增价拍卖，直至只有一人应价成交，因此这种方式也被称为混合拍卖。

增价拍卖与减价拍卖的区别，不仅表现在价格走向相悖，更重要的区别在于买卖成交过程中竞买人法律地位不同。在增价拍卖时，竞买人的应价是要约，拍卖人的击槌是承诺；在减价拍卖时，拍卖师的报价是要约，竞买人的应价是承诺。

（三）拍卖规则

1. 瑕疵请求规则。拍卖作为一种特殊的买卖形式，要求委托人、拍卖人应当对拍卖标的物承担品质担保责任。该规则是诚实信用原则在拍卖活动中的必然体现，要求委托人应如实向拍卖人说明拍卖标的物的瑕疵，拍卖人应如实向竞买人说明拍卖标的物的瑕疵，竞买人对已告知的瑕疵丧失请求权。如果瑕疵是显而易见、买受人自己可以发现的，委托人、拍卖人对此不负担保责任。因委托人、拍卖人违反告知义务，拍卖品存在应告知而未告知的瑕疵，买受人可要求认定拍卖无效，退还拍卖品，赔偿损失；委托人、拍卖人可根据过错原则分担责任。

因买受人的疏忽或者误解，购买了带有瑕疵的拍卖品，或者瑕疵是由买受人自己的过错造成的，委托人、拍卖人得以此作为抗辩理由，不承担瑕疵担保责任。

2. 底价规则。底价又被称作保留价，是指委托人为自己的拍卖品设定的价格底线，是拍卖师必须遵守的最低拍卖价格。底价规则是指委托人可以就拍卖标的物确定一个最低价格，竞买人的应价结束时，其最高应价仍低于此价的，拍卖师应宣布不成交。委托人是拍卖标的物的所有人，为拍卖品设定底价是其处分权的体现。委托人有权选择采用有底价拍卖或是无底价拍卖方式。

无底价拍卖应采取公示制度，向所有竞买人声明；如果没有说明，拍卖就是有底价的买卖，这既是拍卖业的一条行规，也为法律所认可。底价可以公开，使所有竞买人周知；也可以保密，只有委托人和拍卖人知道。底价一经公开，不得随意修改，确需修改的，应给竞买人是否参与竞买留有合理的考虑期限，否则委托人应承担由此造成的竞买人、拍卖人的损失。在拍卖现场由拍卖师当场公开底价的，不得修改。

在有底价拍卖时，如果最高应价高于或者等于底价的，拍卖成交；如果最高应价低于保留价的，该应价不发生效力，拍卖师应当停止拍卖标的物的拍卖。如果拍卖人在最高应价没有达到底价时将拍卖标的物卖出，则是对委托人权利的侵犯，也是违背底价规则的，应视为无效行为。委托人有权要求买受人返还拍卖品，并要求拍卖人赔偿损失。若买受人是善意的，可向拍卖人主张权利；若拍卖人与买受人串通，应分别承担责任。

3. 价高者得规则。所谓价高者得，是指在拍卖中，经过竞价，拍卖标的物属于出价最高的买主。若在同一时间，有两个或者两个以上的竞买人报出相同的最高应价，此时应由拍卖师根据公开、公平、公正的原则确认谁的应价为有效应价；如果情势复杂，难以决断，应在此价格基础上继续应价，直至最高应价产生。

4. 禁止参与竞买规则。一是禁止拍卖人参与竞买。拍卖人不得在自己主持的拍卖活动中参与竞买拍卖标的物。这种禁止的效力还延伸至拍卖人的工作人员及其他为拍卖人的利益从事竞买的人。二是禁止委托人参与竞买。委托人不得参与竞买自己委托拍卖的物品，也不得委托他人代为竞买。当委托人参与竞买成为买受人时，须受行政处罚。拍卖人与委托人串通的，应分别承担相应的责任。

四、法律责任

拍卖法上的法律责任是指拍卖当事人因违反《拍卖法》及相关法律的规定，对所实施的违法行为应承担的法律后果。我国《拍卖法》中有关法律责任的规定如下：

1. 委托人的法律责任。①委托人委托拍卖没有所有权的拍卖品的，应承担由此造成拍卖人、买受人及拍卖品所有权人的损失。②委托人隐藏拍卖品瑕疵的，应承担给买受人造成的损失。因拍卖标的物存在缺陷造成人身、财产损害的，适用《产品质量法》的有关规定。③委托人参与竞买或者委托他人代为竞买的，工商行政管理部门可以对委托人处以拍卖成交价30%以下的罚款。

2. 拍卖人的法律责任。①非法设立拍卖企业的，由工商行政管理部门予以取缔，没收违法所得，并可以处违法所得1倍以上5倍以下的罚款。②隐藏瑕疵给买受人造成损害的，买受人有权向拍卖人要求赔偿，属于委托人责任的，拍卖人有权向委托人追偿。③违禁参与竞卖的，由工商行政管理部门给予警告，可以处拍卖佣金1倍以上5倍以下的罚款；情节严重的，吊销营业执照；违禁参与竞买的，由工商行政管理部门没收拍卖所得。④超额收取佣金的，应将超收部分返还委托人、买受人；物价管理部门可以对拍卖人处拍卖佣金1倍以上5倍以下的罚款。

3. 恶意串通者的法律责任。①拍卖人与委托人恶意串通，给买受人造成损害的，应由拍卖人先行承担赔偿责任，然后根据实际情况，向委托人追偿，或者由拍卖人和委托人分别承担赔偿责任。②竞买人之间、竞买人与拍卖人之间恶意串通，给他人造成损害的，拍卖无效，并依法承担赔偿责任。由工商行政管理部门对参与恶意串通的竞买人处最高应价 10%以上 30%以下的罚款；对参与恶意串通的拍卖人处最高应价 10%以上 50%以下的罚款。

第二节　招标投标法

一、招标投标法概述

（一）招标投标的概念

招标投标是指以订立招标采购、承揽合同为目的的民事活动，属于订立合同的预备阶段。招标和投标是指交易活动中的两个主要步骤。所谓招标，是指招标人对货物、工程和服务事先公布采购的条件和要求，邀请投标人参加投标，招标人按照规定的程序确定中标人的行为。所谓投标，是指投标人按照招标人提出的要求和条件，参加投标竞争的行为。

招标投标的具有以下法律特征：①公开性。招标人必须将招标投标的程序和结果向所有的投标人公开，使招标投标活动接受公开的监督。②投标的一次性。招标投标活动中，投标人只能应邀一次性递价，以合理的价格定价。标书在投递后一般不得随意撤回或者修改。③公正性。任何符合投标条件的投标人均可参加投标，在投标规则面前各投标人具有平等的竞争机会。

（二）招标投标法的概念及其适用范围

狭义的招标投标法，是指于 1999 年 8 月 30 日第九届全国人大常委会第十一次会议通过、自 2000 年 1 月 1 日起施行的《中华人民共和国招标投标法》（以下简称《招标投标法》）。广义的招标投标法，是指调整因市场竞争中招标投标活动而产生的社会关系的法律规范总称。除《招标投标法》外，还包括在《合同法》、《建筑法》、《反不正当竞争法》、《国家基本建设大中型项目实行招标投标的暂行规定》等法律、行政法规和规章中涉及招标投标活动的相关规定。

我国《招标投标法》的适用范围可以区分为自愿适用范围和强制适用范围。前者为只有在采购者采用了《招标投标法》所规定的招标方式时才适用《招标投标法》，如果采购者采用其他招标方法和非招标方法进行采购则不适用《招标投标法》。而对于后者而言，采购者必须采用《招标投标法》所确定的采购方法进行采购并且适用《招标投标法》。

(三) 招标投标法确立的基本原则

1. 公开。公开是指招标投标的程序应有透明度。如招标人将招标信息公布于众、开标公开进行、中标的结果通知所有的投标人等。

2. 公平。公平是指招标人和投标人的权利与义务是平等的。当事人双方是平等的民事法律关系主体，享受对等的权利，承担相应的义务。

3. 公正。公正是指所有投标人在招标投标活动中享有平等的权利，不得对投标人实行歧视待遇。

4. 诚实信用。诚实信用是民事活动的基本准则。无论是投标人和招标人都应诚实守信，以善意的方式履行其义务。特别是投标人，必须要具有相应的资质、业绩等，有符合招标文件要求的能力，不得以欺骗或虚假手段投标。

二、招标

(一) 招标的项目

招标的标的通常分为货物、工程和服务三类。明确哪些项目必须进行招标，哪些项目可由当事人选择招标方式，是推行招标投标制度的前提条件。

1. 必须招标的项目。《招标投标法》将必须招标的标的限制为三类具体工程项目：①大型基础设施、公共事业等关系社会公共利益、公共安全的项目。②全部或部分使用国有资金投资或国家融资的项目。③使用境外贷款、援助资金的项目。招标的内容涉及上述三类工程项目的各个环节，包括项目的勘察、设计、施工、监理以及与工程建设有关的重要设备、材料的采购，必须进行招标。但是，涉及国家安全、国家秘密、抢险救灾或者属于利用扶贫资金实行以工代赈、需要使用农民工等特殊情况，不适宜进行招标的项目，按照国家有关规定可以不进行招标。

2. 可以选择的项目。凡不属于法律明文规定必须采用招标投标方式交易的项目，当事人可自己决定是否采取招标方式。

(二) 招标的方式

1. 公开招标。公开招标是指招标人以招标公告的方式邀请不特定的法人或其他组织投标。其特点是能保证其竞争的充分性，具体表现为：第一，招标人以招标公告的方式邀请投标；第二，邀请投标的对象为不特定的法人或其他组织。

2. 邀请招标。邀请招标是指招标人以投标邀请书的方式邀请特定的法人或其他组织投标。其特征为：①招标人向三个以上具备承担招标项目的能力、资信良好的特定法人或其他组织发出投标邀请。②邀请投标的对象是特定的法人或其他组织。

(三) 招标人和招标代理机构

1. 招标人。招标人是指依照《招标投标法》的规定提出招标项目、进行招标的法人或者其他组织。招标人不得为自然人。招标人作为招标投标活动的当事人，应当具备进行招标的必要条件：第一，招标人应当有进行招标项目的相应资金或资金来源已经落实，并应在招标文件中如实载明；第二，招标人提出的招标项目按照国家有关规定需要履行项目审批手续的，应当先履行审批手续，取得批准。招标人有权决定自行办理招标事宜或委托招标代理机构代为办理。委托办理的，招标人有权自行选择招标代理机构。

2. 招标代理机构。招标代理机构是指依法设立、从事招标代理业务并提供相关服务的社会中介组织。从事工程建设项目招标代理业务的招标代理机构，其资格由国务院或省级政府建设行政部门认定；从事其他招标代理业务的招标代理机构，其资格认定的主管部门由国务院规定。

三、投 标

(一) 投标人与投标资格

1. 投标人。投标人是指响应招标、参加投标竞争的法人或其他组织。对于自然人，法律做出不同于招标人的特殊规定，即依法招标的科研项目允许个人参加投标的，投标的个人适用《招标投标法》有关投标人的规定。

2. 投标资格。为保证投标人成为中标人后能顺利履行合同，必须对其权利能力和行为能力提出要求。《招标投标法》规定，投标人应当具备承担招标项目的能力；国家有关规定对投标人资格条件或招标文件对投标人资格条件有规定的，投标人应当具备规定的资格条件。

(二) 投标人不得从事的行为

1. 投标人不得相互串通投标或者与招标人串通投标。串通投标是招标投标活动中典型的不正当竞争行为。这种行为背离了公平、公正原则，排斥其他投标人的正当竞争，使招标投标失去本来的意义。因此，《招标投标法》和《反不正当竞争法》对此都作了禁止性的规定。

2. 投标人不得以行贿的手段谋取中标。招标投标的实质是为了以最公平的方式选择到最优的合同伙伴，并以最低的成本完成招标的项目。而行贿行为恰恰与设立招标投标的目的相悖，因此《招标投标法》规定，禁止投标人以向招标人或者评标委员会成员行贿的手段谋取中标。

3. 投标人不得以低于成本的报价竞标。投标人以低于自己的个别成本的价格竞价，表面上似乎有利于招标人，实际上是为了将以正常价格竞争的投标人排挤出市场；中标后则以偷工减料、粗制滥造、高价转包等方式降低成本，捞回损失，或者中途以停工相要挟，向招标人提出涨价。因此，该行为受到《招标投标法》的严格禁止。

4. 投标人不得以他人名义投标或者其他方式弄虚作假，骗取中标。我国的《招标投标法》要求中标人应亲自履行合同约定的义务，不得转让或者变相转让中标项目，分包也受到严格限制。因此，禁止投标人以他人名义投标或者其他方式弄虚作假，骗取中标。现实生活中，骗取中标的方法主要表现为：不具备资格条件的供应商、承包商，骗取、借用他人的营业执照，或者以"挂靠"的办法，以他人的名义投标；伪造其资格证明材料、业绩证明，提供虚假的投标担保等。

四、开标、评标和中标

（一）开标

开标是指招标人将所有的投标文件启封揭晓。开标使招标人和全体投标人能够了解实际参加投标的人有哪些、各投标人的投标价格及其投标文件的其他主要内容，以便在此基础上评价并确定中标人。

1. 开标的时间和地点。开标应当在招标文件确定的提交投标文件截至时间的同一时间公开进行；开标地点应当在招标文件中预先确定。在此之前，投标文件由招标人签收保存，不得开启。

2. 出席开标。开标由招标人主持，邀请所有投标人参加。这样可以增加投标程序的透明度，使投标人了解招标投标活动是否依法进行，确保竞争的公平进行。

3. 开标程序。开标的程序可以分为：①由投标人或者其推选的代表、招标人委托的公证机构检查投标文件的密封情况。②拆封所有投标文件并宣读投标文件的主要内容。③记录开标过程并存档备查。

（二）评标

评标是指对评标文件，按照规定的标准和方法进行评审，选出最佳投标。评标是招标投标活动中最重要的环节。

1. 评标委员会。评标委员会是指招标人为具体某一次招标投标活动而临时组建的负责评标的机构。为了确保招标项目的评标、中标工作的质量，《招标投标法》规定：①评标委员会的专家应从国家有关部门提供的专家库内确定，特殊招标项目可以由招标人直接确定。②评标委员会的组成人员不得与投标人有利害关系。③评标委员会成员的名单在中标结果确定前应当保密。

2. 评标的保密性和独立性。为防止暗箱操作，使评标委员会成员真正独立、公平、公正地对投标文件进行评审，保证评标具有良好的工作环境，《招标投标法》规定，招标人应当采取必要的措施，保证评标在严格保密的情况下进行；任何单位和个人不得非法干预、影响评标的过程和结果。

(三) 中标

1. 中标通知书。中标人确定后，招标人应当向中标人发出中标通知书，并同时将中标结果通知所有未中标的投标人。中标通知书对招标人和中标人具有法律效力。中标通知书发出后，如果招标人改变中标结果或者中标人放弃中标项目，应当依法承担法律责任。由于招标人或者投标人的上述行为在订立合同时违背诚实信用原则，给对方造成损失，应当承担赔偿责任。

2. 招标合同。招标合同是指招标人和中标人依照招标文件和投标文件订立的确定招标人与中标人之间的权利和义务关系的书面协议。《招标投标法》规定，合同订立的时间，是自中标通知书发出之日起30日内。招标合同的形式必须采用书面形式。招标合同的内容，应该是对招标文件和投标文件中所载内容的肯定。招标人和投标人不得再行订立背离合同实质性内容的其他协议。

3. 履行保证金。履行保证金是指招标人要求投标人在接到中标通知后提交的保证履行合同各项义务的担保。一旦中标人不履行合同义务，该项担保用于赔偿招标人因此蒙受的损失。《招标投标法》规定，招标文件要求中标人提交履约保证金的，中标人应当提交。

五、法律责任

(一) 违反《招标投标法》的民事责任

1. 在下列情况下，中标无效或者转包、分包无效；如果给他人造成损失的，依法承担赔偿责任：①招标代理机构泄密或者与招标人、投标人串通影响中标结果的。②招标人向他人泄密影响中标结果的。③投标人相互串通或者投标人与招标人串通投标，以及投标人用行贿手段谋取中标的。④投标人弄虚作假、骗取中标的。⑤招标人就投标的实质性内容与投标人进行谈判影响中标结果的。⑥招标人自行确定中标人的。⑦中标人转让中标项目，或者中标人非法分包的。

2. 对履约保证金的处理。中标人不履行合同的，履约保证金不予退还，给招标人造成损失超过履约保证金数额的，赔偿超过部分；没有提交履约保证金的，承担赔偿损失责任。因不可抗力不能履行合同的，不适用该条规定。

(二) 违反《招标投标法》的行政责任

1. 招标人的违法行为及相应的行政责任。①招标人对必须招标的项目规避招标的，责令限期改正，可并处罚款；对使用国有资金的项目，暂停项目执行或者暂停资金拨付；对单位直接负责的主管人员和其他直接责任人员给予行政处分或者纪律处分。②招标代理机构违法泄密或者与招标人、投标人串通的，处以罚款；没收违法所得；对单位直接负责的主管人员和其他直接责任人员处以罚款；情节严重的，暂停直至取消招标代理资格。③招标人以不合理的条件限制或者排斥潜在投标人的，责令改正，可处罚款。④招标人向他人泄密的，给予警告；可以并处罚款；对单位直接负责的主管人员和其他直接责任人员依法给予处分。⑤招标人与投标人违法进行实质性内容谈判的，给予警告；对单位直接负责的主管人员和其他直接责任人员依法给予处分。⑥招标人违法确定中标人的，责令改正；可以并处罚金；对单位直接负责的主管人员和其他直接责任人员依法给予处分。

2. 投标人的违法行为及相应的行政责任。①投标人、招标人串通投标以及用行贿手段谋取中标的，对单位处以罚款；对单位直接负责的主管人员和其他直接责任人员处以罚款；有违法所得的，并处没收违法所得；情节严重的，取消投标资格直至吊销营业执照。②投标人弄虚作假、骗取中标的，处以罚款；没收违法所得；情节严重的，取消投标资格直至吊销营业执照。

3. 中标人的违法行为及相应的行政责任。①中标人转包或者违法分包中标项目的，处以罚款；有违法所得的，并处没收违法所得；可以责令停业整顿；情节严重的，吊销营业执照。②中标人和招标人背离投标规则，不订立合同或者违反规定订立其他协议的，责令改正，可处罚款。③中标人不履行合同情节严重的，取消其2~5年参加依法必须进行招标的项目投标资格并予以公告，直至吊销营业执照。

4. 其他违法行为及相应的行政责任。①任何单位和个人违法限制与排斥正常投标竞争或妨碍招标人招标的，责令改正；对单位直接负责的主管人员和其他直接责任人员依法给予行政处分。②有关国家机关工作人员徇私舞弊、滥用职权或玩忽职守，不构成犯罪的，依法给予行政处分。③评标委员会成员收受投标人好处的，评标委员会成员或有关工作人员泄密的，处以警告、没收财物、罚款、取消资格等行政制裁。

第三节 产品质量法

一、产品质量法概述

(一) 产品质量法的概念

产品质量法是调整在生产、流通、消费以及监督管理过程中,因产品质量而发生的各种经济关系的法律规范总称。这里所称的"产品",是指"经过加工、制作,用于销售的产品",建设工程不包括在内。而产品质量,是指产品和服务规定或者潜在需要的特征和特性的总和,包括使用性能、安全性、可用性、可靠性、可维修性、环境等目标。

一般来说,产品质量法主要包括涉及产品质量责任、产品质量监督管理、产品质量损害赔偿及处理质量争议等方面的法律规定。我国于1993年2月22日的第七届全国人民代表大会常务委员会第30次会议上,通过了《中华人民共和国产品质量法》(以下简称《产品质量法》),该法于1993年9月1日起实施。除了《产品质量法》之外,我国关于产品质量方面的立法,还包括《食品卫生法》、《药品管理法》、《计量法》、《标准化法》、《商标法》、《消费者权益保护法》等。

(二) 产品质量法的适用范围

从空间上看,凡是在中华人民共和国境内从事生产、销售活动,包括销售进口的商品,都必须遵守《产品质量法》。从客体上看,该法只适用于生产、流通的产品,即各种动产,而不包括不动产。从主体上来看,该法适用于生产者、销售者、用户和消费者以及监督管理机构,同时运输者、仓储者也有可能成为责任主体。

二、生产者的产品质量责任和义务

产品质量责任,是指生产者和销售者因其生产或销售的产品有缺陷,造成买主、用户、消费者或其他人人身和财产损害而应承担的责任。产品质量义务,是指产品质量的法律关系主体,必须为一定质量行为或者不为一定质量行为,以满足对方利益需要的责任。根据《产品质量法》的规定,生产者的产品质量义务主要有:

(一) 保证产品质量的义务

《产品质量法》第 14 条规定，生产者应当对其生产的产品质量负责。产品质量应当符合下列要求：

(1) 不存在危及人身、财产安全的不合理危险，有保障人体健康、人身与财产安全的国家标准、行业标准的，应当符合该标准。

(2) 具备产品应当具备的使用性能，但是对产品存在使用性能的瑕疵做出说明的除外。

(3) 符合在产品或者包装上注明采用的产品标准，符合以产品说明、实物样品等方式表明的质量状况。

(二) 保证产品或者其包装上的标识符合法律要求的义务

1. 产品标识的有关规定。产品标识，是指表明产品的名称、产地、生产厂厂名、厂址、产品质量状况、保存期限等信息情况的表述和指示。产品标识可以标注在产品上，也可以标注在产品的包装上。

《产品质量法》和其他有关法律、法规规定，产品标识应当符合下列要求：

(1) 有检验人员签章的产品质量检验合格证明。

(2) 有中文标明的产品名称、生产厂厂名和厂址。

(3) 根据产品的特点和使用要求，需要标明产品规格、等级、所含主要成分的名称和含量的，相应予以标明。

(4) 限期使用的产品，标明生产日期和安全使用期或者失效日期。

(5) 使用不当，容易造成产品本身损坏或者可能危及人身、财产安全的产品，要有警示标志或中文警示说明。

(6) 实行生产许可证管理的产品，标明生产许可证标志和编号。

(7) 出口产品的标识，按照国家有关出口产品的规定或者合同约定进行标注。

(8) 裸装的食品和其他根据产品的特点难以附加标识的裸装产品，可以不附加产品标识。

2. 产品包装的有关规定。包装，是指在流通过程中盛装、裹包、捆扎、保护产品的容器、材料及辅助物等的总称。

产品包装应当符合国家有关规定。剧毒、危险、易碎、怕压、需要防潮、储运中不能倒置以及有其他特殊要求的产品，其包装必须符合相应的要求，要有警示标志或者中文说明，要标明储运注意事项等。

(三) 遵守产品生产的禁止性、限制性规定的义务

《产品质量法》和《工业产品质量责任条例》，对产品生产者在产品生产方面，作了如下禁止性、限制性规定：

(1) 不得生产国家明令淘汰的产品。

(2) 不得伪造或者冒用他人的厂名、厂址。
(3) 不得伪造或者冒用认证标志、名优标志等质量标志。
(4) 生产产品,不得掺杂、掺假,不得以假充真、以次充好,不得以不合格产品冒充合格产品。
(5) 不合格的产品不准出厂。
(6) 不合格的原材料、零部件不准投料、组装。
(7) 没有产品质量标准、未经质量检验机构检验的产品不准生产。

(四) 生产者保修、保换、保退义务

《工业产品质量责任条例》规定,在产品保证期限内发现质量不合格时,根据不同情况,由生产企业对用户和经销企业承担质量责任:

(1) 产品的一般零部件、元器件失效,更换后即能恢复使用要求的,应负责按期修复。
(2) 产品的主要零部件、元器件失效,不能按期修复的,应负责更换合格品。
(3) 产品因设计、制造原因造成主要功能不符合规定要求,用户要求退货的,应负责退还货款。
(4) 造成经济损失的,还应负责赔偿实际经济损失。
(5) 由于维修服务或由经销企业负责产品售后技术服务时,生产企业必须按售后技术服务合同,提供足够的备品、备件和必要的技术支援。

三、销售者的产品质量责任和义务

(一) 认真执行进货检查验收制度

《产品质量法》第21条规定,销售者应当执行进货检查验收制度,验明产品合格证明和其他标识。执行进货检查验收制度,是确保销售者进货的质量、区分销售者与生产者责任的重要手段。执行进货检查验收制度,包括对产品内在质量的检验和外在质量的检验。销售者如查明产品不合格时,应拒绝接受货物,防止不合格品、伪劣产品在市场上流通;如果销售者不执行进货检查验收制度或者明知产品不合格依然接受货物并进行销售的,应依法承担相应的法律责任。

(二) 采取措施,保持销售产品的质量

《产品质量法》第22条规定,销售者应当采取措施,保持销售产品质量。这里所讲的采取措施,是指销售者应当根据产品的特点,采取必要的防雨、防晒、防霉变,对某些特殊产品采取控制湿度、温度等措施,以保持产品进货时的质量状态。

(三) 不得销售失效、变质的产品

(四) 销售者销售的产品标识,应当符合《产品质量法》关于产品或者其包装上的标识的各项规定

(五) 销售者不得伪造产地,不得伪造或者冒用他人的厂名、厂址

(六) 销售者不得伪造或者冒用认证标志、名优标志等质量标志

(七) 销售者销售产品,不得掺杂、掺假,不得以假充真、以次充好,不得以不合格产品冒充合格产品

四、法律责任

(一) 违反《产品质量法》的民事责任

(1) 售出的产品不具有产品应当具有的使用性能而事先未说明的,不符合在产品或者其包装上注明采用的产品标准的,不符合以产品说明、实物样品等方式表明的质量的,销售者负责修理、更换、退货、赔偿损失后,如属于生产者或供货者责任的,有权向生产者、供货者追偿。合同另有约定的,按照合同约定执行。

(2) 因产品存在缺陷造成人身、他人财产损害的,产品生产者应当承担赔偿责任。生产者能够证明有下列情况之一的,不承担赔偿责任:①未将产品投入流通的。②产品投入流通时,引起损害的缺陷尚不存在的。③将产品投入流通时的科学技术水平尚不能发现缺陷存在的。

(3) 由于销售者的过错使产品存在缺陷,造成人身、他人财产损害的,或者销售者不能指明缺陷产品的生产者或供货者的,销售者应当承担赔偿责任。

(4) 因产品存在缺陷造成受害人人身伤害的,侵害人应当赔偿医疗费、因误工减少的收入、残疾者生活补助费等费用;造成受害人死亡的,并应当支付丧葬费、抚恤费、死者生前抚养的人的生活费等费用。造成受害人财产损失的,侵害人应当恢复原状或者折价赔偿。受害人因此遭受其他重大损失的,侵害人应当赔偿损失。

(5) 因产品存在缺陷引起的涉外侵权损害赔偿的法律适用,依照我国《民法通则》的有关规定办理。

(6) 因产品存在缺陷造成人身、他人损害的,受害人可以向产品生产者要求赔偿,也可以向产品的销售者要求赔偿。属于产品生产者的责任,销售者赔偿了的,销售者有权向生产者追偿;属于产品销售者的责任,生产者赔偿的,生产者有权向销售者追偿。

(7) 由于受害人的故意造成损害的,生产者、销售者不承担赔偿责任。由

于受害人的过失造成损害的，可以减轻生产者、销售者的赔偿责任。

（二）违反《产品质量法》的行政责任

（1）生产不符合保障人体健康，人身与财产安全的国家标准、行业标准的产品的，责令停止生产，没收违法生产的产品和违法所得，并处以违法所得1倍以上5倍以下的罚款，可以吊销营业执照。销售上述产品的，责令停止销售。销售明知是不符合保障人体健康，人身与财产安全的国家标准、行业标准的产品的，没收违法销售的产品和违法所得，并处以罚款，可以吊销营业执照。

（2）生产者、销售者在产品中掺杂、掺假，以假充真，以次充好，或者以不合格产品冒充合格产品的，违法所得数额2万元以上不满10万元情节较轻的，责令停止生产、销售，没收违法所得，并处罚款，可以吊销营业执照。

（3）生产国家明令淘汰的产品的，责令停止生产，没收违法生产的产品和违法所得，并处罚款，可以吊销营业执照。

（4）销售失效、变质产品的，责令停止销售，没收违法销售的产品和违法所得，并处以罚款，可以吊销营业执照。

（5）生产者、销售者伪造产品的产地的，伪造或者冒用他人的厂名、厂址的，伪造或者冒用认证标志、名优标志等质量标志的，责令公开改正，没收违法所得，可以并处罚款。

（6）产品标识不符合《产品质量法》第15条关于产品或者其包装上的标识要求的规定，情节严重的，可以责令停止生产、销售，并可处以罚款。

（7）伪造检验数据或者伪造检验结论的，责令其改正，可以处以罚款；情节严重的，吊销营业执照。

（8）从事产品质量监督管理的国家工作人员滥用职权、玩忽职守、徇私舞弊，尚未构成犯罪的，给予行政处分。

（9）拒绝、阻碍从事产品质量监督管理的国家工作人员依法执行职务未使用暴力、威胁方法的，由公安机关依照治安管理处罚条例的规定处罚。

（三）违反《产品质量法》的刑事责任

《产品质量法》和《关于惩治生产、销售伪劣商品犯罪的决定》，对违反产品质量的刑事责任，做出了一系列的重要规定：

（1）生产不符合或者销售明知不符合保障人体健康，人身与财产安全的国家标准、行业标准的产品，如医疗器械、医用卫生材料、电器、压力容器、易燃易爆产品或者其他不符合上述标准的产品，对人体健康造成严重危害的，依法追究刑事责任。

（2）生产者、销售者在产品中掺杂、掺假，以假充真，以次充好，或者以不合格产品冒充合格产品的，构成犯罪的，依法追究刑事责任。

（3）生产、销售产品有下列情形之一的，依法追究刑事责任：一是生产、销售假药、劣药，足以危害人体健康的；二是生产、销售不符合卫生标准的食品，造成严重食物中毒事故或者其他严重食源性疾患，对人体健康造成严重危害的；三是在生产、销售的食品中掺入有毒、有害的非食品原料，致人死亡或者人体健康造成其他特别严重危害的；四是生产假农药、假兽药、假化肥，销售明知是假的或者失去使用效能的农药、兽药、化肥、种子，或以不合格商品冒充合格商品，使生产遭受较大、重大、特别重大损失的；五是生产或者销售明知不符合卫生标准的化妆品，造成严重后果的；六是销售失效、变质产品构成犯罪的。

（4）以行贿、受贿或者其他非法手段推销、采购下列产品，构成犯罪的，依法追究刑事责任：不符合保障人体健康，人身与财产安全的国家标准、行业标准的产品的；在产品中掺杂、掺假，以假充真，以次充好，或者以不合格产品冒充合格产品的；国家明令淘汰的产品的；伪造产品的产地的，伪造或者冒用他人的厂名、厂址的，伪造或者冒充认证标志、名优标志等标志的。

（5）伪造检验数据或者伪造检验结论，构成犯罪的，对直接责任人员比照刑法的有关规定追究刑事责任。

（6）从事产品质量监督管理的国家工作人员滥用职权、玩忽职守、徇私舞弊，构成犯罪的，依法追究刑事责任。

（7）国家工作人员利用职务，对明知有违反《产品质量法》规定构成犯罪的行为的企事业单位或者个人故意包庇，使其不受追诉的，依法追究刑事责任。

（8）以暴力、威胁方法阻碍从事产品质量监督管理的国家工作人员依法执行职务的，依照刑法的有关规定追究刑事责任。

（9）企事业单位根据《关于惩治生产、销售伪劣商品犯罪的决定》有关条款的规定构成犯罪的，对单位判处罚金，并对直接负责的主管人员和其他直接责任人员追究刑事责任。

第四节 反不正当竞争法

一、反不正当竞争法概述

(一) 反不正当竞争的概念

所谓不正当竞争行为，是指经营者违反《反不正当竞争法》规定，损害其他经营者的合法权益，扰乱社会经济秩序的行为。构成不正当竞争行为，在经营者之间可能不发生任何经济交往关系，但是只要一方的行为直接或间接地侵害了其他经营者的经营利益，那么不正当竞争行为也就构成了。

(二) 反不正当竞争法的概念

反不正当竞争法是调整在工商业领域中因保护公平竞争、制止不正当竞争而产生的经济关系的法律规范的总称。我国于1993年9月2日由八届人大常委会第三次会议通过了《中华人民共和国反不正当竞争法》(以下简称《反不正当竞争法》)，该法于1993年12月1日起施行。《反不正当竞争法》的主要内容包括不正当竞争行为、对不正当竞争行为的监督检查及违反《反不正当竞争法》的法律责任。

(三) 反不正当竞争法的调整范围

本节所述的反不正当竞争法，是指对狭义的不正当竞争行为进行禁止的法律，即禁止经营者在市场交易活动的提供商品或服务的经营活动中，违背诚实信用的原则和公认的商业道德，损害其他经营者合法权益，扰乱社会经济秩序的行为。

二、不正当竞争行为的表现形式

我国《反不正当竞争法》主要规定了下列十一种不正当竞争行为。

(一) 采用欺骗性标志从事交易行为

采用欺骗性标志从事交易的行为，是指经营者采用伪冒或者仿冒的标志，或采用其他虚假的标志从事交易，引起公众的误解，诱使消费者误购，牟取非法利益的行为。依据我国《反不正当竞争法》第5条的规定，属于欺骗性的交易行为有四种：①假冒他人的注册商标。②擅自使用知名商品特有的名称、包装、装潢，或者使用与知名商品近似的名称、包装、装潢，造成和他人的知名商品相混淆,使购买者误以为是该知名商品。③擅自使用他人的企业名称或者姓名,引人误以为是他人的商品。④在商品上伪造或者假冒认证标志、名优标志等质量标志,伪造产地,对商品质量做引人误解的虚假表示。

(二) 侵犯商业秘密的行为

我国《反不正当竞争法》第 10 条规定,商业秘密是指不为公众所知悉、能为权利人带来经济利益、具有实用性并经权利人采取保密措施的技术信息和经营信息。

侵犯商业秘密的行为,是指为了竞争或个人目的,通过不正当方法获取、披露、使用或者允许他人使用权利人的商业秘密,或者违反约定披露、使用或者允许他人使用权利人的商业秘密的行为。《反不正当竞争法》第 10 条规定了侵犯商业秘密的三种表现:①以盗窃、利诱、胁迫或者其他不正当手段获取权利人的商业秘密。②披露、使用或者允许他人使用前项手段获取的权利人的商业秘密。③违反约定或者违反权利人有关保守商业秘密的要求,披露、使用或者允许他人使用其所掌握的商业秘密。第三人明知或者应知前款所列违法行为,获取、使用或者披露他人的商业秘密,视为侵犯商业秘密。此外,我国《合同法》第 43 条也规定,当事人在订立合同过程中知悉的商业秘密,无论合同是否成立,不得泄露或者不正当地使用。泄露或者不正当地使用该商业秘密给对方造成损失的,应当承担损害赔偿责任。

可以说,《反不正当竞争法》从保护公平竞争、制止不正当竞争的角度出发,将侵犯商业秘密作为一种不正当竞争行为予以禁止,是对我国知识产权法律制度的有效补充。

(三) 商业贿赂行为

商业贿赂行为,是指经营者在经营活动中为排挤竞争对手,争取交易机会,采取秘密的手段向交易相对人的负责人、代理人、采购人员以及对交易业务具有决定权的人提供财物或者其他报酬,以引诱他们在交易过程中做出有利于行贿者的决定,达到促成交易或取得经营上的便利,以挤掉同业竞争者使其占有经营优势的一系列活动。我国《反不正当竞争法》第 8 条规定,经营者不得采用财物或者其他手段进行贿赂以销售或者购买商品。在账外暗中给予对方单位或者个人回扣的,以行贿论处;对方单位或者个人在账外暗中收受回扣的,以受贿论处。

(四) 引人误解的虚假宣传的行为

引人误解的虚假宣传行为,是指商品宣传的内容与商品的客观事实不符而引人误认,错误地购买名实不符的商品的行为。对此,《反不正当竞争法》第 9 条规定,经营者不得利用广告或者其他方法,对商品的质量、制作成分、性能、用途、生产者、有效期限、产地等引人误解的虚假宣传。广告的经营者不得在明知或者应知的情况下,代理、设计、制作、发布虚假广告。

通常所讲的虚假宣传,从广义上理解应包括两种形式:一是虚假宣传;二是引人误解的宣传。一般虚假宣传是指商品宣传的内容与商品的实际情况不相符的宣传;引人误解的宣传是指可能使宣传对象或受宣传影响的人对商品的真实情况产生错误的联想,从而影响其购买决策的商品宣传。前者主要以客观事实为认定标准,后者以消费者、用户的主观认识为判断的依据。通常情况,虚假宣传必然导致误解,但引人误解的宣传不一定都是虚假的。

(五) 诋毁竞争对手的行为

诋毁、贬低竞争对手的行为,是指从事市场生产经营活动的经济组织或者个人,为了竞争的目的,针对特定的同业竞争对象,故意制造和歪曲事实,通过广告、影视、图书、信件、传单等手段,以公开的言论、文字、图形等形式散布关于同业竞争者的生产、经营、服务、产品质量谣言等虚假消息,公然诋毁人格,贬低其商业信誉、服务或者产品声誉,致使其无法正常参与市场交易活动,以削弱其市场竞争能力的行为。《反不正当竞争法》第14条规定,经营者不得捏造、散布虚假事实,损害竞争对手的商业信誉、商品声誉。

(六) 限定他人购买行为

限定他人购买行为,是指公用企业或依法具有独占地位的经营者利用市场无竞争对手,强迫他人购买或使用其商品或服务的行为。《反不正当竞争法》第6条规定,公用企业或者其他依法具有独占地位的经营者,不得限定他人购买其指定的经营者的商品,以排挤其他经营者的公平竞争。《反不正当竞争法》的规定,对于阻止这些单位利用特殊的市场地位阻碍公平竞争以及保护用户、消费者的自由选择权具有重大的意义。

(七) 违反规定的有奖销售行为

有奖销售是经营者的一种促销手段,是经营者以提供物品、金钱或其他条件作为奖励,刺激消费者购买商品或服务的行为。世界各国对有奖销售都有立法加以规范和严格限制,规定这些以奖励、让利为特征的促销手段的实施,不得有碍公正自由的竞争,其方法必须是正当的、诚实的,否则即构成不正当有奖销售行为。我国《反不正当竞争法》并未对有奖销售一并禁止,而是作了严格规定,对可能产生不正当竞争后果的有奖销售行为予以禁止。

《反不正当竞争法》第13条规定,经营者不得从事下列有奖销售:①采用谎称有奖或者故意让内定人员中奖的欺骗方式进行有奖销售。②利用有奖销售的手段推销质次价高的商品。③抽奖式的有奖销售,最高奖的金额超过五千元。

(八) 串通投标的行为

串通投标的行为,是指参加投标的经营者彼此之间通过口头或书面的协议、约定，就投标报价及其他投标条件，互相通气，以免相互竞争，或协议轮流在类似项目中中标，共同损害招标者和其他投标者利益的行为。《反不正当竞争法》第15条规定，投标者不得串通投标，抬高标价或者压低标价。投标者和招标者不得相互勾结，以排挤竞争对手的公平竞争。

（九）附条件的交易行为

附条件的交易行为，是指经营者利用经济优势在提供或接受商品或者服务时，违背交易相对人的意愿，搭售其他商品或附加其他不合理交易条件的行为。《反不正当竞争法》第12条规定，经营者销售商品，不得违背购买者的意愿搭售商品或者附加其他不合理的条件。

（十）政府滥用权力限制竞争行为

政府滥用权力限制竞争的行为，是指政府及其所属部门滥用行政权力，限定他人购买其指定的经营者的商品，限制其他经营者正当的经营活动，或者限制外地商品进入本地市场以及限制本地商品流向外地市场的行为。《反不正当竞争法》第7条规定，政府及其所属部门不得滥用行政权力，限定他人购买其指定的经营者的商品，限制其他经营者正当的经营活动。政府及其所属部门不得滥用行政权力，限制外地商品进入本地市场，或者本地商品流向外地市场。

（十一）低于成本价格的销售行为

低于成本价格的销售行为，是指经营者以低于成本的价格销售商品，排挤竞争对手，扰乱经济秩序的行为。《反不正当竞争法》第11条规定，经营者不得以排挤竞争对手为目的，以低于成本的价格销售商品。

但在某些特定情况下，降价销售并不是为了侵害他人的利益，仅仅是为了符合经济规律，此时的低于成本销售，法律是允许的。这些特殊情况，在《反不正当竞争法》中做了适用除外的规定，有下列情形之一的，不属于不正当竞争行为：①销售鲜活商品。②处理有效期限将到期的商品或者其他积压的商品。③季节性降价。④因清偿债务、转产、歇业降价销售商品。

三、不正当竞争行为的监管机关

我国《反不正当竞争法》第16条规定，县级以上监督检查部门对不正当竞争行为，可以进行监督检查。根据这一规定，我国的监督检查部门就是各级工商行政管理机关。监督检查不正当竞争行为，是国家赋予县以上监督检查部门的职权，监督检查部门无论通过什么渠道或途径发现不正当竞争行为或其线索，都可以行使监督检查的职权。监督检查机关获取不正当竞争行为信息及线索的渠道是多方面的，但行使监督检查权的级别，必须为县级以上的监督检查机关。

四、法律责任

根据《反不正当竞争法》第四章规定，经营违反该法规定应承担的相应的、具体的法律责任有：

（1）给被侵害的经营者造成损害的，应当承担损害赔偿责任，被侵害的经营者的损失难以计算的，赔偿额为侵权人在侵权期间因侵权所获得的利润；并应当承担被侵害的经营者因调查该经营者侵害其合法权益的不正当竞争行为所支付的合理费用。

被侵害的经营者的合法权益受到不正当竞争行为损害的，可以向人民法院提起诉讼。

（2）经营者假冒他人的注册商标，擅自使用他人的企业名称或者姓名，伪造或者冒用认证标志、名优标志等质量标志，伪造产地，对商品质量做引人误解的虚假表示的，依照《中华人民共和国商标法》、《中华人民共和国产品质量法》的规定处罚。经营者擅自使用知名商品特有的名称、包装、装潢，或者使用与知名商品近似的名称、包装、装潢，造成和他人的知名商品相混淆，使购买者误认为是该知名商品的，监督检查部门应当责令停止违法行为，没收违法所得，可以根据情节处以违法所得1倍以上3倍以下的罚款；情节严重的，可以吊销营业执照；销售伪劣商品，构成犯罪的，依法追究刑事责任。

（3）经营者采用财物或者其他手段进行贿赂以销售或者购买商品，构成犯罪的，依法追究刑事责任；不构成犯罪的，监督检查部门可以根据情节处以1万元以上20万元以下的罚款；有违法所得的，予以没收。

（4）公用企业或者其他依法具有独占地位的经营者，限定他人购买其指定的经营者的商品，以排挤其他经营者的公平竞争的，省级或者设区的市的监督检查部门应责令停止违法行为，可以根据情节处以5万元以上20万元以下的罚款。被指定的经营者借此销售质次价高商品或者滥收费用的，监督检查部门应当没收违法所得，可以根据情节处以违法所得1倍以上3倍以下的罚款。

（5）经营者利用广告或者其他方法，对商品作虚假宣传，监督检查部门应当责令停止违法行为，消除影响，可以根据情节处以1万元以上20万元以下的罚款。

广告的经营者，在明知或者应知的情况下，代理、设计、制作、发布虚假广告的，监督检查部门应当责令停止违法行为，没收违法所得，并依法处以罚款。

（6）侵犯商业秘密的，监督检查部门应当责令停止违法行为，可以根据情节处以1万元以上20万元以下的罚款。

(7) 经营者违法进行有奖销售，监督检查部门应当责令停止违法行为，可以根据情节处以 1 万元以上 10 万元以下的罚款。

(8) 投标者串通投标，抬高标价或者压低标价；投标者和招标者相互勾结，以排挤竞争对手公平竞争的，其中标无效。监督检查部门可以根据情节处以 1 万元以上 20 万元以下的罚款。

(9) 经营者有违反被责令暂停销售，不得转移、隐匿、销毁与不正当竞争行为有关财物的行为的，监督检查部门可以根据情节处以被销售、转移、隐匿、销毁财物价款的 1 倍以上 3 倍以下的罚款。

上述各项法律责任，当事人对监督检查部门做出的处罚决定不服的，可以自收到处罚决定之日起 15 日内向上一级主管机关申请复议。对复议决定不服的，可以自收到复议决定书之日起 15 日内向人民法院提起诉讼；也可以直接向人民法院提起诉讼。

政府及其所属部门违法限定他人购买其指定的经营者的商品、限制其他经营者正当的经营活动，或者限制商品在地区之间正常流通的，由上级机关责令其改正；情节严重的，由同级或者上级机关对直接责任人员给予行政处分。被指定的经营者借此销售质次价高商品或者滥收费用的，监督检查部门应当没收违法所得，可以根据情节处以违法所得 1 倍以上 3 倍以下的罚款。

监督检查不正当竞争行为的国家机关工作人员滥用职权、玩忽职守，构成犯罪的，依法追究刑事责任；不构成犯罪的，给予行政处分。监督检查不正当竞争行为的国家机关工作人员徇私舞弊，对明知有违反《反不正当竞争法》规定构成犯罪的经营者故意包庇不使其受追诉的，依法追究刑事责任。

第五节　消费者权益保护法

一、消费者权益保护法概述

(一) 消费者与经营者的界定

1. 消费者。消费者是指为了满足个人生活消费的需要而购买、使用商品或者接受服务的居民。这里的居民是指自然人或称个体社会成员。消费者的消费性质是生活消费；消费者的消费方式是购买、使用或者接受；消费者消费的客体是商品和服务；消费者主体是自然人。所谓消费者权益，是指消费者依法享有的权利及该权利受到保护时而给消费者带来的应得利益。

2. 经营者。经营者是消费者的对称，是指为消费者提供其生产、销售的商品或者提供服务的公民、法人或者其他经济组织。经营者是与消费者相对应的消费法律关系中的另一方当事人，只要有消费者就有经营者。经营者的主体包括公民、法人和其他经济组织；经营者是以盈利为目的的。

（二）消费者权益保护法的概念及其调整对象

狭义的消费者权益保护法，是指 1993 年 10 月 31 日第八届全国人大常委会第四次会议通过，自 1994 年 1 月 1 日起施行的《中华人民共和国消费者权益保护法》（以下简称《消费者权益保护法》）。广义的消费者权益保护法，是指调整保护消费者权益过程中发生的经济关系的法律规范的总称。除《消费者权益保护法》外，还包括《产品质量法》等法律法规涉及消费者权益保护的相关规定。作为经济法体系中一个部门法，消费者权益保护法的调整对象，就是在保护消费者权益过程中所发生的经济关系。

（三）消费者权益保护法的原则

我国《消费者权益保护法》确立的原则：①经营者应当依法提供商品或者服务的原则。②经营者与消费者进行交易应当遵循自愿、平等、公平、诚实信用的原则。③国家保护消费者合法权益不受侵犯的原则。④一切组织和个人对损害消费者合法权益的行为进行社会监督的原则。

二、消费者的权利

消费者的权利是指消费者在消费过程中依法所享有的权能。其特征表现为：①其权利的内容表现为消费者有权自己做出或不做出一定行为，还表现为有权要求他人做出或不做出一定行为。②消费者权利是由法律规定的。消费者依法享有的权利包括以下内容：

（一）保障安全权

消费者在购买、使用商品和接受服务时享有人身、财产安全不受损害的权利。消费者依法有权要求经营者提供的商品和服务必须符合保障人身、财产安全的要求。

（二）知悉真情权

消费者享有知悉其购买、使用的商品或接受服务的真实情况的权利。依据《消费权益保护法》规定，消费者有权根据商品或服务的不同情况，要求经营者提供商品的价格、产地、生产者、用途、性能、规格、等级、主要成分、生产日期、有效期限、检验合格证明、使用方法说明书、售后服务，或者服务的内容、规格、费用等有关情况。

(三）自主选择权

消费者有自主选择提供商品或服务经营者的权利，自主选择商品品种或服务方式，自主决定购买或不购买任何一种商品、接受或不接受任何一项服务，在自主选择商品或服务时有权进行比较、鉴别和挑选。

(四）公平交易权

消费者享有公平交易的权利。消费者在购买商品或者接受服务时，有权获得质量保障和价格合理、计量正确等公平交易条件的权利。为了保障消费者的公平交易权的实现，必须依据《反垄断法》和《反不正当竞争法》等对劣质销售、价格不公、计量失度等不公平交易行为加以禁止。此外，消费者还有权拒绝经营者的强制交易行为。

(五）依法求偿权

消费者因购买、使用商品或者接受服务受到人身、财产损害的，享有依法获得赔偿的权利。

(六）依法结社权

消费者享有依法成立维护自身合法权益的社会团体的权利。政府对合法的消费者团体不应加以限制。

(七）获取知识权

消费者享有获得有关消费和消费者权益保护方面的知识的权利。消费者应当努力掌握所需商品或服务的知识和使用技能，正确使用商品，提高自我保护意识。

(八）维护尊严权

消费者在购买、使用商品和接受服务时享有其人格尊严、民族风俗习惯得到尊重的权利。尊重消费者的人格尊严和民族风俗，是社会文明进步的表现，也是尊重和保障人权的重要内容。

(九）监督批评权

消费者享有对商品和服务以及保护消费者权益工作进行监督的权利。消费者有权检举、控告侵害消费者权益的行为和国家机关及其工作人员在保护消费者权益工作中的违法失职行为，有权对保护消费者权益工作提出批评、建议。

三、经营者的义务

经营者义务是指经营者在向消费者提供商品或服务过程中依法必须履行的职责。经营者依法负有的义务包括以下内容：

(一）依法定或约定履行义务

经营者向消费者提供商品或服务，应当依照有关法律、法规的规定履行义务。经营者和消费者有约定的，应当按照约定履行义务，但双方的约定不得违背法律、法规的规定。

（二）听取意见和接受监督的义务

经营者应当听取消费者对其提供的商品或服务的意见，接受消费者的监督。这是与消费者的监督批评权或称质询权相对应的经营者的义务。

（三）保障人身和财产安全的义务

经营者应当保证其提供的商品或服务符合保障人身、财产安全的要求。对可能危及人身、财产安全的商品和服务，应当向消费者做出真实的说明和明确的警示，并说明和标明正确使用商品或接受服务的方法以及防止危害发生的方法。经营者发现其提供的商品或者服务存在严重缺陷，即使正确使用商品或接受服务仍然可能对人身、财产安全造成危害的，应当立即向有关行政部门报告和告知消费者，并采取防止危害发生的措施。

（四）不做虚假宣传的义务

经营者应当向消费者提供有关商品或服务的真实信息，不得做引入误解的虚假宣传，否则构成侵犯消费者权益的行为。经营者对消费者就其提供的商品或者服务的质量和使用方法等具体问题提出的询问，应当做出真实、明确的答复。在价格标示方面，商店提供商品应当明码标价。

（五）出具相应的凭证和单据的义务

经营者提供商品或服务，应当按照国家有关规定或商业惯例向消费者出具购货凭证或服务单据；消费者索要购货凭证或服务单据的，经营者必须出具。由于购货凭证或服务单据具有重要的证据价值，对于界定消费者和经营者的权利义务也具有重要意义，因此，明确经营者出具相应的凭证和单据的义务，有利于保护消费者的权益。

（六）提供符合要求的商品或服务的义务

经营者应当保证在正常使用商品或提供服务的情况下，说明其提供的商品或服务应当具有的质量、性能、用途和有效期限；但消费者在购买该商品或者接受该服务前已经知道其存在瑕疵的除外。

经营者以广告、产品说明、实物样品或其他方式表明商品或服务的质量状况的，应当保证其提供的商品或服务的实际质量与表明的质量状况相符。

（七）不得从事不公平、不合理交易的义务

为了保障消费者的公平交易权，经营者不得以格式合同、通知、声明、店堂告示等方式做出对消费者不公平、不合理的规定，或者减轻、免除其损害消费者合法权益应当承担的民事责任。格式合同、通知、声明、店堂告示等含有对消费者做出的不公平、不合理的规定或者减轻、免除经营者损害赔偿责任等内容的，其内容无效。

（八）不得侵犯消费者人身权的义务

消费者的人身权是其基本人权，消费者的人身自由、人格尊严不受侵犯。经营者不得对消费者进行侮辱、诽谤，不得搜查消费者的身体及其携带的物品，不得侵犯消费者的人身自由。

四、法律责任

（一）违反《消费者权益保护法》的民事责任

1. 关于承担民事责任的一般性规定。经营者提供商品或者服务有下列情形之一的，除《消费者权益保护法》另有规定的外，应当按照《产品质量法》和其他有关法律、法规的规定，承担民事责任：①商品存在缺陷的。②不具备商品应当具备的使用性能而在出售时未作说明的。③不符合在商品或其包装上注明采用的商品标准的。④不符合商品说明、实物样式等方式表示的质量状况的。⑤生产国家明令淘汰的商品或销售失效、变质的商品的。⑥销售的商品数量不足的。⑦服务的内容和费用违反约定的。⑧对消费者提出的修理、重做、更换、退货、补足商品数量、退还货款和服务费用或赔偿损失的要求，故意拖延或无理拒绝的。⑨法律、法规规定的其他损害消费者权益的情形。

2. 关于侵犯人身权的民事责任的专门规定。①经营者提供商品或服务，造成消费者或其他受害人人身伤害的，应当支付医疗费、治疗期间的护理费、因误工减少的收入等费用；造成残疾的，还应当支付残疾者生活自助用具费、生活补助费、残疾赔偿金以及由其扶养的人所必需的生活费等费用。②经营者提供商品或服务，造成消费者或其他受害人死亡的，应当支付丧葬费、死亡赔偿金以及由死者生前扶养的人所必需的生活费等费用。③经营者侵害消费者的人格尊严或侵犯消费者人身自由的，应当停止侵害、恢复名誉、消除影响、赔礼道歉，并赔偿损失。

3. 关于侵犯财产权的民事责任的专门规定。①经营者提供商品或服务，造成消费者财产损害的，应当按照消费者的要求，以修理、重做、更换、退货、补足商品数量、退还货款和服务费用或赔偿损失等方式承担民事责任。消费者与经营者另有约定的，按照约定履行。②对国家规定或经营者与消费者约定包修、包换、包退的商品，经营者应当负责修理、更换或退货。在保修期内两次修理仍不能正常使用的，经营者应当负责更换或退货。对包修、包换、包退的大件商品，消费者要求经营者修理、更换、退货的，经营者应当承担运输等合理费用。③经营者以邮购方式提供商品的，应当按照约定提供。未按照约定提供的，应当按照消费者的要求履行约定或退回货款，并应当承担消费者必须支付的合理费用。④经营者以预收方式提供商品或服务的，应当按照约定提供。未按照约定提供的,应当按照消费者的要求履行约定或退回预付款,并应承担预付款的利息和消费者必须支付的合理费用。⑤依法经有关行政部门认定为不合格的商品,消费者要求退货的,经营者应当负责退货。⑥经营者提供商品或服务有欺诈行为的,应当按照消费者的要求增加赔偿其受到的损失,增加赔偿的金额为消费者购买商品的价款或接受服务的费用的一倍。

(二) 违反《消费者权益保护法》的行政责任

经营者的下列违法行为,由工商行政部门责令改正,并处警告、没收违法所得、处以罚款,直至责令停业整顿、吊销营业执照等行政制裁:①生产、销售的商品不符合保障人身、财产安全要求的。②在商品中掺杂、掺假,以假充真,以次充好,或者以不合格商品冒充合格商品的。③生产国家明令淘汰的商品或者销售失效、变质的商品的。④伪造商品的产地,伪造或者冒用他人的厂名、厂址,伪造或者冒用认证标志、名优标志等质量标志的。⑤销售的商品应当检验、检疫而未检验、检疫或者伪造检验、检疫结果的。⑥对商品或者服务做引人误解的虚假宣传的。⑦对消费者提出的修理、重做、更换、退货、补足商品数量、退还货款和服务费用或者赔偿损失的要求,故意拖延或者无理拒绝的。⑧侵害消费者人格尊严或者侵犯消费者人身自由的。⑨法律、法规规定的对损害消费者权益应当予以处罚的其他情形。

第五章 有名合同实务

第一节 买卖合同

一、买卖合同的概念及特征

买卖合同是指出卖人转移标的物的所有权于买受人,买受人支付价款的合同。在买卖合同中,出卖人(卖方)向买受人(买方)交付标的物,买受人接受标的物并给付对价,这是买卖合同的核心内容。由于买卖关系是社会经济生活中最常见、最典型的商品交换形式,因而买卖合同就成为最基本和最主要的一种合同。诸如,文化经营单位购买纸张、木材、胶片、磁带、光盘等材料,购置电脑、摄影机、录音机、办公桌椅等设备器材,发售图书、报纸、期刊、音像制品等业务活动,都要涉及买卖合同。

买卖合同具有以下法律特征:①是转移财产所有权的合同。②是双务、有偿、诺成合同。③一般为不要式合同。④是《合同法》规范的有名合同。

二、买卖合同的分类

买卖合同根据不同标准划分,可有如下的种类。

(一) 即时买卖合同与非即时买卖合同

即时买卖合同是指当时钱货两清的合同。例如,顾客在超市购买图书、影碟等。非即时买卖合同是指当时不进行付款和交货,而是在以后的某一时期进行付款和交货。非即时买卖合同根据有无履行期限的约定,还可分为定期买卖合同与不定期买卖合同。

(二) 一般买卖合同与特种买卖合同

一般买卖合同是指一般情况之下所进行的买卖合同,我们日常生活中的买卖合同绝大多数是一般买卖合同。特种买卖合同主要包括以下几种:①分期付款买卖合同,即价款并非一次付清,而是分时间多次付清。②样品买卖合同,即双方确定一个样品,以样品的质量为标的物的质量,日后履行即以样品为准。③连续买卖合同,即买受人向同一出卖人连续购买同一种类型的标的物。④附买回条款买卖合同,即出卖人和买受人约定,在一定条件下或期限内出卖人可将标的物买回,买受人必须出卖。⑤所有权保留条款买卖合同,即在一定时间内,虽然标的物已经由出卖人交付给了买受人,但出卖人仍然掌握标的物的所有权。

(三) 种类物买卖合同与特定物买卖合同

种类物买卖合同是指合同标的物具有同类性质,如纸张。特定物买卖合同是指合同标的物属于特定物品。特定物可以包括两种:一种是物品本身即是独一无二的,如名画家的画;另一种是经过买受人指定后由种类物变为特定物,如顾客选定柜台摆放的作为样品的某一品牌电脑。

(四) 自由买卖合同与竞争买卖合同

自由买卖合同是指完全依当事人双方自己的意思表示而签订的合同。竞争买卖合同是指买受人通过竞争方式与出卖人达成交易的合同,如通过拍卖方式、招标方式等。

(五) 一般程序买卖合同与特殊程序买卖合同

一般程序买卖合同是指通过一般的要约、承诺程序订立的合同。特殊程序买卖合同不仅包括上述所说的经过拍卖、招投标程序订立的合同,也包括必须经过特定的程序如批准、登记等手续才能生效的合同。

三、买卖合同的效力

买卖合同的效力,是指买卖合同所具有的法律效力。买卖合同生效后,即在出卖人与买受人之间产生一定的权利义务关系,这种权利义务关系,即为买卖合同的效力。由于买卖合同属于双务合同,双方当事人的权利义务相互对应、互为条件的,所以只要就出卖人的义务与买受人的义务两方面予以说明,即可全面把握当事人双方权利义务关系的内容。

(一) 出卖人的义务

1. 交付标的物的义务。①实际交付标的物。②交付提取标的物的单证如提单、仓单等。③交付必要的有关资料,如产品合格证、使用说明书、商业发票等。④按照约定的质量要求交付标的物。⑤按照约定的包装方式交付标的物。⑥按照约定的期限、地点交付标的物。

2. 转移标的物所有权的义务。一般情况下，出卖人将标的物交付给买受人，该标的物的所有权即转移。但是，根据法律规定或者当事人特别约定，转移标的物所有权还需办理批准、登记或者其他手续的，出卖人还应当按照法定或者约定的内容，履行相关的义务。

3. 担保标的物权利瑕疵的义务。出卖人应当保证其对出卖的标的物享有合法的权利，如所有权、留置权、抵押权等，并且保证该标的物权利本身没有瑕疵，与他人不存在权利争议。由于标的物权利存在瑕疵，而使买受人受到第三人追索或被主张权利的，应当由出卖人承担权利瑕疵担保责任。

（二）买受人的义务

1. 支付价款的义务。①按照约定的数额支付价款。如果价款没有确定，则按照订立合同时履行地标的物的市场价格履行付款义务。②按照约定的时间支付价款。如果支付时间没有确定，应当在收到标的物或者提取标的物单证的同时支付。③按照约定的地点支付价款。如果支付地点没有确定，则一般应在出卖人的营业地支付。

2. 接受标的物并对其进行检验的义务。①按照合同约定的时间、地点和方式，接受出卖人交付的标的物。②在约定的检验期内，对收到的标的物进行检验。没有约定检验期的，买受人应当及时检验。如果发现标的物的数量或者质量不符合约定，买受人应当将此情形在检验期内通知出卖人。

四、买卖合同的特殊订立方式

买卖合同的特殊订立方式包括拍卖方式和招投标方式两种。其中，拍卖方式在大量商品集中采购业务、艺术品和文物交易领域广泛应用；招投标方式在大量商品集中采购业务和大中型工程项目承揽业务领域中广泛应用。采用拍卖方式和招投标方式订立合同，可以有效地保护经营者和消费者的正当权益，保障市场竞争机制和维护市场经营秩序，杜绝商业贿赂现象，促进国民经济的良性发展。有关拍卖方式和招投标方式详见第四章第一、二节《拍卖法》和《招标投标法》的介绍。

五、买卖合同的规范要点

（一）一般规定

1. 出卖人应当按照约定或者交易习惯向买受人支付提取标的物单证以外的有关单证和资料。

2. 标的物毁损、灭失的风险，在标的物交付之前由出卖人承担，交付之后由买受人承担，但法律另有规定或者当事人另有约定的除外。因买受人的原因致使标的物不能按照约定的期限交付的，买受人应当自违反约定之日起承担标的物毁损、灭失的风险。

3. 出卖人出卖交由承运人运输的在途标的物，除当事人另有约定的外，毁损、灭失的风险自合同成立时起由买受人承担。

4. 因标的物质量不符合要求，致使不能实现合同目的的，买受人可以拒绝接受标的物或者解除合同。买受人拒绝接受标的物或者解除合同的，标的物毁损、灭失的风险由出卖人承担。

（二）特别规定

1. 出卖具有知识产权的计算机软件等标的物，除法律另有规定或当事人另有规定的外，该标的物的知识产权不属于买受人。

2. 买受人有确切证据证明第三人可能就标的物主张权利的，可以终止支付相应的价款，但出卖人提供适当担保的除外。

3. 出卖人多交标的物的，买受人可以接收或拒绝接收多交的部分。买受人接收多交部分的，按照合同的价格支付价款；买受人拒绝接收多交部分的，应当及时通知出卖人。

4. 标的物在交付之前产生的孳息，归出卖人所有，交付之后产生的孳息，归受买人所有。

5. 分期付款的买受人未支付到期价款的金额达到全部价款的1/5的，出卖人可以要求买受人支付全部价款或解除合同。出卖人解除合同的，可以向买受人要求支付该标的物的使用费。

6. 试用买卖的买受人在试用期内可以购买标的物，也可以拒绝购买。试用期届满，买受人对是否购买标的物未作表示的，视为购买。

六、买卖合同的格式

买卖合同格式分为示范文本和参考文本两类。合同示范文本是指由国家或地方工商行政管理部门以及行业主管部门颁布的规范化合同文本。此类合同文本通常标示有"监制部门"和"印制单位"。合同示范文本的作用有两方面：一是便利于经营者和消费者采用规范化的合同格式；二是当事人对所签合同的内容产生争议或引发诉争时，可以援引示范文本条款作为表述依据或者界定标准。合同参考文本是指由专家、学者依据合同法理和行业实践拟订的合同文本，仅具有参照价值。其他合同格式的示范文本与参考文本的含义，以此类推。

A. 工业品买卖合同（示范文本 GF-2000-0101）[①]

工业品买卖合同

合同编号：_____

出卖人：_____　　　　　　签订地点：_____

买受人：_____　　　　　　签订时间：____年__月__日

第一条　标的、数量、价款及交（提）货时间。

标的名称	牌号商标	规格型号	生产厂家	计量单位	数量	单价	金额	交（提）货时间及数量						
								合计						
合计人民币金额（大写）：														

第二条　质量标准：_____。

第三条　出卖人对质量负责的条件及期限：_____。

第四条　包装标准、包装物的供应与回收：_____。

第五条　随机的必备品、配件、工具数量及供应办法：_____。

第六条　合理损耗标准及计算方法：_____。

第七条　标的物所有权自_____时起转移，但买受人未履行支付价款义务的，标的物属于_____所有。

第八条　交（提）货方式、地点：_____。

第九条　运输方式及到达站（港）和费用负担：_____。

第十条　检验标准、方法、地点及期限：_____。

第十一条　成套设备的安装与调试：_____。

第十二条　结算方式、时间及地点：_____。

第十三条　担保方式（也可另立担保合同）：_____。

第十四条　本合同解除的条件：_____。

第十五条　违约责任：_____

[①] 工业品买卖合同示范文本，适用于纸张、胶片、光盘、电脑、显示器、摄像机等文化器材买卖业务。

第十六条　争议解决方式：本合同在履行过程中发生的争议，由双方当事人协商解决；也可由当地工商行政管理部门调解；协商或调解不成的，按下列第＿＿＿种方式解决：

（一）提交＿＿＿＿＿＿仲裁委员会仲裁；
（二）依法向人民法院起诉。

第十七条　本合同自＿＿＿＿＿＿起生效。
第十八条　其他约定事项：＿＿＿＿＿＿。

出卖人（章）：	买受人（章）：	鉴（公）证意见：
住所：	住所：	
法定代表人：	法定代表人：	
委托代理人：	委托代理人：	
开户银行：	开户银行：	鉴（公）证机关（章）
账号：	账号：	经办人：
邮政编码：	邮政编码：	年　月　日

B. 图书发行合同（参考文本）①

图书发行合同

合同编号：＿＿＿＿＿＿＿＿

＿＿＿＿＿＿出版社（简称卖方）　签订地点：＿＿＿＿＿＿＿＿

＿＿＿＿＿＿（简称买方）　签订时间：＿＿＿年＿＿月＿＿日

第一条　书名、书号、规格、数量、价款及交（提）货时间。

编号	书名	书号	规格	数量	单价	金额	交（提）货时间及数量		
							合计		

合计人民币金额（大写）：

---

① 本合同名称根据业务性质可以细分为图书批发合同与图书零售合同；本合同标的还可以是音像制品、软件制品、工艺制品等文化商品；本合同主体，卖方可以是出版社、发行公司、音像书店等文化企业，买方可以是发行公司、音像书店、图书馆、文化站等文化经营单位和其他企业事业单位、机关团体、个体工商户。

第二条　图书印刷、装帧质量标准：_____。

第三条　图书包装标准：_____。

第四条　交（提）货方式、地点：_____。

第五条　运输方式及到达站（港）和费用负担：_____。

第六条　卖方对图书质量的承诺：如遇图书缺页、残页、装订错误等质量问题，卖方发行部门（或指定印制单位）直接负责更换并承担邮寄费用。

第七条　结算方式、时间及地点：_____。

第八条　定金担保：买方自签订本合同之日起一周内交付书款总额____%作为定金。如买方采用提货方式并一次结清图书价款，本定金条款自动失效（注：该条属于选择性条款）。

第九条　本合同解除的条件：_____。

第十条　违约责任：

（一）卖方责任：因卖方所供图书属非法图书（包括非正版、内容遭查禁图书），导致买方遭受查处并蒙受损失，卖方应当承担赔偿损失责任；因卖方延期供货，导致买方丧失了上市良机，卖方应当支付相当于书款总额____%的违约金（注：该违约金属于选择性条款）。

（二）买方责任：因迟延给付书款，买方应当支付相当于书款总额____%的违约金。

第十一条　争议解决方式（略）。①

第十二条　本合同一式两份，双方各执一份。本合同自____年____月____日起生效。

卖方：　　（章）	卖方：　　（章）
代表：	代表：
（住所、账号等项目略）	

---

① "争议解决方式"参见 A 合同文本中同类条款内容，本章其他合同文本如列有该条内容相同。

第二节 赠与合同

一、赠与合同的概念及特征

赠与合同是指赠与人将自己的财产无偿给予受赠人,受赠人表示接受赠与的合同。其中赠与财产的一方为赠与人,接受赠与的一方为受赠人。赠与合同不同于赠与行为,因为赠与是赠与人的单方法律行为,而赠与合同是以赠与为内容的协议,是双方法律行为。如果仅有赠与人的意思表示,而没有受赠人接受赠与的意思表示,赠与合同就无法成立。赠与合同适用于公民、法人和其他组织无偿地将财产给予他人的情形。但法人、其他组织作为赠与行为的,不得违反国家规定的财经纪律,否则其赠与无效。

赠与合同具有以下法律特征:①是转移财产所有权的合同。②是单务、无偿合同。③可以是实践合同,也可以是诺成合同(具有救灾、扶贫等社会公益、道德义务性质的和经过公证的赠与合同属于诺成合同。当事人达成合意,赠与合同即成立)。④一般为不要式合同。⑤是《合同法》规范的有名合同。

二、赠与合同的分类

赠与合同根据不同标准划分,可有如下的种类。

(一)即时赠与合同与非即时赠与合同

即时赠与合同是指在合同成立之时赠与人即将标的物交付受赠人的赠与合同。即时赠与合同成立与履行是同时实施的。非即时赠与合同是指合同成立后赠与人按照合同的约定将标的物交付受赠人的赠与合同。两者的区别在于:即时赠与合同成立时赠与人即完成了标的物的交付,因而可用口头形式;而非即时赠与合同一般应采用书面形式,一般情形下赠与人可以任意撤销。

(二)附条件赠与合同与无条件赠与合同

附条件赠与合同是指赠与人与受赠人约定以某个不确定的事实的实现与否作为合同生效条件的赠与合同。例如,某慈善家与某贫困学生约定如果该生考上大学,将负担其大学四年的学费。无条件赠与合同是指赠与人没有附加任何条件、合同成立即可生效的赠与合同。两者的区别在于:附条件赠与合同在所附条件成就时才生效。在此之前，虽然合同已成立，但并不发生法律效力，受赠人不能请求赠与人交付赠与财产。

(三) 附义务赠与合同与非附义务赠与合同

附义务赠与合同是指双方约定赠与人赠与一定数额钱款或者实物，受赠人相应承担一定行为义务的赠与合同。例如，某企业赞助某影视剧组一定数额现金或者物资（或者相当该数额的补贴、免除场地费用等），相应该影视制作单位负有在影视剧片头字幕上"赞助单位"列表中加印该企业名称的义务。非附义务赠与合同是指合同没有约定受赠人承担任何义务的赠与合同。区分两者的意义在于：①赠与合同属于附义务性质的，赠与人不得任意撤销赠与合同。②赠与合同属于附义务性质的，如果受赠人没有履行所附义务，赠与人可以撤销赠与合同。③赠与合同属于附义务性质的，如果赠与财产有瑕疵，赠与人应当承担瑕疵担保责任。④赠与合同属于附义务性质的，如果受赠人履行了约定义务，赠与人撤销赠与合同或者行使拒绝履行抗辩权的，赠与人应当在受赠人履行义务范围内承担损害赔偿责任。

这里还应当注意附条件赠与合同与附义务赠与合同的差异。两者的区别在于：①附条件赠与合同所附条件是为了限定赠与合同的生效，在条件成就之前使赠与合同的效力处于锁定状态；而附义务赠与合同所附义务在于为受赠人设定一定的义务，所设义务一般为受赠人作为或不作为某一行为。②附条件赠与合同所附条件不成立时赠与合同不生效；而附义务赠与合同所附义务是否履行，并不影响赠与合同的生效。

(四) 附期限赠与合同与非附期限赠与合同

附期限赠与合同是指赠与人与受赠人约定以将来某个特定时间的到来或将来某个必将发生的事实的出现，作为合同生效条件的赠与合同。非附期限赠与合同则是指没有上述期限约定的赠与合同。区别两者的意义在于：附期限赠与合同在约定的期限届满前合同不发生效力，受赠人尚未取得请求赠与人给付赠与财产的权利；而非附期限赠与合同则没有如此限制。

(五) 履行道德义务的赠与合同与非履行道德义务的赠与合同

履行道德义务的赠与合同是指赠与人以履行一定道德义务为目的而将自己财产给予他人的合同。例如，养子女对生父母本无法律上的义务但在道德上有扶助义务，养子女因生父母生活比较困难而约定赠与一定财物的，即为履行道德义务的赠与。非履行道德义务的赠与合同是指赠与人并不以履行道德义务为目的的赠与合同。区分两者的主要意义在于：履行道德义务的赠与合同对赠与人的约束力较强，即使是非书面、非即时的赠与合同，赠与人也不得任意撤销，应负交付赠与物的义务；而非履行道德义务的赠与合同，赠与人于标的物交付前或登记之前，可以任意撤销。

三、赠与合同的效力

赠与合同的法律效力主要体现为赠与人的义务。一般来说,赠与人负有如下义务:

(一) 交付赠与物的义务

赠与人应当依照合同的约定,将赠与物交付受赠人并转移所有权。尽管在一般情况下,赠与人可以在交付赠与物之前撤销赠与,但对具有救灾、扶贫等社会公益、道德义务性质的赠与合同或者经过公证的赠与合同,赠与人不得撤销赠与;并且受赠人还可以要求赠与人交付赠与物。

(二) 担保赠与物瑕疵的义务

赠与人应当对赠与物的瑕疵负责。一方面,赠与物有瑕疵的,赠与人有义务如实告知受赠人;另一方面,赠与人保证赠与物无瑕疵的,就应当对赠与物的瑕疵负责,如果由此造成受赠人损失,还应当承担损害赔偿责任。

四、赠与合同的规范要点

(一) 一般规定

1. 赠与的财产依法需要办理登记手续的,应当办理有关手续。赠与可以附义务;赠与附义务的,受赠人应当按照约定履行义务。

2. 赠与人的经济状况显著恶化,严重影响其生产经营或家庭生活的,可以不再履行赠与义务。

(二) 特别规定

1. 赠与人在赠与财产的权利转移之前可以撤销赠与。具有救灾、扶贫等社会公益、道德义务性质的赠与合同或经过公证的赠与合同,不适用前款规定。

2. 具有救灾、扶贫等社会公益、道德义务性质的赠与合同或经过公证的赠与合同,赠与人不交付赠与的财产的,受赠人可以要求交付。

3. 受赠人有下列情形之一的,赠与人可以撤销赠与:①严重侵害赠与人或赠与人的近亲属。②对赠与人有抚养义务而不履行。③不履行赠与合同约定的义务。赠与人的撤销权,自知道或应当知道撤销原因之日起一年内行使。

4. 因受赠人的违法行为致使赠与人死亡或丧失行为能力的,赠与人的继承人或法定代理人可以撤销赠与。赠与人或法定代理人的撤销权,自知道或应当知道撤销原因起 6 个月内行使。

五、赠与合同的格式

A. 赠与合同（示范文本 GF-2000-1301）

赠与合同

合同编号：_____

赠与人：_____ 签订地点：_____

受赠人：_____ 签订时间：____年__月__日

第一条 赠与财产的名称、数量、质量和价值。

（一）名称：_____。

（二）数量：_____。

（三）质量：_____。

（四）价值：_____。

赠与的财产属不动产的，该不动产所处的详细位置及状况：_____。

第二条 赠与目的：_____。

第三条 本赠与合同（是/否）是附义务的赠与合同。所附义务是：_____。

第四条 赠与物（是/否）有瑕疵。瑕疵是指赠与物的_____。

第五条 赠与财产的交付时间、地点及方式：_____。

第六条 争议解决方式（略）。

第七条 本合同未作规定的，按照《中华人民共和国合同法》的规定执行。

第八条 本合同经双方当事人_____生效。

第九条 其他约定事项：_____。

赠与人：（章） 受赠人：（章）：

（住所、账号等项目略，下同）

B. 文化活动项目赞助合同（参考文本）*

文化活动项目赞助合同

合同编号：_____

甲方（赞助人）：_____　　签订地点：_____
乙方（承办人）：_____　　签订时间：____年__月__日
双方就_____文化活动项目赞助事宜，经过友好协商达成如下协议。

第一条　甲方赞助标的（现金、实物、劳务或服务）、数量：_____。

第二条　甲方赞助目的：_____。

第三条　本赞助合同（是/否）是附义务的赞助合同。乙方所附义务：

（一）乙方须在其承办项目活动现场招牌、宣传册"赞助单位"栏标明甲方单位名称；

（二）乙方须回赠该文化活动项目门票_____张；其中嘉宾票_____张（供选择）；

（三）乙方须在其承制影视剧、电视专题片片头字幕"赞助单位"、"协助单位"或"鸣谢单位"栏打印甲方单位名称（供选择）；

（四）乙方所附其他义务：_____。

第四条　甲方赞助现金、实物的交付时间、地点及方式：_____。

第五条　甲方提供人员劳务或车辆、住宿、餐饮服务的方式、期限及地点：_____。

第六条　合同解除的条件：

（一）在乙方实际履行所附义务之前，甲方因经济实力的原因有权单方面解除合同；

（二）因不可抗力因素致使该文化活动项目取消的，甲方有权单方面解除合同。

第七条　违约责任：

（一）在乙方实际履行所附义务之后，甲方仍未履行其赞助义务或履行不符合约定条件的，甲方应当继续实际履行，并承担导致该项活动延迟乙方所蒙受的实际经济损失。

---

* ①文化活动项目赞助合同大多属于附义务赠与合同。②本合同文本，适用于文化经营单位承办文艺汇演活动、竞技比赛活动、文化节庆活动、商贸会展活动和摄制电影、电视剧等业务。

（二）因乙方故意或过失未履行或不完全履行所附义务，乙方应退赔全部或部分的赞助款项；如赞助标的属于实物、劳务或服务的，应当折价退赔。

第八条　争议解决方式（略）。

第九条　本合同未作规定的，按照《中华人民共和国合同法》的规定执行。

第十条　本合同经双方当事人_____生效。

第十一条　其他约定事项：_____。

第十二条　本合同一式两份，双方各执一份，具有同等法律效力。

甲方：　　（章）　　　　　乙方：　　（章）

代表：_____　　　　代表：_____

第三节　借款合同

一、借款合同的概念及特征

借款合同是指借款人向贷款人借款，到期返还借款并支付利息的合同。其中借用款项的一方称为借款人，出借款项的一方称为贷款人。随着我国市场经济的飞速发展，许多企业和个体经营者为了上马新的生产经营项目、扩大市场占有份额，促使借贷业务活动日趋频繁。

借款合同具有以下法律特征：①合同标的物是货币。②是转移标的物占有、使用和处分权的合同。③一般为诺成合同，也可以是实践合同（如自然人之间的借贷业务）。④一般为有偿合同，也可以是无偿合同（无息借款）。⑤可以是要式合同，也可以是不要式合同。⑥是《合同法》规范的有名合同。

二、借款合同的分类

借款合同根据不同标准划分，可有如下的种类。

（一）民间借款合同与信贷合同

从国家管理的角度，借款合同可以分为民间借款合同和信贷合同两大类。民间借款合同是指公民个人之间，出借人将属于其合法收入的货币资金借给借款人，借款到期时借款人归还所借货币资金（付息或无息）的合同。信贷合同是指经营贷款业务的商业银行和其他金融机构将货币资金出借给法人、其他经济组织或者个人使用，贷款到期时借款人归还所借资金和利息的合同。

(二) 流动资金借款合同与固定资产借款合同

按借款用途，借款合同可以分为流动资金借款合同和固定资产借款合同。流动资金借款合同可细分为周转资金借款合同、卖方借款合同、专用资金借款合同等。固定资产借款合同可细分为基本建设借款合同、技术改造借款合同、专项资金借款合同等。

(三) 人民币借款合同与外币借款合同

按货币种类，借款合同可以分为人民币借款合同和外币借款合同。人民币借款合同可细分为固定资产借款合同、流动资金借款合同、信托资金借款合同、委托资金借款合同等。外币借款合同可细分为现汇借款合同、买方信贷合同和特种外汇借款合同等。

(四) 长期借款合同、中期借款合同与短期借款合同

按借贷期限的不同，借款合同可以分为长期借款合同、中期借款合同和短期借款合同。一般来说，固定资产借款合同多为长期借款合同；流动资金借款合同多为短期借款合同。

(五) 信用借款合同与担保借款合同

按借款合同有无担保约定，借款合同可以分为信用借款合同和担保借款合同。信用贷款是指没有担保的，凭借款人的信誉发放的贷款。担保贷款是指提供担保的贷款，具体包括保证贷款、抵押贷款、质押贷款。保证贷款是指按《担保法》规定的保证方式，以第三人承诺在借款人不能偿还贷款时，按约定承担一般保证责任或者连带责任而发放的贷款。抵押贷款是指按《担保法》规定的抵押方式，以借款人或第三人的财产作为抵押物发放的贷款。质押贷款是按《担保法》规定的质押方式，以借款人或第三人的动产或权利作为质押物发放的贷款。

三、借款合同的效力

(一) 贷款人的义务

贷款人的义务主要有以下三方面：①不得利用优势地位预先在本金中扣除利息。②不得将借款人的营业秘密泄露于第三方。③未按照约定的日期、数额提供借款，造成借款人损失的，应当赔偿损失。

(二) 借款人的义务

借款人的义务主要有以下三方面：①按照贷款人的要求提供与借款有关的业务活动和财务状况的真实情况。②按照约定用途使用借款。③按期归还借款本金和利息。

四、借款合同的规范要点

1. 借款合同采用书面形式，但自然人之间借款另有约定的除外。
2. 订立借款合同，贷款人可以要求借款人提供担保。
3. 订立借款合同，借款人应当按照贷款人的要求提供与借款有关的业务活动和财务状况的真实情况。
4. 借款的利息不得预先在本金中扣除。利息预先在本金中扣除的，应当按照实际借款数额返还借款并计算利息。
5. 贷款人未按照约定的日期、数额提供借款，造成借款人损失的，应当赔偿损失。借款人未按照约定的日期、数额收取借款的，应当按照约定的日期、数额支付利息。
6. 贷款人按照约定可以检查、监督借款的使用情况。借款人应当按照约定向贷款人定期提供有关财务会计报表等资料。借款人未按照约定的借款用途使用借款的，贷款人可以停止发放借款、提前收回借款或者解除合同。
7. 对借款期限没有约定或者约定不明确的，借款人可以随时返还；贷款人可以催告借款人在合理期限内返还。
8. 借款人提前偿还借款的，除当事人另有约定的外，应当按照实际借款的时间计算利息。
9. 自然人之间的借款合同，自贷款人提供借款时生效。自然人之间的借款合同对支付利息没有约定或者约定不明确的，视为不支付利息。自然人之间的借款合同约定支付利息的，借款的利率不得违反国家有关限制借款利率的规定。

最高人民法院发布的《关于人民法院审理借贷案件的若干意见》规定，民间借贷的利率可以适当高于银行的利率，但最高不得超过银行同类贷款利率的4倍；不允许计收复利。

五、借款合同的格式

A. 民间借款合同（参考文本）

民间借款合同

甲方（借款人）：＿＿＿＿＿＿＿＿＿＿＿＿

身 份 证 号：＿＿＿＿＿＿＿＿＿＿＿＿

住　　　址：_____
　　乙方（贷款人）：_____
　　身　份　证　号：_____
　　住　　　址：_____
　　甲方因扩张个体书店（歌厅、网吧或电子游艺厅）门面及更新设备资金需要，意向乙方借款使用。经双方充分协商，签订本合同。
　　一、自＿＿＿年＿＿月至＿＿＿年＿＿月，由乙方借给甲方人民币（大写）＿＿＿＿＿＿＿＿＿＿元整；借款利息按年利率＿＿＿％计算。如甲方提前还款，借款利息按月利率＿＿＿％计算。
　　二、甲方如不按期还款，应付乙方违约金。违约金按每天借款数额的＿＿＿％计算。
　　三、甲方以自有产权的三居室住宅做抵押。如甲方到期不能归还乙方的贷款，则乙方有权处理该抵押物（本条为选择性条款）。
　　四、争议解决方式（略）。
　　五、本合同自乙方通过银行划款到账（或给付全额借款现金）之日起生效。本合同一式两份，双方各执一份为凭。
　　甲　方：_____（签字）　乙　方：_____（签字）
　　开户银行：_____　　　　开户银行：_____
　　信用卡号：_____　　　　信用卡号：_____

B. 信用借款合同（参考文本）

信用借款合同

　　甲方（贷款人）：_____
　　乙方（借款人）：_____
　　丙方（保证人）：_____
　　乙方为进行文化生产经营活动向甲方申请借款，并聘请丙方作为保证人，甲方也已审查批准。经三方协商订立本合同，以便共同遵守。
　　第一条　贷款种类：_____。
　　第二条　借款用途：_____。
　　第三条　借款金额人民币（大写）_____元整。
　　第四条　借款利息为年利率＿＿＿％。如遇国家银行调整利率，按新的规定计算。

第五条 借款和还款期限：_____。

第六条 还款资金来源及还款方式：_____。

第七条 保证条款：

（一）乙方必须按照约定用途使用借款，不得挪作他用，不得用借款进行违法活动。

（二）乙方必须按照约定期限还本付息。

（三）乙方有义务接受甲方的检查，让甲方监督贷款的使用情况及了解乙方的计划执行、经营管理、财务活动、物资库存等情况。乙方应提供有关的计划、统计、财务报表及资料。

（四）丙方履行连带责任后，有向乙方追偿的权利；乙方有义务对丙方进行偿还。

第八条 违约责任：

（一）甲方的违约责任。

1. 甲方未按期提供贷款，应按违约数额和延期天数，付给乙方违约金。违约金数额的计算应与加诸乙方的罚息计算相同。

2. 甲方工作人员因失职行为造成贷款损失、浪费或者利用借款合同进行违法活动的，由甲方承担相应的经济责任；给乙方造成经济损失的，应当赔偿乙方蒙受的经济损失。

（二）乙方的违约责任。

1. 乙方不按约定用途使用借款，甲方有权收回部分或全部贷款；对违约使用的部分，按银行规定的利率加收罚息；情节严重的，在一定时期内甲方可以停止发放新贷款。

2. 乙方如逾期不还借款，甲方有权追回借款，并按银行规定加收罚息；乙方提前还款的，应按规定减收利息。

3. 乙方利用借款合同进行违法活动的，甲方有权追回贷款本息。

（三）丙方的违约责任。

乙方逾期不归还借款，丙方又不按照合同约定代为履行归还借款义务的，丙方应当承担连带还款责任，并承担甲方为催促还款而发生的间接损失（如律师费用）。

第九条 争议解决方式（略）。

第十条 本合同如有未尽事宜，须经三方当事人共同协商，签订补充协议。补充协议与本合同具有同等的效力。本合同一式三份，甲、乙、丙三方各执一份为凭。

甲　　方：_____
代　　表：_____
开户银行：_____
账　　号：_____
乙　　方：_____
代　　表：_____
开户银行：_____
账　　号：_____
丙　　方：_____
代　　表：_____
开户银行：_____
账　　号：_____
签字日期：_____

第四节　租赁合同

一、租赁合同的概念及特征

租赁合同是指出租人将租赁物交付承租人使用、收益，承租人支付租金的合同。提供财物使用的一方为出租人，使用财物的一方为承租人，被交付使用的物为租赁物，租金则为使用租赁物的代价。在租赁合同中，出租人作为租赁物的所有权人或处分权人，将租赁物交付给承租人，承租人在一定期限内使用租赁物并支付租金，并且于租赁期限届满时返还租赁物给出租人。租赁合同在社会经济生活中的应用范围较为广泛。诸如，房屋、设施、场地、柜台等不动产的租赁和汽车、设备、器材、道具等动产的租赁。建立和完善租赁制度的意义在于：有利于承租人降低成本，减少风险；有利于出租人通融资金，盘活资产；有利于整个社会调剂余缺，促进生产和满足生活需要。

租赁合同具有如下特征：①是转移财产使用权和收益权的合同。②合同标的物为有形的、非消耗的特定物。③是双务、有偿、诺成合同。④一般为要式合同。⑤是《合同法》规范的有名合同。

二、租赁合同的分类

租赁合同根据不同标准划分，可有以下种类：

（一）动产租赁合同与不动产租赁合同

动产租赁合同是指以动产为标的物的合同。动产租赁合同还可细分为一般动产租赁合同与特殊动产租赁合同。其中，汽车租赁合同、移动卫星通信设备租赁合同属于特殊动产租赁合同。不动产租赁合同是指以不动产为标的物的合同，如房屋租赁合同、场地租赁合同。区分两者的主要意义在于：法律一般对不动产租赁合同有特殊的要求，如进行登记等；而对动产租赁一般没有特殊的要求。但是，特殊动产租赁合同往往也适用不动产租赁合同的规定，如对移动卫星通信设备租赁法律也有特别的要求。

（二）一般租赁合同与特别租赁合同

一般租赁合同是指法律没有特别规定的租赁合同，如我国《合同法》规定的租赁合同。特别租赁合同是指由特别法予以特别规定的租赁合同，如我国《城市房地产管理法》以及《城市房屋租赁管理条例》规定的房屋租赁合同。区分两者的意义在于适用法律的不同，一般租赁合同适用民法和合同法的规定；特别租赁合同应依特别法优于普通法的原则适用特别法，特别法无规定时才适用普通法。

（三）定期租赁合同与不定期租赁合同

定期租赁合同是指明确约定租赁期限，或者虽未明确约定但依据合同的相关条款、使用租赁物的目的、交易习惯等能够推定租赁期限的租赁合同。不定期租赁合同是指当事人未约定租赁期限或者约定不明确的租赁合同。区分两者的意义在于：定期租赁合同于租期届满时即终止，当事人可以另订租赁合同续租；而不定期租赁合同，当事人可以随时终止合同。但是，不定期租赁合同的出租人要求终止合同的，应依据诚实信用原则给予承租人一定的准备时间。

（四）经营性租赁合同与融资性租赁合同

经营性租赁合同是指出租人将租赁物交付承租人使用、收益，承租人支付租金的合同。融资性租赁合同是指出租人根据承租人对出卖人、租赁物的选择，向出卖人购买租赁物并提供给承租人使用，承租人支付租金的合同。前者仅体现的是物的使用权和收益权的转移；而后者则是集融资、租赁双重职能于一体，涉及出租人、承租人、出卖人三方当事人，并由两个或者两个以上的合同构成的一种新型租赁合同，我国《合同法》将其单独列名为"融资租赁合同"并加以专门规定。限于篇幅，这里只介绍经营性租赁合同，即我国《合同法》列名规范的"租赁合同"。

三、租赁合同的效力

租赁合同的效力体现在出租人与承租人的权利义务关系方面。

（一）出租人的主要权利和义务

1. 出租人的权利。这包括：①收取租金。②使用监督权，即对承租人使用租赁物进行监督的权利。③收回租赁物的权利。

2. 出租人的义务。这包括：①交付租赁物的义务。②维修租赁物的义务。出租人未履行维修义务而由承租人自行维修的，维修费用应当由出租人负担。如因维修租赁物影响承租人使用的，出租人应当相应减少租金或者延长租期。③出卖租赁物的通知义务。出租人出卖租赁物的，应当在出卖之前的合理期限内通知承租人。④担保租赁物无权利瑕疵的义务。

（二）承租人的主要权利和义务

1. 承租人的权利。这包括：①使用、收益租赁物的权利。②添附权，即承租人经出租人同意，可在租赁物上改善或增设某些附属物。③优先购买权，即承租人对出卖的租赁物，在同等条件下享有优先购买权。

2. 承租人的义务。这包括：①按照约定的方法使用租赁物的义务。②妥善保管租赁物的义务，即承租人未经出租人同意，不得擅自对租赁物进行改善或增设他物。③不滥用权利的义务，即承租人未经出租人同意，不得将租赁物转租给第三人或作其他处分。④支付租金的义务。⑤有关情况的通知义务。比如，第三人对租赁物主张权利的，承租人应当将此情况及时通知出租人。⑥返还租赁物的义务。

四、租赁合同的规范要点

（一）一般规定

1. 租赁合同的内容包括租赁物的名称、数量、用途、租赁期限、租金及其支付期限和方式、租赁物维修等条款。

2. 出租人应当履行租赁物的维修义务，当事人另有约定的除外。出租人在租赁期间发生所有权变动的，不影响租赁合同的效力。

（二）特别规定

1. 租赁期不得超过二十年。超过二十年的，超过部分无效。租赁期间届满，当事人可以续订租赁合同，但约定的租赁期限自续订之日起不得超过二十年。租赁期限六个月以上的，应当采用书面形式。当事人未采用书面形式的，视为不定期租赁。

2. 承租人按照约定的方法或者租赁物的性质使用租赁物，致使租赁物受到损耗的，不承担损害赔偿责任。承租人在租赁物需要维修时可以要求出租人在合理期限内维修。出租人未履行维修义务的，承租人可以自行维修，维修费用由出租人负担。因维修租赁物影响承租人使用的，应当减少租金或者延长租期。

3. 承租人经出租人同意，可以对租赁物进行改善或增设他物。承租人未经出租人同意，对租赁物进行改善或增设他物的，出租人可以要求承租人恢复原状或赔偿损失。因第三人主张权利，致使承租人不能对租赁物使用、收益的，承租人可以要求减少租金或不支付租金。第三人主张权利的，承租人应当及时通知出租人。

4. 出租人出卖租赁房屋的，应当在出卖之前的合理期限内通知承租人，承租人享有以同等条件优先购买的权利。租赁期间届满，承租人继续使用租赁物，出租人没有提出异议的，原租赁合同继续有效，但租赁期限为不定期。

五、租赁合同的格式

A. 房屋租赁合同（示范文本 GF-2000-0602）

房屋租赁合同

合同编号：＿＿＿＿＿＿

出租人：＿＿＿＿＿＿＿＿　　　签订地点：＿＿＿＿＿＿

承租人：＿＿＿＿＿＿＿＿　　　签订时间：＿＿＿年＿＿月＿＿日

第一条　租赁房屋坐落在＿＿＿＿、间数＿＿＿＿、建筑面积＿＿＿＿、房屋质量＿＿＿＿。

第二条　租赁期限从＿＿＿年＿＿月＿＿日至＿＿＿年＿＿月＿＿日。（提示：租赁期限不得超过二十年。超过二十年的，超过部分无效）

第三条　租金（大写）：＿＿＿＿＿＿＿＿。

第四条　租金的支付期限与方式：＿＿＿＿＿＿＿＿。

第五条　承租人负责支付出租房屋的水费、电费、煤气费、电话费、光缆电视收视费、卫生费和物业管理费。

第六条　租赁房屋的用途：＿＿＿＿＿＿＿＿。

第七条　租赁房屋的维修：＿＿＿＿＿＿＿＿。

出租人维修的范围、时间及费用负担：＿＿＿＿＿＿＿＿

承租人维修的范围及费用负担：_____。

第八条　出租人（是/否）允许承租人对租赁房屋进行装修或改善增设他物。装修、改善增设他物的范围是：_____。

租赁合同期满，租赁房屋的装修、改善增设他物的处理：_____。

第九条　出租人（是/否）允许承租人转租租赁房屋。

第十条　定金（大写）_____元。承租人在_____前交给出租人。

第十一条　合同解除的条件：

（一）有下列情形之一，出租人有权解除本合同：

1. 承租人不交付或者不按约定交付租金达____个月以上；

2. 承租人所欠各项费用达（大写）_____元以上；

3. 未经出租人同意及有关部门批准，承租人擅自改变出租房屋用途的；

4. 承租人违反本合同约定，不承担维修责任致使房屋或设备严重损坏的；

5. 未经出租人书面同意，承租人将出租房屋进行装修的；

6. 未经出租人书面同意，承租人将出租房屋转租第三人；

7. 承租人在出租房屋进行违法活动的。

（二）有下列情形之一，承租人有权解除本合同：

1. 出租人迟延交付出租房屋____个月以上；

2. 出租人违反本合同约定，不承担维修责任，使承租人无法继续使用出租房屋；

3. _____。

第十二条　房屋租赁合同期满，承租人返还房屋的时间是：_____。

第十三条　违约责任：

出租人未按时或未按要求维修出租房屋造成承租人人身受到伤害或财物毁损的，负责赔偿损失。

承租人逾期交付租金的，除应及时如数补交外，还应支付滞纳金。

承租人违反合同，擅自将出租房屋转租第三人使用的，因此造成出租房屋毁坏的，应负损害赔偿责任。

第十四条　争议解决方式（略）。

第十五条　其他约定事项：_____。

出　租　人	承　租　人	鉴（公）证意见
出租人（章）：	承租人（章）：	鉴（公）证机关（章）：

B. 场地/设施租用合同（参考文本） *

场地/设施租用合同

合同编号：_____

甲方（出租人）：_____　　签约地点：_____

乙方（租用人）：_____　　签订日期：_____

双方就租用场地/设施事宜，经过友好协商达成如下协议。

第一条　租用场地/设施：

（一）租用场地：名称（如会展场地、演出场地、营业场地、公园场地、露天广场、拍摄景区）、地理位置、占用面积、配套设施等。

（二）租用设施：名称（如影剧院、歌舞厅、游泳场、体育馆、摄影棚、录音棚、剪辑室、计算机房）、地理位置、配套设备等。

第二条　租用期限：自____年__月__日起，至____年__月__日止，共计____天或月或年（如以小时或天为计租单位，应当明确每天租用几个小时及其时间段）。

第三条　租金及交付的时间、方式：_____（租金单位为元/小时、元/天、元/月或元/年，租金标准根据业务性质由双方具体约定）。

第四条　租用场地/设施的用途：_____。

第五条　甲方应当提供具有正常使用效能的场地/设施；并应出示能够证明租用场地/设施具备合法使用条件的有效证件（如房产证、营业执照、特种经营许可证、消防安全合格证、卫生许可证等），以供乙方查验。

乙方应当提交证明自己身份的有效证件（如营业执照、身份证、护照、驾驶证、户口本等），并应将其主要有效证件复印件留存甲方备案。

第六条　租用场地/设施的维修由____方负责，维修费用由____方负担。

第七条　甲方（是/否）允许乙方对场地/设施进行改善或增设他物。合同期届满，场地/设施的改善或增设他物的处理是：_____。

第八条　甲方（是/否）允许乙方转租场地/设施。甲方同意转租的，转租合同终止期不得超过原租用合同期限；因第三人造成损失的，乙方应当赔偿损失。

第九条　甲方（是/否）委派与该场地/设施配套的电工、机械操作、保

---

* 场地/设施租用合同文本，适用于文化经营单位出租或者承租各种类型的生产经营场地/设施。

安等工作人员。由甲方委派配套工作人员的，劳务费用由＿＿＿＿＿方负担。

第十条　甲方（是/否）提供与场地配套设施/设施配套设备所需灯管、电线等消耗性器材。由甲方提供消耗性器材的，消耗性器材费用由＿＿＿＿＿方负担。

第十一条　乙方工作人员应当遵守甲方制定的场地/设施出入登记、供用水电、消防安全等规章制度。甲方有义务为乙方工作人员办理相关证件（如出入证、临时工作证、停车证）。

第十二条　因使用不当导致配套设施/配套设备故障、损毁的，乙方应负担修理、重置费用。

第十三条　意外风险：如因不可抗力或无法防止的外因，导致租用场地/设施无法正常使用从而造成乙方窝工、停工的，双方应当依据有关法律法规并本着公平原则协商解决，适当减免租金或者合理延长租用期限。

第十四条　乙方如愿延长租用期限，应在合同期届满前＿＿＿＿＿日通知甲方，并另签补充协议。

第十五条　合同解除的条件：＿＿＿＿＿＿＿＿＿＿＿＿＿＿＿＿＿＿＿。

第十六条　违约责任：

（一）甲方未能保证乙方按期进入该场地/设施开展业务的，或者中途未能保证配套设施/配套设备有效使用致使乙方窝工、停工的，甲方应当支付窝工、停工期间租金＿＿＿＿＿%的违约金，并补偿乙方蒙受的实际经济损失。

（二）乙方逾期交纳租金的，每逾期一日按应交租金总额的＿＿＿＿＿%交纳滞纳金。逾期归还租用场地/设施的，除继续计收租金外，应交纳逾期应交租金＿＿＿＿＿%的违约金。

（三）甲方/乙方其他的违约责任：＿＿＿＿＿＿＿＿＿＿＿＿＿＿＿。

第十七条　争议解决方式（略）。

第十八条　本合同之签字之日起生效。本合同一式两份，甲乙双方各执一份为凭。

甲方：＿＿＿＿＿＿＿　　　　乙方：＿＿＿＿＿＿＿

代表：＿＿＿＿＿＿＿　　　　代表：＿＿＿＿＿＿＿

C. 设备/器材租用合同（参考文本） *

设备/器材租用合同

合同编号：_____
甲方（出租人）：_____　　签约地点：_____
乙方（租用人）：_____　　签订日期：_____

双方就租用设备/器材事宜，经过友好协商达成如下协议。

第一条　租用设备/器材：

（一）租用设备：名称（如大客车、小货车、发电车、转播车、升降台、摄影机、摄像机、投影仪、电视墙、服务器、烟雾机、雪花机、泡泡机、同声传译系统）、型号、规格、数量等。

（二）租用器材：名称（如灯具、电缆、音箱、话筒、乐器、服装、道具、桌椅、帐篷、氧气瓶、保温桶、保险柜、集装箱、轨道车、组合钢架、气体模型）、型号、规格、数量等。

第二条　租用期限：自____年__月__日起，至____年__月__日止，共计____天或月或年（如以小时或天为计租单位，应当明确每天租用几个小时及其时间段）。

第三条　租金及交付的时间、方式：_____（租金单位为元/小时、元/天、元/月或元/年，租金标准根据业务性质由双方具体约定）。

第四条　租用设备/器材的用途：_____。

第五条　甲方应当提供具有正常使用效能的设备/器材；并相应提供证明租用设备具备合法使用条件的有效证件（如机动车辆行驶证、养路费缴讫凭证、车船税讫、年检标志、环保标志等）。

乙方应当提交证明自己身份的有效证件（如营业执照、身份证、护照、驾驶证、户口本等），并将其主要有效证件复印件留存甲方备案。

第六条　乙方须为所租设备/器材提供担保，担保可选择下列第____种方式：

（一）交纳保证金，本项租用设备/器材的保证金为____元；

（二）提交房产或机动车辆等动产抵押的登记证书；

---

* 设备/器材租用合同文本，适用于文化经营单位出租或者承租各种类型的生产经营设备/器材业务。

（三）提交有关权利质押的票证；

（四）提交保证人的承诺书，并由甲方与该保证人签订保证合同。

第七条　甲方（是/否）允许乙方转租设备/器材。甲方同意转租的，转租合同终止期不得超过原租用合同期限；因第三人扣押、损坏设备/器材等行为造成损失的，乙方应当赔偿损失。

第八条　甲方（是/否）委派与该设备/器材配套的专业操作人员（如专职司机）。由甲方委派专业操作人员的，劳务费用由＿＿＿＿方负担。

第九条　甲方负责租用设备的定期保养和乙方按操作规程使用所租设备出现的故障维修服务。

乙方负责租用设备的日常保养以及因操作不当出现的故障维修服务；造成租用设备毁损、灭失的，应当按重置费用（设备原值减去折旧后的余额）予以赔偿。如果甲方为已毁损、灭失的租用设备投保财产险，则双方按设备保险合同的有关条款办理赔偿事宜。

第十条　意外风险：如因不可抗力或无法防止的外因导致租用设备/器材毁损、灭失的，或导致乙方窝工、停工未能有效使用租用设备/器材的，双方应当依据有关法律法规并本着公平的原则协商解决，合理分担由此造成的实际经济损失。

第十一条　乙方如愿延长租用期限，应在合同期限届满前＿＿＿＿日通知甲方，并另签补充协议。

第十二条　合同解除的条件：＿＿＿＿＿＿＿＿＿＿＿＿＿＿＿＿。

第十三条　违约责任：

（一）甲方未能保证该租用设备/器材有效使用致使乙方窝工、停工的，甲方应当支付窝工、停工期间租金＿＿＿＿%的违约金，并补偿乙方蒙受的实际经济损失。

（二）乙方逾期交纳租金的，每逾期一日按应交租金总额的＿＿＿＿%交纳滞纳金。逾期归还租用设备/器材的，除继续计收租金外，应交纳逾期应交租金＿＿＿＿%的违约金。

（三）甲方/乙方其他的违约责任：＿＿＿＿＿＿＿＿＿＿＿＿＿。

第十四条　争议解决方式（略）。

第十五条　本合同自签字之日起生效。本合同一式两份，甲乙双方各执一份为凭。

甲方：＿＿＿＿＿＿＿＿　　　乙方：＿＿＿＿＿＿＿＿

代表：＿＿＿＿＿＿＿＿　　　代表：＿＿＿＿＿＿＿＿

第五节 承揽合同

一、承揽合同的概念及特征

承揽合同是指承揽人按照定作人的要求完成工作，交付工作成果，定作人给付报酬的合同。在承揽合同中，提出工作要求的一方称为定作人，按照约定完成工作的一方称为承揽人。承揽业务包括加工、定作、修理、装配、包装、印刷、复制、测试、检验等工作，因而在社会经济生活中承揽合同的应用范围十分广泛。

承揽合同具有如下特征：①属于完成工作性质的合同。②合同的标的具有特定性。它既不是一般的财产，也不是单纯的劳务，而是特定的工作成果。③具有人身信任性质，即承揽人须独立完成工作并承担风险，对工作成果负有全部责任。④承揽人对定作物享有留置的权利。⑤是双务、有偿、诺成合同。⑥一般为不要式合同。⑦是《合同法》规范的有名合同。

二、承揽合同的分类

承揽合同根据承揽业务内容的不同，可以分为如下种类。

（一）加工合同

加工合同是承揽人按照定作人的具体要求，使用定作人提供的原材料或半成品，利用自己的设备、劳动加工制作出特定的成品，定作人接受该成品并支付报酬的合同。有时，定作人提供大部分原材料，由承揽人负责部分辅料。例如，戏曲剧团、影视剧组提供布料让服装公司制作成批的戏用服装。加工合同的特点：定作人提供全部或大部分的原材料，承揽人收取的报酬基本为加工费。

（二）定作合同

定作合同是指承揽人按照定作人的具体要求，利用自己的材料、设备和技术制作出特定的成品，定作人接受该成品并支付报酬的合同。例如，影视剧组男女主演到服装店定做特型服装，选用店方提供的布料。定作合同的特点：成品所需原材料全部由承揽人提供，其所收取的报酬包括加工费和材料费。定作合同与加工合同的区别在于，由谁来提供原材料。由定作人提供原材料的，称为加工合同；由承揽人提供原材料的，称为定作合同。

(三) 修理合同

修理合同是指承揽人按照定作人的要求，修复发生故障或损坏的设备、工具或其他物品，定作人支付相应报酬的合同。这种合同的当事人双方，通常分别称为承修人和托修人。

(四) 复制合同

复制合同是指承揽人按照定作人的要求，利用自己的设备和技术制作与定作人提供的特定物相同的成品，定作人接受该成品并支付报酬的合同。复制合同还可细分为图书、报纸、期刊印刷，文书、证件、剧照复印，照片冲洗扩印，录音盒带、激光视盘、软件制品复录，石雕拓印，字画临摹等合同类别。

(五) 测试合同

测试合同是指承揽人按照定作人的要求，利用自己的设备和技术等条件，对定作人指定的项目进行测试，定作人接受测试结果报告并支付报酬的合同，如珠宝测试合同。

(六) 检验合同

检验合同是指承揽人按照定作人的要求，利用自己的设备和技术等条件，对定作人指定的项目进行检验，定作人接受检验结果报告并支付报酬的合同，如文物鉴定合同。

(七) 翻译合同

翻译合同是指承揽人按照定作人提供的外文或中文资料，利用自己的人力以及知识技能将其翻译成中文或某种外文资料（或者提供现场同声翻译），定作人接受翻译工作成果并支付报酬的合同。

(八) 广告设计制作合同

广告设计制作合同是指承揽人按照定作人提出的广告设计意向或设计方案，利用自己的人员和设备等条件，设计或制作出符合定作人要求的广告设计图纸或广告宣传品，定作人接受广告工作成果并支付报酬的合同。广告制作成果包括广告画册、广告展牌、广告图片、影视广告片等。在广告设计制作合同中，承揽人被称为广告经营者；定作人被称为广告主或广告客户。

其他承揽合同还有修缮合同、装潢合同、包装合同、装配合同等。

三、承揽合同的效力

承揽合同的效力体现在承揽人与定作人的权利义务关系方面。

(一) 承揽人的主要权利和义务

1. 承揽人的权利。这包括：①获得约定报酬的权利。但其前提条件是，承揽人完成承揽工作并交付工作成果。②享有留置定作物的权利。但行使该项权利的适用条件有三个：第一，承揽人依约占有定作人的工作成果。第二，双方当事人没有相反的约定。第三，定作人未在约定期限内支付报酬。

2. 承揽人的义务。这包括：①亲自完成主要工作并交付工作成果的义务。如果承揽人将其承揽的主要工作交由第三人完成的，应当就该第三人完成的工作成果向定作人负责；未经定作人同意的，定作人也可以解除合同。②合理使用材料的义务。③及时通知的义务，即承揽人发现定作人提供的图纸或者技术要求不合理，应当及时通知定作人，以避免给定作人造成损失。④接受监督的义务，即应当接受定作人必要的监督检验，以使定作人了解工作完成情况，及时发现和解决问题。⑤保管定作物及相关物品的义务，即承揽人在交付前，应当妥善保管定作物和属于定作人的材料、样品和技术资料等。⑥保守秘密的义务，即承揽人应当按照定作人的要求保守秘密，未经定作人许可，不得留存复制品和技术资料。

（二）定作人的主要权利和义务

1. 定作人的权利。这包括：①领取、验收工作成果的权利。②中途变更合同的权利，即定作人可以中途变更承揽工作的要求，但给承揽人造成损失的，应当负责赔偿。③监督检验的权利，即在承揽人工作期间，定作人有权进行必要的监督检验。④解除合同的权利，即定作人根据情势可以随时解除合同，但给承揽人造成损失的，应当负责赔偿。

2. 定作人的义务。这包括：①按照约定提供原材料、工作基底和技术资料的义务。②协助承揽工作的义务，即承揽工作需要定作人协助的，定作人有协助工作的义务。③验收工作成果的义务，即定作人应当按照合同约定的时间、地点、方式验收承揽人完成的工作成果，不得无理拒收。④支付约定报酬的义务。如果没有确定支付报酬的期限，定作人应当在承揽人交付工作成果时支付；工作成果部分交付的，定作人应当相应支付。

四、承揽合同的规范要点

（一）一般规定

1. 承揽合同的内容包括承揽的标的、数量、质量、报酬、承揽方式、材料的提供、履行期限、验收标准和方法等条款。

2. 承揽人将其承揽的主要工作交由第三人完成的，应当就该第三人完成的工作成果向定作人负责；未经定作人同意的，定作人也可以解除合同。承揽人可以将其承揽的辅助工作交由第三人完成。承揽人将其承揽的辅助工作交由第三人完成的，应当就该第三人完成的工作成果向定作人负责。

3. 承揽人提供材料的，承揽人应当按照约定选用材料，并接受定作人检验。承揽人对定作人提供的材料，应及时检验，发现不符合约定时，应当及时通知定作人更换、补齐或者采取其他补救措施。承揽人不得擅自更换定作人提供的材料，不得更换不需要修理的零部件。

4. 承揽人在工作期间，应当接受定作人必要的监督检验。定作人不得因监督检验妨碍承揽人的正常工作。承揽人完成工作的，应当向定作人交付工作成果，并提交必要的技术资料和有关质量证明。定作人应当验收工作成果。

（二）特别规定

1. 承揽人发现定作人提供的图纸或者技术要求不合理的，应当及时通知定作人。因定作人怠于答复等原因造成承揽人损失的，应当赔偿损失。

2. 定作人中途变更承揽工作的要求，造成承揽人损失的，应当赔偿损失。定作人可以随时解除承揽合同，造成承揽人损失的，应当赔偿损失。

3. 承揽工作需要定作人协助的，定作人有协助的义务。定作人不履行协助义务致使承揽工作不能完成的，承揽人可以催告定作人在合理期限内履行义务，并可以顺延履行期限；定作人逾期不履行的，承揽人可以解除合同。

4. 承揽人应当按照定作人的要求保守秘密，未经定作人许可，不得留存其复制品或技术资料。

五、承揽合同的格式

A. 承揽合同（示范文本 GF-2000-0303）

承揽合同

合同编号：_____

定做人：_____ 签订地点：_____

承揽人：_____ 签订时间：___年___月___日

第一条 承揽项目、数量、报酬及交付期限。

项目名称及内容	计量单位	数量	工作量（工时）	报酬		交付期限
				单价	金额	

合计人民币金额（大写）：

第二条 技术标准、质量要求：_____。

第三条 承揽人对质量负责的期限及条件：_____。

第四条 定作人提供技术资料、图纸等的时间、办法及保密要求：_____。

第五条 承揽人使用的材料由_____人提供。材料的检验方法：_____。

第六条 定作人（是/否）允许承揽项目中的主要工作由第三人来完成。可以交由第三人完成的工作是：_____。

第七条 工作成果检验标准、方法和期限：_____。

第八条 结算方式及期限：_____。

第九条 定作人在____年__月__日前交定金（大写）____元。

第十条 定作人解除承揽合同应及时书面通知承揽人。

第十一条 定作人未向承揽人支付报酬或材料费的，承揽人（是/否）可以留置工作成果。

第十二条 违约责任：_____。

第十三条 争议解决方式（略）。

第十四条 其他约定事项：_____。

定 作 人	承 揽 人	鉴（公）证意见
定作人（章）：	承揽人（章）：	鉴（公）证机关（章）：

B. 广告发布业务合同（示范文本 GF-1992-0305）

广告发布业务合同

广告客户或代理单位名称（以下称甲方）：_____

广告发布单位名称（以下称乙方）：_____

甲乙双方根据我国《广告法》及有关规定，签订本合同，并共同遵守。

一、甲方委托乙方于____年__月__日至____年__月__日发布_____广告。

二、广告发布媒介为：_____。

三、单位广告规格为：_____。

四、广告采用_____样稿（样带），未经甲方同意，乙方不得改动广告样稿（样带）。

五、乙方有权审查广告内容和表现形式，对不符合法律、法规的广告内容和表现形式，乙方应要求甲方做出修改，甲方做出修改前，乙方有权拒绝发布。

六、广告样稿（样带）为合同附件，与本合同一并保存。

七、广告单价_____元，加急费_____元，其他费用_____元，扣除优惠_____元，扣除代理费_____元，播出次数_____，总计_____元。

八、甲方应在_____年_____月_____日前将广告发布费付给乙方，付款方式_____。

九、违约责任：_____。

十、解决合同纠纷的方式：执行本合同发生争议，由当事人双方协商解决。协商不成，双方同意由_____仲裁委员会仲裁（当事人双方不在本合同中约定仲裁机构，事后又没有达成书面仲裁协议的，可向人民法院起诉）。

十一、其他事项_____。

十二、广告的编排方式（广告发布总条、次、时段、版面等）和发布时间表：_____。

广告客户或代理单位（甲方）	广告发布单位（乙方）	签（公）证意见
单位名称（章）：	单位名称（章）：	签（公）证机关（章）：

C. 音像制品复制合同（参考文本）*

音像制品复制合同

合同编号：_____

甲方（委托人）：_____　　签订地点：_____

乙方（承揽人）：_____　　签订时间：_____年_____月_____日

根据《中华人民共和国合同法》、《音像制品管理条例》以及音像行业规章的有关规定，就甲方委托乙方复制加工音像制品（影视节目光盘）事宜，双方经过协商签订如下合同。

第一条　加工品种、节目名称、数量、合同金额。

---

* 音像制品复制合同文本，也适用于图书印刷、电影拷贝洗印、软件光盘复录等加工业务。

1. 盘片加工。

节目名称	媒体形态	裸片价格	包装方式	包装价格	复制数量	合计

合计：_____片　　金额：

2. 母盘加工。

节目名称	媒体形态	母盘价格	制作数量	合计

合计：_____片　　金额：

3. 本合同总金额（人民币）：_____。

第二条　甲方应于____年__月__日前，向乙方提供 CD-R（母盘）和菲林片，同时出具国家新闻出版总署印制的《光盘复制加工委托书》原件予以乙方备案。如复制品种为境外音像制品或电子版出版物，甲方还应出具国家版权局核准的版权认证证书以及中华人民共和国文化部批准该节目引进出版物的相关文件。

第三条　甲方应在本合同签订之日起_____日内，向甲方预付合同总金额的_____%（作为定金）。

第四条　乙方应于____年__月__日前，向甲方交付音像制品成品。交货方式：_____；交货地点：_____。

第五条　音像制品成品的内包装、外包装费用由_____方负担；运输费用由_____方负担。

第六条　甲方应自收到加工成品之日起_____日内完成验收事宜；对验收不合格的成品，应在_____日内提出退货要求并办理相关手续；对验收合格的成品，应在_____日内付清已合格成品的其余加工款项。

第七条　有关素材与成品的技术衔接和质量事宜，双方达成以下共识：

1. 节目源的技术质量问题由甲方负责；乙方只能保证复制加工出的音像制品和甲方提供的节目源（CD、VCD、DVD）相一致。

2. 由于压缩技术的限制，压缩出来的 VCD 或 DVD 节目将和节目源有一定的差距。故而乙方压缩出的 VCD 或 DVD 节目（CD-R 或 DVD-R）须由甲方确认，甲方确认后的 CD-R 或 DVD-R 将作为大量复制加工制品的节目源。

3. 甲方提供的"彩样"、"样盘"与菲林的画面内容必须一致，乙方只根据甲方提供的菲林的画面进行印刷，因不一致造成的损失由甲方承担。

4. 甲方提供的菲林如果角度不一致，菲林在叠加时会出现网格，印刷画面就会出现网格。菲林经常会出现分色不准现象，甲方应事先声明印刷画面是以整体画面颜色为准，还是以画面的某个局部（如商标）颜色为准。若甲方未声明，乙方只能以印刷颜色整体效果为准。

5. 甲方提供的大面积浅网点菲林，印刷过程中会出现漏墨不均现象，从而使印刷画面深浅不一。甲方提供的"彩样"为胶印或喷墨打印，该"彩样"只作为颜色参考，印刷光盘不会与"彩样"完全一致。甲方提供的菲林上应显示网点密度的电分值，以备晒网版时作为参考。

第八条　对于甲方验收不合格的成品，双方要进行技术分析，分清责任。如属于甲方素材质量原因，乙方应在商定期限内重新复制并交付合格成品，额外加工费用由甲方负担。如属于乙方复制质量原因，乙方应在商定期限内重新复制并交付合格成品，额外加工费用由乙方负担。

第九条　甲方违约责任：

1. 甲方委托复制加工制品的节目内容如果违反音像行业法规以及规章的有关规定，乙方有权单方面解除合同，并可要求甲方赔偿乙方因此而蒙受的经济损失。如遇版权纠纷，须由甲方承担全部责任，并赔偿乙方因此而蒙受的经济损失。

2. 甲方未按合同规定时间付款，每延迟一天应向乙方支付合同总金额 5‰ 的违约金。

第十条　乙方违约责任：

1. 乙方擅自增加复制加工音像制品的数量并使之流向社会的，应当赔偿甲方因此而蒙受的经济损失。

2. 乙方未按合同规定时间交货，每延迟一天应向甲方支付合同总金额 5‰ 的违约金。

第十一条　争议解决方式（略）。

第十二条　本合同一式两份，甲乙双方各执一份，具有同等法律效力。

甲方：（盖章）　　　　　　　　乙方：（盖章）

代表：_____　　　　　　　代表：_____

D. 电视广告片制作合同（参考文本）*

电视广告片制作合同

合同编号：_____

甲方（广告主）：_____　　签订地点：_____

乙方（制作人）：_____　　签订时间：____年___月___日

就甲方商品（服务、企业形象）宣传而委托乙方制作电视广告片事宜，经双方友好协商，达成如下协议。

第一条　甲方委托乙方制作电视广告片。该片内容为展示甲方所生产商品（销售商品、服务项目、企业形象等）；长度为_____秒（或分钟）。

第二条　该片创意方案和脚本素材（包括文字、图片资料）由甲方于签约之日起_____日内提供。该片拍摄脚本由_____方负责编写；乙方享有技术性质修改权，甲方享有最终定稿权。该片拍摄脚本应于_____年___月_____日完成定稿。如遇双方认可的特殊情形，该完成定稿日期可以顺延。

第三条　该片制作周期____天，自该片拍摄脚本完成定稿之日起计算。如遇双方认可的特殊情形，该片制作周期可以适当延长。

第四条　该片制作经费为_____万元（人民币）。甲方应于签约之日起_____日内向乙方支付该项经费的____%（作为定金），该片拍摄脚本完成定稿之日（即开拍之日）支付_____%，其余款项于乙方交付完成片之日起____日内结清。

第五条　该片如需形象代言人出镜表演，由_____方负责聘用事宜。形象代言人的报酬不包含在前款制作经费内。如由乙方代理聘用形象代言人事宜，形象代言人及其报酬价位须经甲方的最终认可；甲方需向乙方支付相当于形象代言人报酬总额_____%的代理费。

第六条　该片制作过程中，允许甲方变更拍摄方案。如因变更方案减少场景、情节以及片长，甲方应付乙方的制作经费不予核减；如因变更方案增加场景、情节以及片长，或者重拍部分场景，甲方须向乙方支付相应追加的制作经费。

该片制作过程中，如遇不可抗力或无法防止外因（如自然灾害、交通事故、演员生病等）而导致制作周期延长，甲方应酌情追加制作经费，乙方须提交导致实际制作成本增加的相关证明。

---

* 电视广告片制作合同文本，也适用于路牌、车厢、霓虹灯、电子屏等媒介广告的制作业务。

第七条　该片制作过程中，甲方委派_____担任监制，与乙方制片人_____共同协商、协调拍片的具体事宜。

第八条　该完成片质量应当符合经双方确认的创意方案、拍摄脚本、修改意见和技术规程。如出现画面抖动、镜头穿帮、音像错位、音效混杂等质量问题，乙方负责补拍、补录以及后期制作并承担由此增加的成本费用。

第九条　乙方在约定期限向甲方交付该完成片母带后，甲方应按前款所述质量标准进行验收，并应在其后_____日内提出书面质量异议。凡甲方未在规定期限内提出书面异议或者已送电视台公开播放的，视作认可乙方所提交的工作成果，甲方应在规定期限内结清制作经费。

第十条　该片完成母带交付后，甲方基于该片投入使用效果或者在验收期以外时间对母带提议修改要求的，乙方有义务完成修改加工任务。双方可以补充协议，商定追加经费和完工日期。

第十一条　甲方享有该广告片文字脚本和影视作品版权；乙方享有在不影响甲方商业性利用权的前提下，以适当方式展示制作者的署名权和制作技术展览权。

第十二条　甲方保证所提交的广告证明及其广告行为，遵守了《中华人民共和国广告法》以及广告法规规章的有关规定。如所提交的广告证明材料存在虚假和非法问题，由甲方承担相应的行政责任、民事责任乃至刑事责任，并赔偿乙方因此而蒙受的经济损失。

第十三条　甲方保证所提供的广告创意方案、拍摄脚本素材和所审定的广告节目内容，既不含有任何侵犯他人版权、商标权、专利权、肖像权、名誉权、隐私权等的内容，也未施以法律禁止的不正当竞争行为。如由上述的原因引发法律纠纷，由甲方承担全部的法律责任，并赔偿乙方因此而蒙受的经济损失。

第十四条　乙方保证该片制作过程中未选用他人享有版权的文字、图片、音乐、影视资料（或凡选用他人享有版权的文字、图片、音乐、影视资料均已给付法定报酬），也没有摄录他人依法有权拒绝的场景、肖像。如由上述的原因引发民事纠纷，由乙方承担全部的侵权责任，并赔偿甲方因此而蒙受的经济损失。

第十五条　乙方对甲方提供的广告创意方案、拍摄脚本素材负有保密义务。未征得甲方的书面同意，乙方不得将该广告片及其素材资料用于本合同规定之外的任何其他客户或其他商业目的。

第十六条　如果在本合同履行过程中甲方取消该项委托制作任务，甲方应当给付乙方制作经费总额_____%的违约金（或不得收回定金），并补偿乙方的实际经济损失。

第十七条 如果甲方延期支付制作经费,甲方应当给付乙方制作经费总额＿＿＿％的违约金。

第十八条 如果乙方延期交付工作成果,乙方应当给付甲方制作经费总额＿＿＿％的违约金。该项违约金可以从应付乙方实际制作经费总额中抵扣。

第十九条 争议解决方式(略)。

第二十条 本合同之签字之日起生效。本合同一式两份,甲乙双方各执一份为凭。

甲方:＿＿＿＿＿＿＿＿　　　乙方:＿＿＿＿＿＿＿＿

代表:＿＿＿＿＿＿＿＿　　　代表:＿＿＿＿＿＿＿＿

E. 会议速录合同(参考文本)

会议速录合同

甲方(委托人):＿＿＿＿＿＿　　合同编号:＿＿＿＿＿＿＿＿

乙方(承揽人):＿＿＿＿＿＿　　签订地点:＿＿＿＿＿＿＿＿

签订时间:＿＿＿年＿＿月＿＿日

甲方决定使用乙方提供的速录服务,双方本着公平、自愿的原则签订本合同。

第一条 甲方的义务

1. 甲方如需速录服务,应提前＿＿＿＿天将速录的时间、地点、内容等相关信息及时告知乙方,乙方安排速录人员。

2. 甲方为乙方速录人员进行正常的录入工作提供尽可能的合理、便利条件,包括顺利进入速录现场,提供充足的电源插座,在速录现场距离音源较近、视线较好的位置安排速录人员席位等。

3. 甲方提供记录内容的相关资料(如速录对象名单、相关的专业术语等),以便乙方工作人员更出色地完成中文速录工作。

4. 如速录现场允许录音(录像)应对重要内容进行实况录音(录像),以防发生意外情况时进行补记。

5. 甲方因故取消速录服务,需在速录服务开始前一天的法定工作时间内告知乙方。

第二条 乙方义务

1. 按照甲方的要求，保证派出约定数量的速录人员，并提前半小时到达会议现场，如甲方要求乙方更早到达，乙方将适当收取费用。

2. 根据速录对象的讲话实时进行中文速录，并保证记录质量，不得出现较多的误录、错录和漏录。准确率应保证达到95%以上。

3. 现场速录结束后，乙方应对录入资料进行检查整理，并将电子文本资料交给甲方。速录资料将在乙方计算机内存留一周，在此期间甲方可要求乙方随时复制或发送邮件。

4. 乙方必须对速录内容进行保密，不得以任何形式转交他人。如甲方要求，乙方可在速录服务结束后，在甲方的监督下当场将本次记录内容完全删除。

5. 乙方因故无法按甲方要求提供服务，则需在速录服务开始前一天的法定工作时间内告知甲方。

第三条 服务费用及结算方式

1. 乙方采用先服务后付费的结算方式。每次速录服务结束后，由甲方负责人员在乙方速录人员出具的《速录服务任务单》上签字，确认服务费用金额，并据此结算。

2. 速录服务收费标准：

（1）_____元/天（8小时以内），_____元/半天（4小时以内）。

（2）速录服务时间超过约定时限，甲方需对延时部分向乙方支付"速录服务延时费"。"速录服务延时费"按_____元/小时计算，延时不足30分钟免收费用，延时超过30分钟按1小时计费；晚7点以后，延时两小时以上加倍计费。

3. 在本市城区范围内（不含远郊区县）服务时，乙方的交通费用自负。如有外地速录服务任务，速录员的交通、食宿费用由甲方负担，速录服务价格双方协商。

第四条 保密条款

1. 未经对方许可，任何一方不得向第三方（有关法律、法规、政府部门、证券交易所或其他监管机构要求和双方的法律、会计、商业及其他顾问、雇员除外）泄露本合同条款的任何内容以及本合同的签订及履行情况，以及通过签订和履行本合同而获知的对方及对方关联公司的任何信息。

2. 本合有效期内及终止后，本保密条款仍具有法律效力。

第五条 不可抗力条款

1. "不可抗力"是指合同双方不能克服、不可预见或即使预见也无法避免的事件，该事件妨碍、影响或延误任何一方根据合同履行其全部或部分义务。该事件包括但不限于政府行为、自然灾害、战争或任何其他类似事件。

2. 出现不可抗力事件时，知情方应及时、充分地向对方以书面形式发通知，并告知对方该类事件对本合同可能产生的影响，应当在合理期限内提供相关证明。

3. 由于以上所述不可抗力事件致使合同的部分或全部不能履行或延迟履行，则双方于彼此间不承担任何违约责任。

第六条　违约责任

1. 任何一方违反本合同项下的任何规定，均应当承担违约责任；给对方造成损失的，应赔偿对方由此所遭受的直接和间接经济损失。

2. 若甲方无故取消速录服务，又未在本协议约定的时间内告知乙方时，则甲方应按该次速录服务约定金额全额赔付。甲方若变更速录服务时间，应提前告知乙方，如未告知，乙方按时到达，则按约定起始时间累计收取速录费用。

3. 如因乙方自身原因，未按时提供速录服务又未在本合同约定的时间内告知甲方时，则乙方免费为甲方提供相同时间的速录服务。

第七条　本合同未尽事宜或产生纠纷，双方本着诚实、信用的原则友好协商解决。如果协商不成，任何一方可向＿＿＿市＿＿＿区人民法院提起诉讼。

第八条　本合同一式两份，甲乙双方各执一份，具有同等法律效力。

甲　　方：＿＿＿＿＿＿　　　　乙　　方：＿＿＿＿＿＿
代　　表：＿＿＿＿＿＿　　　　代　　表：＿＿＿＿＿＿
住　　所：＿＿＿＿＿＿　　　　住　　所：＿＿＿＿＿＿
联系电话：＿＿＿＿＿＿　　　　联系电话：＿＿＿＿＿＿
电子邮箱：＿＿＿＿＿＿　　　　电子邮箱：＿＿＿＿＿＿

F. 资料翻译合同（参考文本）

资料翻译合同

合同编号：＿＿＿＿＿＿

甲方（委托人）：＿＿＿＿＿＿　　签订地点：＿＿＿＿＿＿

乙方（承揽人）：＿＿＿＿＿＿　　签订时间：＿＿＿＿年＿＿月＿＿日

甲方委托乙方翻译＿＿＿＿＿＿项目资料，双方本着公平、自愿的原则签订本合同。

第一条　甲方应于签约之日起＿＿＿＿＿＿天内向乙方交付资料。乙方应按照甲方要求，对甲方资料采取相应的保密措施。乙方应在交付翻译资料后____天内删除原文和译文。

第二条　乙方应严格按照翻译标准操作程序和保证译文翻译质量进行翻译。乙方应于_____年____月____日前完成翻译工作并交付翻译资料。甲方如有特殊翻译要求的，应在交付资料前向乙方申明。

第三条　甲方支付乙方翻译酬金总额为（人民币）_____元。甲方应于签约之日起____天内预付翻译酬金总额的____%作为定金，其余酬金应于乙方交付翻译资料后____天内结清。

第四条　在本合同履行过程中，如甲方提出增加注释、说明等资料内容要求而延长了翻译工作时间，则乙方交付翻译资料时间合理顺延；增加的翻译工作量需另外计费。如甲方遇非人为因素（如原定项目下马致使翻译资料丧失应用价值）而导致不能履行合同，应及时告知乙方，并协商解决。

第五条　乙方译文翻译质量未能达到基本要求（如明显存在专业术语误译）的，应当负责返工修改。

第六条　乙方交付翻译资料（包括因返工修改）延期，且影响甲方工作进度的，乙方应承担翻译酬金总额的____%的违约金，并可从应付乙方翻译酬金总额中抵扣。

第七条　本合同如有未尽事宜，经协商双方签订补充协议。补充协议为本合同的必要组成部分。

第八条　本合同一式两份，甲乙双方各执一份为凭。

甲　　方：_____　　乙　　方：_____
代　　表：_____　　代　　表：_____
住　　所：_____　　住　　所：_____
联系电话：_____　　联系电话：_____
电子邮箱：_____　　电子邮箱：_____

G. 同声翻译合同（参考文本）

同声翻译合同

合同编号：_____
甲方（委托者）：_____　　签订地点：_____
乙方（服务者）：_____　　签订时间：____年____月____日

第一条　甲方委托乙方提供_____名_____语译员担任_____类_____翻译工作，双方本着公平、自愿的原则签订本合同。

第二条　甲方选定译员后，自_____年_____月_____日至_____年_____月_____日任用，任用期限为_____天（其中包括为期_____天的试用期，试用期内甲方不满意译员翻译工作的，有权要求乙方换人）。工作地点为_____。

第三条　译员服务时间为每周5个工作日，每天工作8小时，按法定节假日休假，如需加班由甲方与译员自行协调。译员实际服务时间应以甲方工作日程表和甲方有关人员签发的加班通知（并经译员签字确认）为核定依据。译员正常上班翻译服务费为_____元/天；正常加班翻译服务费为_____元/小时。

第四条　甲方应于签约之日起_____天内支付约定的翻译服务费总额（翻译服务费标准×任用天数）的_____%作为定金，其余部分和译员实际加班翻译服务费应于任用期限届满后_____天内结清。

第五条　甲方负担译员的交通、食宿费用。译员住宿费标准为_____元/天；伙食费标准为_____元/天。甲方应提请译员注意安全事项并提供必要的安全防范措施。译员在任用期间的人身意外伤害保险的保费，由_____方负责交纳。

第六条　乙方译员应尽力提供正确无误的翻译服务。如译员在任用期间内出现不能胜任翻译、严重违反乙方规章制度或向外籍人员收取小费等情况的，甲方有权立即停止译员服务并及时通知乙方更换译员；译员更换后仍出现上述情况的，则乙方有权终止合同。提前终止合同后，按实际的任用天数和加班时间结算翻译服务费。

第七条　乙方译员在任用期内损毁公私财物、致人身体伤害后由甲方垫付赔偿费用的，甲方有权在结算翻译服务费总额中予以抵扣（需附相关证明）。

第八条　双方以及乙方译员应对在本合同履行过程中所获知的对方商业秘密予以严格保守，未经对方认可不得擅自向任何第三人泄露。

第九条　本合同如有未尽事宜，经协商双方签订补充协议。补充协议为本合同的必要组成部分。

第十条　本合同一式两份，甲乙双方各执一份为凭。

甲　　方：_____　　甲　　方：_____
代　　表：_____　　代　　表：_____
住　　所：_____　　住　　所：_____
电话/传真：_____　　电话/传真：_____

H. 影像摄影合同（参考文本）

影像摄影合同

合同编号：_____

甲方（委托人）：_____　　签订地点：_____
乙方（承揽人）：_____　　签订时间：____年__月__日

甲方委托乙方提供（婚纱、婚礼、艺术、集会、游览）摄影服务，双方本着公平、自愿的原则签订本合同。

第一条　服务内容。

1. 拍摄内容类别（婚纱、写真、集会、游览）：_____。
2. 摄影成品类型（照片、相册、光盘、U盘）：_____。
3. 日期约定：拍摄日期_____，看样日期_____，取件日期_____。
4. 拍摄照片/录像约定：_____，拍摄照片总张数（录像总长度）一般不超过入册张数（刻录光盘长度）的_____倍。
5. 拍摄场景约定：_____，外景地点为_____，外景拍摄产生的交通等费用由_____方承担。
6. 后期制作约定：_____，甲方如需增加入册照片数量（录像刻录长度）须按_____元/张（_____元/分钟）收费；甲方如需在约定日期之前取得照片、相册、光盘、U盘等成品，须按_____元/日向乙方支付加急费。
7. 服装约定：_____，拍摄时提供服装可在本店_____服饰区域任选，超出服饰区域的服装以_____元/套的价格使用。
8. 造型化妆约定：_____，甲方需另付费项目_____，收费标准为_____。
9. 其他约定：_____。

第二条　摄影服务费及付款方式。

甲方向乙方支付摄影服务费总额为人民币（大写）_____元；双方商定按照下列第_____种方式付款：

1. 一次付款：于_____年__月__日一次总付结清。
2. 分次付款：签约当日支付摄影服务费总额的_____%作为定金；拍摄当日或取件当日付清余款和清算其他收费项目费用。
3. 其他付款方式：_____。

第三条 甲方的义务。

1. 应按约定期限支付摄影服务费用。

2. 应按约定日期和要求拍照、看样及取件。

3. 因故变更拍摄时间，须提前_____日告知乙方并征得乙方认可。

第四条 乙方的义务。

1. 应按约定日期提供摄影服务，并保证拍摄质量及成品质量。

2. 受托加工制作的相框、相册在正常保存情况下_____年内出现了开胶、变形或脱色等质量问题的，应无偿返工制作。

3. 未经征得对方认可，不得擅自使用甲方享有肖像权的照片及影像资料。

第五条 违约责任。

1. 因甲方随意变更约定拍照日期、拍摄内容而导致乙方窝工、停工的，甲方应承担摄影服务费总额的_____%的违约金。

2. 因乙方无故延迟到达拍摄现场、摄影设备故障而导致甲方特定事项活动延期进行的，甲方应承担摄影服务费总额的_____%的违约金。

3. 因乙方操作不当造成拍摄质量问题或影像资料丢失的，经甲方同意由乙方按原拍摄套系内容重拍，并按摄影服务费总额的_____%给付补偿金；若乙方不同意重新拍摄，甲方应退还已收取的摄影服务费，并按摄影服务费总额的_____%给补偿金。

4. 因不可抗力因素导致任何一方延迟履行合同乃至不能履行合同的，由各方自行承担本方所蒙受的经济损失。

第六条 补充协议。

本合同履行过程中如有未尽事宜，经双方协商可以签订补充协议。补充协议为本合同的必需组成部分。

第七条 争议解决方式（略）。

第八条 本合同一式两份，甲乙双方各执一份，具有同等法律效力。

甲方：_____ 乙方：_____

代表：_____ 代表：_____

第六节 技术合同

一、技术合同的概念及特征

技术合同是指当事人就技术开发、转让、咨询或者服务订立的确立相互之间权利和义务的合同。技术合同是技术开发合同、技术转让合同、技术咨询合同和技术服务合同的总称。通过订立技术合同，引进新技术和开发新产品，可以加速科学技术成果的转化、应用和推广，提高文化企业的市场竞争实力。

技术合同具有以下法律特征：①合同的标的是提供技术的行为。②是双务、有偿、诺成合同。③合同的履行环节多，履行期限长，价款或报酬的计算较为复杂。④可以是要式合同，也可以是不要式合同。⑤是《合同法》规范的有名合同。

二、技术合同的分类

技术合同根据权利义务关系的不同，可以分为以下四种类型：

（一）技术开发合同

技术开发合同是指当事人之间就新技术、新产品、新工艺或者新材料及其系统的研究开发而订立的合同。技术开发合同可细分为委托技术开发合同和合作技术开发合同。

（二）技术转让合同

技术转让合同是指当事人之间就技术成果转让或许可而订立的合同。技术转让合同还可细分为专利权转让合同、专利申请权转让合同、技术秘密转让合同和专利实施许可合同。

（三）技术咨询合同

技术咨询合同是指当事人之间就特定技术项目提供可行性论证、技术预测、专题技术调查或分析评价报告而订立的合同。

（四）技术服务合同

技术服务合同是指当事人一方以技术知识为另一方解决特定技术问题而订立的合同。有必要指出，承揽工程勘察、设计项目合同（即建设工程合同和承揽合同）不列入技术服务合同的范畴内。技术服务合同还可细分为辅助技术服务合同和传授科技知识合同。前者包括产品设计合同、工艺编制合同、测试分析合同、计算机程序编制合同等，后者包括技术培训合同、技术中介服务合同等。

与前三类技术合同相比，技术服务合同有其特点。服务方所运用的技术知识是现有的技术，不包括开发性的技术成果，也不包括专利技术和专有技术，不存在技术权属的转移，无需约定技术成果的归属及分享条款，并对实施的结果承担责任。

三、技术合同的规范要点

（一）一般规范

1. 技术合同价款、报酬或使用费的支付方式由当事人约定，可以采取一次总算、一次总付或一次总算、分期支付，也可以采取提成支付或提成支付附加预付入门费的方式。

约定提成支付的，可以按照产品价格、实施专利和使用技术秘密后新增的产值、利润或产品销售额的一定比例提成，也可以按照约定的其他方式计算。提成支付的比例可以采取固定比例、逐年递增比例或逐年递减比例。约定提成支付的，当事人应当在合同中约定查阅有关会计账目的办法。

2. 非法垄断技术、妨碍技术进步或侵害他人技术成果的技术合同无效。

（二）技术开发合同的规范

1. 委托开发合同的委托人应当按照约定支付研究开发经费和报酬；提供技术资料、原始数据；完成协作事项；接受研究开发成果。

2. 委托开发合同的研究开发人应当按照约定制订和实施研究开发计划；合理使用研究开发经费；按期完成研究开发工作，交付研究开发成果，提供有关的技术资料和必要的技术指导，帮助委托人掌握研究开发成果。

3. 因作为技术开发合同标的的技术已经由他人公开，致使技术开发合同的履行没有意义的，当事人可以解除合同。

4. 在技术开发合同履行过程中，因出现无法克服的技术困难，致使研究开发失败或部分失败的，该风险责任由当事人约定。没有约定或约定不明确的，风险责任由当事人合理分担。

（三）技术转让合同的规范

1. 技术转让合同可以约定让与人和受让人实施专利或使用技术秘密的范围，但不得限制技术竞争和技术发展。

2. 专利实施许可合同只在该专利权的存续期间内有效。专利权有效期限届满或专利权被宣布无效的,专利权人不得就该专利与他人订立专利实施许可合同。

3. 技术秘密转让合同的让与人应当按照约定提供技术资料,进行技术指导,保证技术的实用性、可靠性,承担保密义务;受让人应当按照约定使用技术,支付使用费,承担保密义务。

4. 技术转让合同的让与人应当保证自己是所提供的技术的合法拥有者,并保证所提供的技术完整、无误、有效,能够达到约定的目标;受让人应当按照约定的范围和期限,对让与人提供的技术中尚未公开的秘密部分,承担保密义务。

5. 让与人未按照约定转让技术的,应当返还部分或全部使用费,并承担违约责任;实施专利或使用技术秘密超越约定的范围的,违反约定擅自许可第三人实施该项专利或使用该项技术秘密的,应当停止违约行为,承担违约责任;违反约定的保密义务的,应当承担违约责任。

6. 受让人未按照约定支付使用费的,应当补交使用费并按照约定支付违约金;不补交使用费或者支付违约金的,应当停止实施专利或者使用技术秘密,交还技术资料,承担违约责任;实施专利或使用技术秘密超越约定的范围的,未经让与人同意擅自许可第三人实施该专利或使用该技术秘密的,应当停止违约行为,承担违约责任;违反约定的保密义务的,应当承担违约责任。

7. 受让人按照约定实施专利、使用技术秘密侵害他人合法权益的,由让与人承担责任,但当事人另有约定的除外。

8. 当事人可以按照互利的原则,在技术转让合同中约定实施专利、使用技术秘密后续改进的技术成果的分享办法。

(四) 技术咨询合同的规范

1. 技术咨询合同的委托人应当按照约定阐明咨询的问题,提供技术背景材料及有关技术资料、数据;接受受托人的工作成果;支付报酬。

2. 技术咨询合同的受托人应当按照约定的期限完成咨询报告或解答问题,提出的咨询报告应当达到约定的要求。

3. 技术咨询合同的委托人未按照约定提供必要的资料和数据,影响工作进度和质量,不接受或逾期接受工作成果的,支付的报酬不得追回,未支付的报酬应当支付。技术咨询合同的受托人未按期提出咨询报告或提出的咨询报告不符合约定的,应当承担减收或免收报酬等违约责任。

4. 技术咨询合同的委托人按照受托人符合约定要求的咨询报告和意见做出决策所造成的损失,由委托人承担,但当事人另有约定的除外。

(五) 技术服务合同的规范

1. 技术服务合同的委托人应当按照约定提供工作条件,完成配合事项;接受工作成果并支付报酬。

2. 技术服务合同的受托人应当按照约定完成服务项目，解决技术问题，保证工作质量，并传授解决技术问题的知识。

3. 技术服务合同的委托人不履行合同义务或履行合同义务不符合约定，影响工作进度和质量，不接受或逾期接受工作成果的，支付的报酬不得追回，未支付的报酬应当支付。

4. 技术服务合同的受托人未按照合同约定完成服务工作的，应当承担免收报酬等违约责任。

四、技术合同的格式

A. 委托技术开发合同（参考文本）

委托技术开发合同

甲方（委 托 人）：_____
乙方（研究开发人）：_____

甲方有意通过采用_____领域新技术（新材料、新工艺），提升本企业产品品质和扩大市场占有份额，经与乙方充分协商，签订本合同。

第一条 项目名称：_____。

第二条 本项目研究开发成果应当达到的技术水平：_____。

第三条 甲方的义务：

1. 甲方向乙方支付的项目投资总额为人民币_____万元。其中：设备费_____万元，材料费_____万元，试验费_____万元，试制费_____万元，安装费_____万元，调试费_____万元，技术资料（含技术成果文件编制）费_____万元。

2. 项目投资按照第_____种支付方式给付乙方：①实报实销的方式；②一次总算，分期支付，包干使用的方式；③研究开发经费加提成费的方式。

3. 甲方应向乙方提供下列技术背景资料和原始数据：_____。

4. 甲方在项目研发过程中应向乙方提供下列协助事项：_____。

5. 甲方接受项目研发成果时应及时办理下列相关事项：_____。

第四条 乙方的义务：

1. 制订和实施项目研究开发计划（包括分阶段解决的主要技术问题、达到的研发目标和完成时间）。

2. 乙方对研究开发经费的使用，应专款专用，不得挪作他用。

3. 乙方应于_____年____月____日前在_____地向甲方交付约定的项目研究开发成果（可以根据具体情况约定一次或分期提交项目研究开发成果）。

4. 乙方应在交付项目研究开发成果后提供必要的技术指导和技术服务工作。

第五条　甲方的违约责任：

1. 甲方迟延支付研究开发经费，造成研究开发工作停滞、延误的，甲方应当给付数额为项目投资总额_____%的违约金。

2. 甲方未按照约定提供技术背景资料、原始数据和办理协作事项，或者所提供的技术背景资料、原始数据和办理协作事项有重大缺陷，导致研究开发工作停滞、延迟、失败的，甲方应当承担相应责任：①对乙方实施的项目研究开发计划应予合理的顺延；②如给乙方实施的项目研究开发计划造成材料、工费浪费的，甲方应予合理的补偿。

3. 甲方逾期_____个月以上不提供技术背景资料、原始数据或不办理协作事项的，乙方有权解除合同，甲方应当给付数额为项目投资总额_____%的违约金。

第六条　乙方的违约责任：

1. 乙方未按计划实施研究开发工作的，甲方有权要求其实施研究开发计划并采取相应的补救措施。乙方逾期_____个月以上不实施研究开发计划的，甲方有权解除合同。乙方应当支付数额为项目投资总额_____%的违约金。

2. 甲方将研究开发经费用于履行合同以外的目的，甲方有权制止并要求其退还相应的经费用于研究开发工作。因此造成提交项目研究开发成果延期的，乙方应当给付数额为项目投资总额_____%的违约金。

3. 项目研究开发成果部分或者全部不符合约定条件的，乙方应当返还部分或全部研究开发经费，并给付数额为项目投资总额_____%的违约金。

第七条　研究开发成果的归属和分享：_____。

第八条　保密条款：在本合同有效期限内，双方当事人应对下列技术成果资料承担保密义务：_____。在本合同有效期限届满后_____年内，双方当事人应对下列技术成果资料承担保密义务：_____。

第九条　补充协议：在本合同履行过程中，双方可以就协作事项、验收工作、技术指导和技术服务等合作事务签订补充协议。补充协议为本合同必要的组成部分。

第十条　技术风险的承担：在本合同履行过程中，因出现无法克服的技术困难或障碍，导致项目研究开发失败或部分失败的，由此造成的风险损失由_____方负担（或者由甲乙双方共同分担）。
第十一条　验收的标准和方法：_____。
第十二条　争议解决方式（略）。
第十三条　有关名词和术语的解释：_____。
第十四条　本合同自双方签字、盖章之日起生效。本合同一式两份，甲乙双方各执一份，具有同等法律效力。

甲　　方：_____　　　　　　甲　　方：_____
代　　表：_____　　　　　　代　　表：_____
住　　所：_____　　　　　　住　　所：_____
开户银行：_____　　　　　　开户银行：_____
账　　号：_____　　　　　　账　　号：_____
签字日期：_____　　　　　　签字日期：_____

B. 专利实施许可合同（参考文本）*

专利实施许可合同

甲方（许可人）：_____
乙方（被许可人）：_____

甲方拟将自主研发的（如仿制古画工艺、电子玩具实用新型、嫦娥奔月外观设计）专利许可给乙方生产应用，双方经友好、充分协商，签订本合同。

第一条　专利名称：_____。
专利申请人：_____；专利权人：_____；
专利号：_____；专利有效期限：_____；
本专利权的保护范围：_____。
第二条　本实施许可合同的授权性质：_____。
（注：合同须明确授权性质是独占实施许可、排他实施许可，还是普通实施许可。独占实施许可是指排除许可人和任何第三人使用该专利的许可；排他实施许可是指排除任何第三人使用该专利的许可；普通实施许可是指可有若干个被许可人使用该专利的许可。）

---

* 专利实施许可合同的双方当事人，可以是自然人（如非职务发明专利权人），也可以是法人单位。

第三条 本实施许可合同的授权范围：_____。
（注：合同须明确授权的地域范围、期限范围、使用方式范围。）

第四条 甲方承担支付专利年费的义务（也可以约定由乙方支付专利年费，但应从乙方支付给甲方的专利许可使用费中扣还该笔专利年费）。

第五条 甲方应合同生效之日起_____天内，向乙方提供下列专利技术资料并提供相应的技术指导：_____。

第六条 专利许可使用费及支付方法采用下列第_____种方式。

1. 一次支付方式。许可使用费总金额（人民币）_____万元，于_____年_____月_____日前支付结清。

2. 分期支付方式。许可使用费总金额（人民币）_____万元，为分期支付结算：_____。

3. 入门费加提成费方式。

（1）入门费（人民币）_____万元，于_____年_____月_____日前支付结清。

（2）提成费按年销售额（或年毛利润额）的_____%计算提取，当年的提成费于下一年度1月31日前支付结清。

第七条 甲方承诺对本专利技术的下列技术指标承担保证义务：_____。

当本专利技术在实施中达不到约定的技术指标时，甲方应退还全部（或部分）使用费，并补偿乙方由此蒙受的经济损失。

第八条 甲方不对实施本专利技术可能产生的经济效益（诸如产值、销售额、利润等）承担保证义务。

第九条 甲方向乙方保证，在本合同订立时，本专利权不存在如下缺陷：①该专利权受物权或抵押权的约束。②本专利权的实施受到另一个现有的专利权的限制。③有专利先用权的存在。④有强制许可证的存在。⑤有被政府采取"计划推广许可"的情况。⑥本专利权项下的发明属于非法所得。

第十条 当本专利技术在实施中达不到约定的技术指标时，甲方应退还全部（或部分）专利许可使用费，并补偿乙方由此而蒙受的经济损失。

第十一条 在本合同履行过程中，如发生第三方提出的侵权诉讼，应由甲方到庭应诉并承担相应的法律责任。本合同生效后如发生专利权被告无效的情况，合同随之解除。在专利无效宣告确定前，乙方已经支付的专利许可使用费不得请求甲方返还。

第十二条 专利产品验收标准和方法：_____。

如专利产品验收不合格时，双方应委派有关人员协商和调查原因，并确定双方的责任。

第十三条　甲方的违约责任：

1. 甲方未交专利年费而导致专利权失效的，应向乙方支付_____万元的违约金。

2. 甲方授权乙方独占实施许可使用，在已许可乙方实施专利的范围内自己又实施本专利技术的，甲方应当停止该专利实施行为并向乙方支付_____万元的违约金。甲方授权乙方独占实施许可使用或排他实施许可使用，在已许可乙方实施专利的范围内又就同一专利与第三人订立专利实施许可合同的，甲方应向乙方返还违约所得并支付_____万元的违约金。

第十四条　受让方的违约责任：

1. 乙方逾期_____个月以上不支付专利许可使用费的，甲方有权解除合同。乙方应当补交专利使用费，并支付_____万元的违约金。

2. 乙方实施专利超越合同约定的范围，或者未经甲方许可擅自与第三人订立专利再许可合同，乙方应当返还违约所得并支付_____万元的违约金。

第十五条　专利技术改进的分享办法。双方各自在本专利技术基础上所做出的新的发明创造的专利申请权，归属做出发明创造的一方所有，但另一方有权优先有偿使用该专利技术新成果。

第十六条　补充协议。在本合同履行过程中，双方可就验收工作、技术指导和技术服务等合作事务签订补充协议。补充协议为本合同必要的组成部分。

第十七条　争议解决方式（略）。

第十八条　有关名词和术语的解释：_____。

第十九条　本合同自签字之日起生效。本合同一式两份，甲乙双方各执一份为凭。

甲　　方：_____　　　乙　　方：_____
代　　表：_____　　　代　　表：_____
住　　所：_____　　　住　　所：_____
开户银行：_____　　　开户银行：_____
账　　号：_____　　　账　　号：_____
签字日期：_____　　　签字日期：_____

C. 技术咨询合同（示范文本）*

技术咨询合同

鉴于：本合同签约各方就本合同书中所述技术秘密的技术内容、成本权益、收益分配、费用支付、违约责任以及与之相关的技术和其资料等内容经过平等协商，在真实、充分地表达各自意愿的基础上，根据《中华人民共和国合同法》之规定，达成如下协议，由签约各方共同恪守。

第一条　签约方
甲方（委托方）：_____
乙方（受托方）：_____

第二条　合同性质
本合同属于技术咨询合同。

第三条　签约时间地点
本合同由上述签约方于_____年____月____日_____签订。

第四条　项目名称（用简明，规范的专业术语概括本合同针对的特定技术项目：_____。

第五条　咨询内容
5.1　本合同所要解决的特定技术问题是：_____。
5.2　咨询要求：
5.3　咨询方式：

第六条　计划安排
6.1　受托方进行咨询的地点：_____
6.2　受托方进行咨询的进度安排：_____

第七条　工作条件
7.1　委托方为受托方提供如下条件（包括资料、数据、样品、材料等）：_____。
7.2　提供上述条件的时间及方式：_____

第八条　保密条款
8.1　保密范围：_____
8.2　保密期限：_____

---

* 本合同书是由科技部监制的示范文本，被作为技术合同认定登记部门的统一格式文本。

第九条 实施风险责任

委托方按照受托方符合约定要求的咨询报告和意见做出决策所造成的损失,按如下方式承担:

9.1 按照法律规定处理□。

9.2 按照约定承担□。约定承担方式如下:_____。

第十条 验收标准及方法

10.1 受托方交付载体:_____。

10.2 验收时间、地点:_____。

10.3 验收方法:_____。

第十一条 费用及支付方式

11.1 本合同费用总额为_____元,其中:①技术咨询报酬为_____元。②购置相关设备、资料等费用为_____元。③调查研究、分析论证、试验测定等经费为_____元。

11.2 本合同费用,按以下第_____种方式支付:①一次总付,支付时间和方式:_____。②分期支付,支付时间和方式:_____。③其他方式约定如下:_____。

第十二条 费用结算办法

12.1 费用使用方式:①包干使用□。②按实际支出使用□。

12.2 实际支出后的结余费用,签约方按如下约定处理:_____。

12.3 技术咨询过程中购置的相关设备、器材、资料等财产按如下约定处理:_____。

第十三条 违约责任

13.1 任何签约方违反本合同第_____条、第_____条、第_____条、第_____条、第_____条中的任何一条,按以下第_____种方式承担违约责任:①支付_____元违约金。②按合同总标的_____%支付违约金。③按实际损失支付赔偿金;实际损失的范围和计算方法为:_____。④其他计算方式:_____。

13.2 违约方承担违约责任后,签约方约定本合同内容:①继续履行□。②不再履行□。③是否履行再行协商□。

第十四条 合同的变更

签约方确认,在履行合同过程中对于具体内容需要变更的,由签约各方另行协商并书面约定,作为本合同的变更文本。

第十五条 合同的解除

15.1 在合同履行过程中,发生以下情形之一的,签约方可在_____日内通知对方解除合同：①因对方违约使合同不能继续履行或没有必要继续履行。②其他约定情形：_____。

15.2 合同解除后，对于已履行部分给签约方造成的实际损失，双方按如下约定承担：_____。

第十六条 争议解决方式（略）

第十七条 名词解释

为避免签约各方理解上的分歧，签约方对本合同及相关补充内容中涉及的有关名词及技术术语，特作如下确认：_____。

第十八条 补充约定

18.1 签约方确定以下内容作为本合同的附件，并与本合同具有同等效力：_____。

18.2 其他需要补充约定的内容：_____。

第十九条 合同生效

本合同一式_____份，经双方签字盖章后生效，到_____止。

甲方（盖章）：_____　　　乙方（盖章）：_____
法定代表人（签字）：_____　　法定代表人（签字）：_____
住所地：_____　　住所地：_____
邮政编码：_____　　邮政编码：_____
电话：_____　　电话：_____
传真：_____　　传真：_____
电子信箱：_____　　电子信箱：_____
开户银行：_____　　开户银行：_____
账号：_____　　账号：_____
签订地点：_____　　签订地点：_____
_____年____月____日　　　　　_____年____月____日

附件

认定登记事项：_____

登记编号：_____

认定意见：_____

登记员（签字）：_____

登记机关（盖章）：_____

D. 珠宝鉴定合同（参考文本）*

珠宝鉴定合同

合同编号：_____

甲方（委托人）：_____　　签订地点：_____

乙方（受托人）：_____　　签订时间：____年___月___日

甲方将其珠宝委托乙方鉴定，为此双方签订本合同。

第一条　珠宝样品名称、品质、规格、件数：_____。

第二条　前款"珠宝样品名称"系甲方送检时自己认为的名称，实际名称应以乙方最终检测/检验结果为准。

第三条　甲方对乙方出具的检测/检验报告或鉴定证书有特殊要求，对检测/检验结果有测量不确定度要求的，应在《珠宝样品送检/领取单》"送检要求"栏内简要说明。

第四条　珠宝检测（检验/鉴定）费为人民币（大写）_____元，甲方应于送交珠宝样品当日将该项服务费全额支付给乙方。

第五条　乙方应当严格遵循鉴定质量承诺，保证所出具的检测/检验报告和鉴定证书的科学性、公正性和准确性。

第六条　甲方在取回珠宝样品/报告/证书时，应出示《珠宝样品送检/领取单》。如委托他人代为领取，还需出示被委托人的有效身份证件。

第七条　甲方如丢失《珠宝样品送检/领取单》，须在约定取样时间前到乙方处报失，报失后凭甲方有效身份证件办理领取手续。如因甲方报失延误而导致送检样品被他人冒领的，乙方不负赔偿责任。

第八条　甲方如对检测/检验报告或鉴定证书有异议，应在收到检测/检验报告或鉴定证书之日起10天内提出书面申诉；申诉人若对送检样品提出复检要求的，应保持送检样品的初始状态。

第九条　如因地震、火灾、水灾、战争、社会骚乱等不可抗力因素导致送检样品损坏、遗失的，乙方不负赔偿责任。

第十条　如因乙方工作人员失职导致送检样品损坏、遗失的，或者渎职将送检样品以假充真的，乙方应负赔偿责任。

第十一条　如因乙方出具失实、虚假的检测/检验报告或鉴定证书致使

＊珠宝鉴定合同文本，也适用于书画、陶瓷等文物鉴定和商标、专利等无形资产评估业务。

甲方蒙受名誉损害和经济损失的,乙方除全额退还该项检测(检验/鉴定)费外,还应酌情给予补偿。

第十二条 本合同一式两份,甲乙双方各执一份为凭。

甲方: (盖章或签字)　　　　乙方: (盖章或签字)

《珠宝样品送检/领取单》

合同编号: ＿＿＿＿＿

委托人		送样人/联系人		送样日期	
委托人地址		电话/传真		邮编	
来样名称	件数	样品表观特征及状态描述	检测/检验项目		
			样品编号		
			样品保密	□一般;□严格。	
			结果要求	□大证;□小证;□报告;□其他。	
来样总数			要求完成时间	款项费用	
送检要求					
检验依据标准代号及名称	□GB/T 16552—2003 珠宝玉石名称;□GB/T 16553—2003 珠宝玉石鉴定; □GB 11887—2002 首饰贵金属纯度的规定及命名方法;□GB/T 16554—2003 钻石分级; □GB/T 18043—2000 贵金属首饰含量的无损检测方法——X 射线荧光光谱法; □其他。				
所使用的主要仪器设备	分析天平、宝石显微镜、放大镜、折射仪、分光镜、红外光谱仪、荧光仪等				
物品(样品)结果支付方法	□自取;□邮寄;□其他。				
委托人确认签字: 年　月　日			受托人确认签字: 年　月　日		
备注	本单背面列有合同条款,请委托人认真阅读,并签字或盖章。				

第七节 保管合同

一、保管合同的概念及特征

保管合同是指保管人保管寄存人交存的保管物，并返还该物的合同。保管合同按是否给付报酬划分，可分为无偿保管合同和有偿保管合同；按保管物的状态划分，可分为动产保管合同和不动产保管合同。随着社会服务领域的不断扩展，尤其文化市场领域的飞速扩张，保管行为在人们日常生活和经济往来中日趋频繁。诸如，外出旅游在车站、机场、码头、宾馆、饭店等场所寄存行李；进入影院、剧场、夜总会、图书馆、展览馆、博物馆、俱乐部、游泳馆、体育场等文化娱乐和休闲场所寄存提包和衣物。由此可见，保管合同在社会经济生活中的应用范围也在不断地扩展。

保管合同具有以下法律特征：①是提供劳务的合同，即保管人为寄存人提供的是保管服务。②是实践合同，即须有寄存人将保管物交付给保管人的事实。③可以是单务、无偿、不要式合同，也可以是双务、有偿、要式合同。④是《合同法》规范的有名合同。

二、保管合同的效力

保管合同的效力体现在保管人与寄存人的权利义务关系方面。

（一）保管人的义务

1. 给付保管凭证的义务。寄存人向保管人交付保管物的，保管人应当给付保管凭证，但另有交易习惯的除外。保管凭证是寄存人向保管人交付保管物的凭证，同时对已成立的合同有举证作用。

2. 妥善保管保管物的义务。保管人应当妥善保管保管物。除紧急情况或者为了维护寄存人利益的以外，保管人不得擅自改变保管场所或者方法。该项义务是保管人最主要的义务。

3. 不得转保管物的义务。保管人应当亲自保管保管物，不得将保管物转交第三人保管，但当事人另有约定的除外。该项义务是保管行为的专属性所决定的。

4. 不得使用的义务。保管人一方面不得自己使用保管物；另一方面也不得许可第三人使用保管物,但当事人另有约定的除外。

5. 危险通知的义务。危险通知是指出现寄存人寄存的保管物因第三人或自然原因可能会失去的危险情形时,应及时通知寄存人。如果有第三人对保管物主张权利,提起诉讼或者对保管物申请扣押的,保管人应当及时将该情况通知寄存人。

6. 返还保管物的义务。保管期限届满或者寄存人提前领取保管物的,保管人应当将原物及其孳息归还寄存人。即便是第三人对保管物主张权利的,除依法对保管物采取保全或者执行的以外,保管人仍应当履行向寄存人返还保管物的义务。

(二) 寄存人的义务

1. 告知有关情况的义务。寄存人交付的保管物有瑕疵或者按照保管物的性质需要采取特殊保管措施的,寄存人应当将有关情况告知保管人。寄存人寄存货币、有价证券或者其他贵重物品的,应当向保管人声明,由保管人验收或者封存。

2. 支付保管费的义务。对于有偿保管合同,寄存人应当按照约定的期限向保管人支付保管费。如果没有确定保管费的支付期限,寄存人应当在领取保管物的同时支付。

3. 给付保管相关费用的义务。所谓保管相关费用,一般是指为维持保管物原状所发生的费用,如宠物饲养费、车辆保养费和年检费、房屋修缮费等。对于无偿保管合同而言,保管人并未获得报酬并以此补偿费用和获取盈利,当发生上述保管相关费用时,寄存人应当给付无偿保管人垫支的此类费用。

4. 风险负担的义务。保管人能够证明保管物的损毁、灭失是由不可抗力原因所致,从而在免除其责任的情况下,寄存人就应自己负担保管物的损毁、灭失的风险。

三、保管合同的规范要点

(一) 一般规定

1. 保管合同自交保管物时成立,但当事人另有约定的除外。寄存人向保管人交付保管物的,保管人应当给付保管凭证,但另有交易习惯的除外。

2. 保管人不得使用或者许可第三人使用保管物,但当事人另有约定的除外。保管期限届满或者寄存人提前领取保管物的,保管人应当将原物及孳息归还寄存人。

(二) 特别规定

1. 寄存人交付的保管物按照其性质需要采取特殊保管措施的,寄存人应当将有关情况告之保管人。寄存人未告之,致使保管物受损失的,保管人不承担损害赔偿责任;保管人因此受损失的,除保管人知道或应当知道并且未采取补救措施的以外,寄存人应当承担损害赔偿责任。

2. 第三人对保管物主张权利的,除依法对保管物采取保全或执行的以外,保管人应当履行向寄存人返还保管物的义务。第三人对保管人提起诉讼或对保管物申请扣押的,保管人应当及时通知寄存人。

3. 保管期间,因保管人保管不善造成保管物毁损、灭失的,保管人应当承担损害赔偿责任;但保管是无偿的,保管人证明自己没有重大过失的,不承担损害赔偿责任。

4. 寄存人寄存货币、有价证券或者其他贵重物品的,应当向保管人声明,由保管人验收或者封存。寄存人未声明的,该物品毁损、灭失后,保管人可以按照一般物品予以赔偿。

四、保管合同的格式

A. 保管合同（示范文本 GF-2000-0801）

保管合同

合同编号：_____

保管人：_____ 签订地点：_____

寄存人：_____ 签订时间：____年___月___日

第一条 保管物。

保管物名称：_____。

性质：_____。

数量：_____。

价值：_____。

第二条 保管场所：_____。

第三条 保管方法：_____。

第四条 保管物（是/否）有瑕疵。瑕疵是：_____。

第五条 保管物（是/否）需要采取特殊保管措施。特殊保管措施是：_____。

第六条 保管物（是/否）有货币、有价证券或者其他贵重物。

第七条 保管期限自____年___月___日至____年___月___止。

第八条　寄存人交付保管物时，保管人应当验收，并给付保管凭证。

第九条　保管人（是/否）允许保管人将保管物转交他人保管。

第十条　保管费（大写）＿＿＿＿＿＿＿＿＿＿元。

第十一条　保管费的支付方式与时间：＿＿＿＿＿＿＿＿＿＿。

第十二条　寄存人未向保管人支付保管费的，保管人（是/否）可以留置保管物。

第十三条　违约责任：＿＿＿＿＿＿＿＿＿＿。

第十四条　争议解决方式（略）。

第十五条　本合同自＿＿＿＿＿＿＿＿＿＿时成立。

第十六条　其他约定事项：＿＿＿＿＿＿＿＿＿＿。

保管人：＿＿＿＿＿＿　　　　寄存人：＿＿＿＿＿＿

B. 存包合同之《存包须知》格式条款*

存包须知（适用人工保管方式）

1. 本场所设有人工存包处和自助存包柜处，请入场顾客/观众自行选择存包方式。

（或：本场所设有免费/收费人工存包处，请顾客/观众将行包/衣物存放于此处。）

2. 本处办理贵重物品寄存业务，但需顾客/观众事先声明，并办理相关登记手续。贵重物品是指现金、首饰、手机、照相机、摄像机、手提电脑、有价票证、身份证件、重要文件等。

（或：本处不办理贵重物品寄存业务，贵重物品请顾客/观众自理。贵重

---

* ①存包合同分为两种类型：采用人工保管方式的存包合同具有保管合同（不论无偿还是有偿）性质，因为经营者存包处实际收取顾客/观众的寄存物品，并向顾客/观众出具领取或归还寄存物品的凭证，所以两者之间建立寄存物品的委托保管法律关系。采用自助保管方式的存包合同具有无偿借用合同性质或者有偿租赁合同性质，因为经营者仅仅是将存包柜借给或者租给顾客/观众使用，既未收取顾客/观众的寄存物品也未向对方出具保管凭证，所以两者之间建立存包柜的借用或者租用法律关系。②"格式条款"是当事人为了重复使用而预先拟定，并在订立合同时未与对方协商的条款。车站、机场、码头、公园、商场、超市、影院、剧场、夜总会、博物馆、展览馆、俱乐部、体育馆等营业场所张贴的"存包须知"或"寄存须知"，均属于格式条款。格式条款的拟定人应当遵循公平原则确定当事人之间的权利和义务。格式条款具有免除格式条款提供方责任、加重对方责任、排除对方主要权利的，格式条款无效。③在确定经营者与消费者的权利义务关系方面，上述两种格式条款力求遵循公平原则，可以作为文化娱乐经营单位拟定"存包须知"或"寄存须知"的参考文本。

物品是指现金、有价票证、金银首饰、珠宝玉器、手机、摄像机、手提电脑、身份证件、重要文件等。)

3. 本处不办理家禽、宠物、鲜活食品和散发异味、腐烂变质、易燃易爆等物品寄存业务。如有易碎、易损物品，顾客/观众需事先声明，以便妥善保管。

4. 顾客/观众在寄存物品后应妥善保管存包牌。如存包牌遗失应即时到本处挂失，并登记寄存物品的详细资料，以便核实后归还所存物品。但在挂失前寄存物品已被他人持牌冒领，寄存物品的丢失责任由物主自负。

5. 基于公共安全原因，寄存物品限于在当日营业时间内寄存____小时。超时或者当日未领取的寄存物品将移至他处存放，并须依法接受公安机关的例行检查。(寄存物品需要存放____天以上者，须接受开包查验，并办理相关登记手续。)

6. 因本处工作失误而导致寄存物品丢失的，本处将给付定额____元以下的酌情赔偿。(提供贵重物品寄存服务的，则照价赔偿。)

存包须知（适用自助保管方式）

1. 本场所设有自助存包柜处，入场顾客/观众采用自助存包方式寄存物品。

2. 本存包柜设有挂锁装置，请将寄存物品存入柜内后上锁，并取下钥匙妥善保管。用毕请将寄存物品取走，并将钥匙插入柜锁。

(或：本存包柜设有4位或6位数字人工编码装置。请顾客/观众按柜门张贴的"操作步骤"进行操作：先设定自编密码后再存入寄存物品和关闭柜门；用毕请物主输入自编密码开启柜门并取走寄存物品。不会操作者请咨询工作人员。)

(或：本存包柜设有自动编码装置。请顾客/观众按柜门张贴的"操作步骤"进行操作：先开启柜门领取机编密码纸；输入该机编密码后再存放物品和关闭柜门；用毕请物主输入该机编密码开启柜门并取走物品。不会操作者请咨询工作人员。)

3. 本存包柜属非保险箱性质，请勿存放贵重物品。本存包柜属借用性质而非保管服务性质，存放贵重物品的风险责任由物主自负。基于社会公共安全和环境卫生原因，严禁存放易燃易爆、散发异味、腐烂变质等物品。

4. 顾客/观众应妥善保管存包柜钥匙（或密码纸），因钥匙（或密码纸）遗失导致柜内物品丢失的后果由物主自负。丢失钥匙者须赔偿锁钥修配费用____元。

5. 基于社会公共利益原因，存包柜（编码装置柜除外）内寄存物品在当日营业时间结束时仍未领取的，该寄存物品将移至他处存放，并须依法接受公安机关的例行检查。

6. 因存包柜机械装置或编码装置失灵而导致寄存物品丢失的，本处将给付定额＿＿＿元以下的酌情赔偿。

第八节　经纪合同

一、经纪合同的概念及特征

经纪合同是指在经济活动中，一方为促成他方交易而从事居间、行纪或委托等中介业务，他方为此支付佣金的合同。在经纪合同中，办理中介业务的一方为经纪人，另一方为委托人。经纪合同分为委托、行纪和居间三种合同类型。经纪合同是中介活动进行的基础，是市场经济条件下民事主体委托他人为自己进行经济交往和各种民事活动，以满足生产经营和日常生活需要的法律手段。因此，它的适用范围非常广泛，内容也多种多样。

经纪合同具有如下法律特征：①是提供服务的合同，即合同的标的不是物，而是体现为一定物质利益的行为，包括居间、行纪、代理行为等。②合同往往涉及经纪人与委托人以外的第三人。③可以是双务、有偿合同，也可以是单务、无偿合同。④是诺成、不要式合同。⑤是《合同法》予以分类规范的有名合同，即委托合同、行纪合同和居间合同。

二、委托、行纪、居间合同的异同

委托合同、行纪合同和居间合同均是以服务行为为标的，但是三者的服务性质有所不同。委托合同是委托人和受托人约定，由受托人处理委托人事务的合同；行纪合同是行纪人以自己的名义为委托人从事贸易活动的合同；居间合同是居间人向委托人报告订立合同的机会或者提供订立合同的媒介服务的合同。

（一）委托合同与行纪合同的区别

委托合同与行纪合同均是基于双方当事人的彼此信任而产生，由一方代为另一方办理委托的事务，其法律后果由委托方承受。两种合同的区别在于：

1. 行纪合同必须是有偿的，委托人要向行纪人支付报酬；而委托合同可以是有偿的，也可以是无偿的。

2. 行纪合同的委托人可以为公民或法人，但行纪人只能是经批准经营信托业务的法人，未经法定手续批准经营信托业务的法人或公民不得经营信托业务，不能成为行纪合同中的行纪人；而委托合同的适用范围十分广泛，各类民事主体之间均可建立委托合同关系，对委托人、受托人没有什么特殊的要求。

3. 行纪合同中的行纪人是以自己的名义办理行纪事务，委托人不直接与第三人发生法律上的权利义务关系；而委托合同中的受托人可以以委托人的名义办理委托事务，也可以以自己的名义办理委托事务。在前一种情况下，委托人直接与第三人之间产生权利义务关系。

（二）委托合同与居间合同的区别

委托合同与居间合同均是一方当事人接受对方当事人的委托，实施相应的民事行为，处理受托的事务。两种合同的区别在于：

1. 受托一方的法律地位不同。委托合同中的受托一方为受托人，他在与第三人从事民事法律活动的过程中，实际上处于类似委托代理人的地位；而居间合同中的受托一方为居间人，其不介入委托人与第三人所签订的合同关系中，在居间过程中只处于一个中介服务人的地位。

2. 受托一方的委托内容不同。委托合同中的受托人接受委托的内容是办理委托事务；而委托事务的范围，既包括法律事务，又包括非法律事务。其中，后者又包括了有经济意义的事务和单纯的事实行为。但在居间合同中，居间人接受委托的内容则只限于为委托人报告订约机会或介绍委托人与第三人订约。

3. 委托合同中的受托人在处理委托事务时，有权在委托权限范围内独立进行意思表示，其对于委托事务的处理享有一定的独立决定权。居间合同中的居间人在居间活动过程中，并不介入委托人与第三人的订约活动。在介绍委托人与第三人订约时，居间人只能如实传达合同双方当事人的原有意思表示，既不能对之添加、消减、更改，也不能独立表达自己的意思。

4. 合同的有偿性不同。委托合同根据双方当事人的约定，可以是有偿的也可以是无偿的。但是委托人在为处理委托事务而支付的合理费用须由委托人承担。对于有偿的委托合同而言，受托人即使没有将委托事务处理完毕，也有权要求委托人就其已处理的委托事务部分支付相应的报酬。居间合同则与之有很大差别，除法律另有规定之外，居间合同应为有偿合同。如果居间人的居间行为没有取得成功的结果，居间人不能取得约定或规定的报酬；并且居间人在其居间活动中所支付的必要费用，非经双方事先约定是不得请求委托人予以承担的。

（三）行纪合同与居间合同的区别

行纪合同与居间合同均是一方当事人接受对方当事人的委托，实施有偿的服务行为，处理受托的事务。两种合同的主要区别在于：行纪合同的行纪人是以自己的名义与第三人直接发生经济往来，办理受托的行纪事务；而居间合同的居间人仅仅是为委托人与第三人订立合同提供中介服务，发挥着促使双方建立经济往来关系的"桥梁"职能。

三、经纪合同的效力

经纪合同的效力体现在委托人与经纪人的权利义务关系方面。

（一）委托人的义务

委托人的主要义务有：①接受委托事务结果的义务。②按合同约定支付报酬的义务。③提供或补偿办理委托事务所需的必要费用的义务。

（二）经纪人的义务

经纪人的主要义务有：①亲自办理委托事务的义务。②报告委托事务进展情况的义务。③交付委托事务办理结果的义务。

四、经纪合同的规范要点

（一）委托合同的规范

1. 委托人可以特别委托受托人处理一项或数项事务，也可以概括委托受托人处理一切事务。受托人应当按照委托人的要求，报告委托事务的处理情况。委托合同终止时，受托人应当报告委托事务的结果。

2. 受托人应当按照委托人的指示处理委托事务。需要变更委托人指示的，应当经委托人同意；因情况紧急，难以和委托人取得联系的，受托人应当妥当处理委托业务，但事后应当将该情况及时报告委托人。

3. 受托人应当亲自处理委托事务。经委托人同意，受托人可以转托。转委托经同意的，委托人可以就委托事务直接指示转委托的第三人，受托人仅就第三人的选任及其对第三人的指示承担责任。转委托未经同意的，受托人应当对转委托的第三人的行为承担责任，但在紧急情况下受托人为维护委托人的利益需要转委托的除外。

4. 受托人以自己的名义，在委托人的授权范围内与第三人订立的合同，第三人在订立合同时知道受托人与委托人之间的代理关系的，该合同直接约束委托人和第三人，但有确切证据证明该合同只约束受托人和第三人的除外。

5. 受托人完成委托事务的，委托人应当向其支付报酬。因不可归责于受托人的事由，委托合同解除或者委托事务不能完成的，委托人应当向受托人支付相应的报酬。当事人另有规定的，按照其规定。

6. 有偿的委托合同，因受托人的过错给委托人造成损失的，委托人可以要求赔偿损失。无偿的委托合同，因受托人的故意或者重大过失给委托人造成损失的，委托人可以要求赔偿损失。受托人超越权限给委托人造成的，应当赔偿损失。

7. 受托人处理委托事务时，因不可归责于自己的事由受到损失的，可以向委托人要求赔偿损失。委托人经受托人同意，可以在受托人之外委托第三人处理委托事务。因此给受托人造成损失的，受托人可以向委托人要求赔偿损失。

8. 委托人或者受托人可以随时解除委托合同。因解除委托合同给对方造成损失的，除不可归责于该当事人的事由以外，应当赔偿损失。

（二）行纪合同的规范

1. 行纪人占有委托物的，应当妥善保管委托物。行纪人处理委托事务支出的费用，由行纪人负担，但当事人另有约定的除外。

2. 委托物交付行纪人时有瑕疵或者容易腐烂、变质的，经委托人同意，行纪人可以处分该物；和委托人不能及时取得联系的，行纪人可以合理处分。

3. 行纪人低于委托人指定的价格卖出或高于委托人指定的价格买入的，应当经委托人同意。未经委托人同意，行纪人补偿其差额的，该买卖对委托人发生效力。行纪人高于委托人指定的价格卖出或低于委托人指定的价格买入的，可以按照约定增加报酬。委托人对价格有特别指示的，行纪人不得违背该指示卖出或买入。

4. 行纪人按照约定买入委托物，委托人应当即时受领。经行纪人催告，委托人无正当理由拒绝受领的，行纪人依法可以提存委托物。委托物不能卖出或委托人撤回出卖，经行纪人催告，委托人不取回或不处分该物的，行纪人依法可以提存委托物。

5. 行纪人与第三人订立合同的，行纪人对该合同直接享有权利、承担义务。第三人不履行义务或致使委托人受到损害的，行纪人应当承担损害赔偿责任，但行纪人与委托人另有约定的除外。

（三）居间合同的规范

1. 居间人应当就有关订立合同的事项向委托人如实报告。居间人故意隐瞒与订立合同有关的重要事实或者提供虚假情况，损害委托人利益的，不得要求支付报酬并应当承担损害赔偿责任。

2. 居间人促成合同成立的，委托人应当按照约定支付报酬。对居间人的报酬没有约定或者约定不明确，根据居间人的劳务合理确定。因居间人提供订立合同的媒介服务而促成合同成立的，由该合同的当事人平均负担居间人的报酬。居间人促成合同成立的，居间活动的费用，由居间人负担。

3. 居间人未促成合同成立的，不得要求支付报酬，但可以要求委托人支付从事居间活动支出的必要费用。

五、经纪合同的格式

A. 委托合同（示范文本 GF-2000-1001）

委托合同

合同编号：_____

委托人：_____　　　　签订地点：_____

受托人：_____　　　　签订时间：____年____月____日

第一条　委托人委托受托人处理_____事务。

第二条　受托人处理委托事务的权限与具体要求：_____。

第三条　委托期限自____年____月____日至____年____月____日止。

第四条　委托人（是/否）允许受托人把委托处理的事务转委托给第三人处理。

第五条　受托人有将委托事务处理情况向委托方报告的义务。

第六条　受托人将处理委托事务所取得的财产转交给委托人的时间、地点及方式：_____。

第七条　委托人支付受托人处理委托事务所付费用的时间、方式：_____。

第八条　报酬及支付方式：_____。

第九条　本合同解除的条件：_____。

第十条　违约责任：_____。

第十一条　争议解决方式（略）。

第十二条　其他约定事项：_____。

第十三条　本合同未作规定的，按《中华人民共和国合同法》的规定执行。

委托人（章）：	受托人（章）：
住所：	住所：
法定代表人（签字）：	法定代表人（签字）：
电话：	电话：
开户银行：	开户银行：
账号：	账号：
邮政编码：	邮政编码：

B. 艺员经纪合同（参考文本）*

艺员经纪合同

合同编号：_____

甲方（艺　　员）：_____　签订地点：_____
乙方（文化公司）：_____　签订时间：____年____月____日

就甲方以艺员身份加盟乙方公司发展演艺事业，双方经过协商达成如下协议。

第一条　甲方委托乙方全权代理本人的全部演艺事务，包括下列业务项目：

（1）出任影视剧演员角色。
（2）录制个人音乐专辑。
（3）拍摄个人写真照片。
（4）参与营业性演出活动。
（5）出任产品/服务品牌形象代言人。
（6）需要展示甲方肖像和声音的其他营业性活动。

第二条　乙方为甲方设立专项培训基金（人民币）_____万元，用于甲方形体、表演、声乐以及武术、骑马、开车、驾船等专项技能的培训支出。

第三条　乙方受托经纪期限为_____年，自_____年____月____日至_____年____月____日止。

第四条　在本经纪期间，甲方与第三方的所有演艺事务的签约行为，均由乙方全权代理行使。甲方所有演艺事务的签约收入，均应汇入乙方指定的银行账号。甲方各项演艺收入，前____年乙方按____%提取佣金；后____年乙方按____%提取佣金。甲方每笔演艺收入汇至乙方账户后____天内，乙方将提取佣金后其余收入支付给甲方（或者甲方应得的分成收入每月/季结算一次）。

第五条　甲方在身体力行的前提下，应当服从乙方的规章制度和经营调度，认真履行乙方代表其签订的演艺合同义务。如因甲方本人违约行为导致给付聘用方违约金和赔偿金的，该项违约金和赔偿金须从甲方应得的总分成收入中抵扣。

---

* ①艺员经纪合同属于委托合同类型。②未成年艺员经纪合同，须由其法定代理人签字合同方可生效。

第六条　乙方委派本公司具有经纪执业资格的职员_____先生/女士担任甲方经纪人，具体负责甲方的演艺经纪事务，包括饮食起居、对外联络、行程安排、缴纳税费等日常事务。

　　第七条　乙方应从开拓甲方演艺事业的高度履行培训职责，并为甲方演艺劳务的输出寻求市场和机会。为此，乙方还应采取必要措施对甲方进行包装、宣传以及媒体公关。

　　第八条　如果由乙方投资制作甲方个人音乐专辑和写真照片集等音像作品，版权归乙方所有；甲方应得酬金由双方根据行业惯例具体协商。

　　第九条　甲方保证不擅自与任何第三方签订营业性的演艺劳务合同，并且保证即使与乙方产生矛盾冲突也不向外界披露内情。乙方也保证即使与甲方产生矛盾冲突也不向外界披露内情。

　　第十条　甲方可以采用的书面形式声明提前终止双方的委托经纪关系，但须补偿乙方已经实际支出的培训经费。乙方亦可以采用书面的形式声明提前终止双方的委托经纪关系，但不得索要已经实际支出的培训经费。

　　第十一条　违约责任：_____。

　　第十二条　争议解决方式（略）

　　第十三条　甲方签署的委托乙方代理演艺事务的授权书和对乙方制定的公司规章制度的认可书为本合同的必要附件。

　　第十四条　本合同一式两份，甲乙双方各执一份，具有同等法律效力。

　　甲方：_____　　　　乙方：_____

　　法定代理人：_____　　代表：_____

C. 工艺制品代销合同（参考文本）*

工艺制品代销合同

合同编号：_____

委托人：_____　　签订地点：_____

代销人：_____　　签订时间：____年____月____日

　　第一条　代销工艺制品、数量、价格、金额。

　　第二条　代销工艺制品的质量标准：_____。

---

* 工艺制品代销合同属于行纪合同类型。

工艺制品名称	商标品牌	规格型号	生产厂家	计量单位	数　量	单　价

合计人民币金额（大写）：

第三条　代销工艺制品的交付时间、地点、方式及费用负担：_____。

第四条　代销工艺制品的期限为_____天/年，自_____年_____月_____日至_____年_____月_____日止。

第五条　代销工艺制品的残次品率为_____‰，破损率为_____‰，委托人许可代销人根据残次和破损的实际情况降价销售。

第六条　代销期限终止后，未售出的代销工艺制品的处理办法：_____。

第七条　代销工艺制品的佣金按制品价格的_____%提取。

第八条　货款及佣金的结算采用下列第_____种方式：

（1）已售工艺制品的价款每月_____日结算一次，代销人的佣金从价款中扣除。最后一批代销商品价款与佣金在代销期限终止时结清。

（2）已售工艺制品达百分之_____时，代销人与委托人结算一次价款，代销人的佣金从价款中扣除。最后一批代销商品价款与佣金在代销期限终止时结清。

第九条　违约责任：_____。

第十条　本合同一式两份，双方各执一份，具有同等法律效力。

委托人：_____　　　　　代销人：_____

代　表：_____　　　　　代　表：_____

D. 居间合同（示范文本 GF-2000-1201）

居间合同

合同编号：_____

委托人：_____　　　　　签订地点：_____

居间人：_____　　　　　签订时间：_____年_____月_____日

第一条　委托事项及具体要求：_____。

第二条　居间期限：从_____年_____月_____日至_____年_____月_____日。

第三条　报酬及支付期限：居间人促成合同成立的，报酬为促成合同成立金额的_____%或者（大写）_____元。委托人应在合同成立后的_____日内支付报酬。未促成合同成立的，居间人不得要求支付报酬。

第四条　居间费用的负担：居间人促成合同成立的，居间活动的费用由居间人负担；未促成合同成立的，委托人应向居间人支付必要费用（大写）_____元。

第五条　本合同解除的条件：

1. 当事人就解除合同协商一致。
2. 因不可抗力致使不能实现合同目的。
3. 在委托期限届满前，当事人一方明确表示或者以自己的行为表明不履行主要义务。
4. 当事人一方迟延履行主要义务，经催告后在合理期限内仍未履行。
5. 当事人一方迟延履行义务或者有其他违约行为致使不能实现合同目的。

第六条　委托人的违约责任：_____。

第七条　居间人的违约责任：_____。

第八条　争议解决方式（略）。

第九条　其他约定事项：_____。

第十条　本合同未作规定的，按《中华人民共和国合同法》的规定执行。

委托人（章）： 住所： 法定代表人： 居民身份证号码： 委托代理人： 电话： 开户银行： 账号： 邮政编码：	居间人（章）： 住所： 法定代表人： 居民身份证号码： 委托代理人： 电话： 开户银行： 账号： 邮政编码：	鉴（公）证意见： 鉴（公）证机关（章） 经办人： 　　　年　　月　　日

E. 筹资合同（参考文本）*

筹资合同

合同编号：_____

甲方（委托人）：_____　　签订地点：_____

乙方（居间人）：_____　　签订时间：____年____月____日

---

* 筹资合同属于居间合同类型。

甲方筹备电影/电视连续剧《××××》的摄制经费预算为_____万元，目前投资缺口为_____万元；乙方愿为该项目寻求、介绍投资、赞助单位。为此，双方经过协商达成如下协议。

第一条　甲方出具专项的委托筹资授权书，乙方可以合法身份开展筹资活动。委托授权的权限限于联系、介绍投资或者赞助单位，投资或者赞助协议须由甲方与对方签订。委托授权的有效期限为____个月，自____年____月____日至____年____月____日止。

第二条　甲方承诺：如有单位愿意投资，合作投资各方按投资比例共担风险和共享版权收益；如有单位愿意出资赞助，将在完成电影/电视连续剧片头字幕上打印赞助单位名称，并邀请赞助单位有关人员参加该片首映式/首播式等宣传、推广活动。

第三条　乙方促成该项目投资、赞助合同成立的，佣金为实际到位的投资、赞助款项的_____%。甲方应在投资、赞助款项实际到位后的_____日内支付该项佣金。未促成投资、赞助合同成立的，乙方不得要求支付报酬。

第四条　乙方促成该项目投资、赞助合同成立的，其开展筹资活动的费用自负；未促成投资、赞助合同成立的，甲方应向乙方支付差旅、通信、交通等必要费用（人民币）_____元。

第五条　如果赞助单位以实物形式（如胶片、录像带）或者住宿、餐饮、场地、车辆等服务形式提供资助，甲方应将其折合成现金额度后给付乙方现金形式的佣金。

第六条　甲方应对乙方促成该项目投资、赞助合同的详情以及提取佣金对外保密。乙方应对所知悉该项目摄制预算、主创人员等情况对外保密，但与意向投资、赞助单位沟通时介绍情况除外。

第七条　任何一方均可随时提出解除本合同，但须采取书面形式通知对方，乙方应将委托筹资授权书交还甲方。如因一方提前解除合同给对方造成经济损失的，除不可归责于本方原因外，应当赔偿对方所蒙受的经济损失。

第八条　违约责任：_____。
第九条　争议解决方式（略）。
第十条　本合同一式两份，甲乙双方各执一份，具有同等法律效力。
甲方：_____　　　　乙方：_____
代表：_____　　　　代理人：_____

第六章 无名合同实务

第一节 投资合同

一、投资及投资合同的概念与特征

投资是指货币转化为资本的过程。投资可分为货币投资、实物投资、智力成果（知识产权）作价投资、土地使用权作价投资和人力资本（如导演劳务）作价投资等。投资合同是指两个及其以上的公民、法人或者其他组织，为创办经营实体或者开发经营项目而明确投资各方权利义务关系的合同。在投资合同中，各方按其出资份额享有权利和承担义务。随着具有调节资源配置机制的市场经济不断发展，投资合同在我国经济生活领域中的应用范围日趋扩大，如合伙经营、股份经营、合作经营、挂靠经营、特许经营等。

投资合同具有以下法律特征：①是以筹措营运资本为标的的合同。②属于利益共享、风险共担性质的合同。③合同主体的权利义务与其出资份额相适应。④可以是要式合同，如中外合资企业经营合同；也可以是不要式合同，如联合摄制电影合同、特许经营合同等。⑤是《合同法》未予规范的无名合同。

二、投资合同的分类

（一）实体经营投资合同与项目开发投资合同

按投资内容划分，投资合同可以分为实体经营投资合同与项目开发投资合同两类。实体经营投资合同是指投资者为创办各类经营实体进行投资而订立的合同，如合伙企业合同、有限责任公司合同、中外合资企业经营合同、民办学校等。项目开发投资合同是指投资者为开发各类经营项目投资而订立的合同，如联合摄制电影合同、品牌特许经营合同等。

(二) 有形财产投资合同与无形财产投资合同

按投资形态划分,投资合同可以分为有形财产投资合同与无形财产投资合同。有形财产投资合同是指投资者以实物作价列为出资额而订立的合同,如设备、材料、设施等有形资产。无形财产投资合同是指投资者以知识产权和土地使用权作价列为出资额而订立的合同,如商标、专利、版权、非专利技术、土地使用权、特许经营权等无形资产。

(三) 长期投资合同与短期投资合同

按投资期限划分,投资合同可以分为长期投资合同与短期投资合同。长期投资合同是指投资期限在5年以上的投资合同,各种类型企业投资合同具有长期投资合同的性质。短期投资合同是指投资期限在3年以下的投资合同,绝大多数的项目开发投资合同具有短期投资合同的性质。

此外,按投资主体划分,可以分为政府投资合同、企业投资合同、个人投资合同和混合主体投资合同。

三、投资合同的效力

投资合同的效力表现为投资双方或者多方之间的权利义务关系。

(一) 投资方的权利

投资方的主要权利:①委派代表参与企业经营或者项目业务活动的管理与监督的权利。②联营他方转让股权或者合同财产权利时,在同等的条件下有优先受让的权利。③按出资份额获得企业红利分成或者项目收益分成的权利。

(二) 投资方的义务

投资方的主要义务:①按合同约定及时、足额履行交付本方出资的义务,即交付现金款项、实物以及办理相应的房产或车辆等有形财产的过户手续和商标、专利等无形财产的变更登记手续。②委派代表参与企业经营或者项目业务的管理与监督的义务。③转让本方股权或者合同财产权利时,在同等的条件下有将股权或者合同财产权利优先转让给联营他方的义务。④按出资份额承担企业经营或者项目经营风险的义务。如是合伙企业投资者,还须承担企业债务的无限赔偿责任和联营他方不履行债务的连带赔偿责任的义务。

四、投资合同的格式

A. 合伙经营书店合同（参考文本）

合伙经营书店合同

甲方（合伙人）：姓名，性别，出生年月，住所，身份证号码

乙方（合伙人）：（项目内容同上）

合伙人对本地文化娱乐市场的发展前景经过充分的可行性调研与论证，双方本着公平、平等、互利的原则，签订本合伙经营合同。

第一条　甲乙双方自愿合伙经营书店（或画廊、歌厅、网吧、棋牌室、健身房），合伙总投资额为_____万元，其中甲方出资_____万元，占_____%；乙方出资_____万元，占_____%。

第二条　本合伙依法组成合伙企业，由_____方负责办理工商登记。

第三条　本合伙企业经营期限为_____年；经营地址为_____。

第四条　合伙双方共同经营、共担风险、共负盈亏。合伙企业盈余按照投资比例分配；合伙企业债务按照投资比例负担。

第五条　他人可以入伙，但须事前征得甲乙双方的同意，并办理有关增加出资额的手续和订立补充协议。

第六条　出现下列事项之一，合伙终止：①合伙期满；②合伙双方协商同意；③合伙经营的事业已经完成或者无法完成；④其他法律规定的情况。

第七条　本合同未尽事宜，双方经过可以协商可以签订补充协议，补充协议为本合同必要组成部分。

第八条　本合同自合伙人签字（或全部出资额到位）之日生效。

第九条　本合同一式_____份，合伙人各执一份，办理合伙企业有关证照需_____份，具有同等法律效力。

甲　方：（签字或盖章）　　　乙　方：（签字或盖章）

签订地点：_____　　　签订日期：_____

B. 文化企业联营合同（参考文本）

文化企业联营合同

甲方：_____　　　　合同编号：_____
乙方：_____　　　　签约地点：_____
丙方：_____　　　　签约日期：_____

甲方拥有丰富的材料（石材/木材/竹材/矿产/稀土/水产/花卉）资源、生产用地和人力资源，乙方拥有先进的工艺设备、生产经营与技术管理人才和雄厚的资金实力，丙方拥有新型的工艺制品/娱乐器具专利技术（或者非专利技术）。三方经过充分论证和市场调研，一致同意将该工艺制品/娱乐器具专利（或专有技术）产业化。为此，三方就联营成立合资公司，根据《中华人民共和国公司法》、《中华人民共和国合同法》以及相关法律法规的规定，本着平等互利、诚实信用的原则，达成如下协议。

第一条　公司名称、性质、住所、宗旨和经营范围
（一）公司名称：××省/市××文化科技开发有限责任公司
（二）公司性质：股权式有限责任公司
（三）公司住所：_____。
（四）公司宗旨：采用创新产品技术，对资本、技术、管理、人力等资源优化组合，提高文化市场竞争力，力争投资各方获取良好的经济效益，促进我国社会主义物质文明和精神文明建设。
（五）经营范围：工艺制品/娱乐器具及其配套产品的技术开发、生产制作和批发零售；娱乐用品的技术服务和培训；娱乐场所的服务经营。

第二条　注册资本及认缴
（一）合资公司的注册资本为人民币_____万元。
甲方出资份额为_____万元，占注册资本的_____%。其中：现金_____万元，厂房设施作价_____万元，土地使用权作价_____万元。
乙方出资份额为_____万元，占注册资本的_____%。其中：现金_____万元，机械设备作价_____万元。
丙方出资份额为_____万元，占注册资本的_____%。其中：实用新型专利权/专有技术/（或称模型作品版权）作价_____万元。
（二）在本合同签订后_____日内三方应完成各自出资，并由在中国注册的会计师事务所进行验证并出具验资报告（土地使用权、专利、专有技术、版权等无形资产出资需专门立项评估与确认）。

（三）合资公司成立后，由公司向出资各方出具"出资证明书"。

第三条 公司治理机构及其职权和议事规则

公司股东会、董事会、监事会、经理机构及其职权和议事规则，详见合资公司章程。合资公司章程（草案），为本合同的必要附件。

第四条 声明、承诺及保证条款

（一）各方保证遵守合资公司章程。

（二）各方保证出资及时、足额到位，并积极协助公司办理工商登记注册等事项。

（三）各方代表须严守公司商业秘密，不得为第三人从事与本公司业务相同或相似的经营活动。

（四）各方依照其所持有的股权比例获得股利和其他形式的利益分配。

（五）各方依照其所持有的股权比例行使表决权。

（六）对公司的经营行为进行监督，提出建议或者质询。

（七）依照法律、行政法规以及公司章程的规定转让、赠与或质押其所持有的股权。

（八）公司终止或者清算时，各方按其所持有的股权比例参加公司剩余财产的分配。

（九）履行法律、行政法规以及公司章程所赋予的其他义务。

第五条 股权的转让

（一）股东向第三人转让其全部或者部分股权的，须经超过半数以上股东的同意。不同意转让的股东，必须购买该出让的股权。

（二）股东向第三人转让股权时，在同等的条件下，其他股东享有优先购买权。

（三）股东之间相互转让所持有的股权，须经公司股东会的认可。

第六条 禁止行为

（一）禁止任何股东以个人或公司名义进行有损公司利益的活动；否则其活动获得利益归公司所有，造成的损失按有关法律规定赔偿。

（二）禁止各股东经营和参与同公司竞争的业务。

（三）禁止以技术入股的股东将其所投技术再投入第三方。

（四）禁止技术股东方私自或与他人合伙成立公司开展与公司经营业务类同的业务。

（五）禁止技术股东方以其拥有的技术秘密和技术优势对公司进行要挟。

（六）如股东违反上述约定，应按公司蒙受的实际损失赔偿。严重者经董事会讨论按有关法律法规可减少其持有的股权比例以弥补其他股东的损失。

第七条 关联交易

合资公司应当将涉及的所有关联交易情况予以合同规范,并于签订关联交易的合同前将相关的关联交易情况报告公司董事会,取得公司董事会董事的一致同意后方可签订相关的合同。董事会在讨论关联交易时,关联方应当回避。

第八条 税务、财务、审计、劳动管理

(一) 合资公司应当按照有关法律法规的规定缴纳各项税金。

(二) 合资公司会计年度为每年一月一日起至十二月三十一日止。

(三) 合资公司应按照中国有关财务会计制度的规定建立公司财务会计制度。

(四) 合资公司应在会计年度内,每月终结十天内编制月度财务报表,并将该财务报表的副本分送股东方及各董事。合资公司应在会计年度终结后三十天内编制年度财务报表,并将财务报表的副本分送股东方及各董事。

合资公司年度财务报表须经有审计资格的会计师事务所予以审计并证明是真实、正确无误的。每一会计年度的前三个月内,由公司总经理组织财务部门编制上一年度的资产负债表、损益计算书和利润分配方案,并提交公司董事会审议。

(五) 在合资公司每个财务年度终结后的三个月内,各方有权委托会计事务所审查合资公司的经营账目及记录;审计费用由委托方自理。

(六) 合资公司职工的招收、招聘、辞退、工资、生活福利和奖励等事项,按照有关劳动法律法规的规定并经公司董事会研究制订方案后,通过订立劳动合同和集体合同的形式加以规定。劳动合同和集体合同订立后,应当报送合资公司住所地劳动行政管理部门备案。

第九条 违约责任

(一) 资金提供方:任何一股东方未按合同的规定依期按数提交完出资额时,从逾期第一个月算起,每逾期1个月,违约一方应付应缴出资额的____%的违约金给守约的一方。如逾期3个月仍未提交,除累计缴付应缴出资额的____%的违约金外,守约方有权要求终止合同,并要求违约方赔偿损失。

(二) 技术提供方:在合同存续期内,如果任何一方发现技术提供方有违本合同的行为时,其他股东有权要求立即停止违约行为,违约方以其所持股本的____%作为违约金赔偿守约方。

(三) 由于一方的过失,造成本合同不能履行或不能完全履行时,由过失的一方承担违约责任;如属多方的过失,根据实际情况,由过失各方分别承担各自应负的违约责任。

第十条　适用法律

本合同的效力、履行、条款解释和争议解决均适用中华人民共和国法律。

第十一条　争议解决方式（略）。

第十二条　其他事项

（一）合资公司经营期限为＿＿＿＿年，自工商行政管理部门核准登记之日起计算。

（二）三方共同认可：如果合资公司在经营过程中连续三年亏损（或者连续三年未按最低收益限额分红），则提前解散本公司。

（三）本合同自三方代表签字（法人单位还须加盖公章）之日起生效。

（四）本合同一式＿＿＿＿份，三方各执一份，办理有关证照备案＿＿＿＿份，具有同等效力。

甲方：＿＿＿＿＿＿＿　　乙方：＿＿＿＿＿＿＿　　丙方：＿＿＿＿＿＿＿

代表：＿＿＿＿＿＿＿　　代表：＿＿＿＿＿＿＿　　代表：＿＿＿＿＿＿＿

C. 旅游项目合作开发合同（参考文本）*

旅游项目合作开发合同

甲方（旅游资源方）：＿＿＿＿＿＿＿＿＿＿

乙方（投资开发方）：＿＿＿＿＿＿＿＿＿＿

为了充分利用甲方自然资源/人文资源优势，壮大地方文化产业、开拓当地旅游市场，乙方拟在甲方所辖区域投资开发旅游景区项目，经双方充分协商签订本合同。

第一条　合作开发范围

甲方提供所辖区域内＿＿＿＿＿＿平方千米的海滩、湖泊、河流、水库、草原、林场、荒山和戈壁（含或不含＿＿＿＿＿＿处寺、庙、堂、亭、台、楼、阁、塔、窑等文化遗址）与乙方合作进行综合旅游项目开发。

第二条　开发经营期限

合作开发经营年限为＿＿＿＿年，自＿＿＿＿年＿＿＿＿月＿＿＿＿日至＿＿＿＿年＿＿＿＿月＿＿＿＿日。

---

* 本项目合作开发经营合同文本，也适用于其他文化投资项目的合作开发经营业务。

第三条 开发投资规模

旅游项目开发投资总额为人民币（大写）_____万元。其中一期开发项目为_____，投资额为_____万元；二期开发项目为_____，投资额为_____万元；三期开发项目为_____，投资额为_____万元。

第四条 旅游收入分配

1. 从旅游景区对外开业，前____年门票收入甲乙双方按____比例分成；第____年以后双方按____比例分成。甲方负责与其所管辖单位（乡政府、村委会、农场、林场、湖泊河道管理处、文物管理所等）协商本方门票分成收入的内部分成比例。

2. 旅游景区内的文物景点门票收入和流动摊贩、表演团体、个体艺人等挂靠经营管理费收入归甲方，乙方均不参与分配。

3. 旅游景区内由乙方投资经营的宾馆、饭店、歌厅、酒吧、游艺场、健身房、影剧院等项目的营业收入归乙方，乙方均不参与分配。

第五条 甲方义务

1. 负责向上级政府和行业主管部门申报和办理本旅游开发项目有关审批手续；

2. 负责与其所管辖单位协商、落实有关征地事宜，协助乙方办理有关征地补偿事宜；

3. 负责与村委会签订旅游开发委托书（并作为本合同附件）；

4. 负责景区周边地区国道、省道公路的维护，景区内文物保护单位的维修；

5. 负责协调景区内的社会治安（以及林政、矿政、河政）管理；

6. 负责协调景区内的水、电、气供应事宜；

7. 负责协调处理乙方与其所管辖单位和当地居民关系；

8. 协助乙方落实该景区旅游规划的具体执行。

第六条 乙方义务

1. 负责景区开发项目投资的按期投入；

2. 负责编制景区开发的整体规划，并经甲方报当地行业主管部门审批、备案；

3. 负责景区内公路、旅游通道、照明设施、绿化园地的建设和维护；

4. 承担按照国家规定给付景区征地、拆迁补偿费用的义务；

5. 承担景区内自然资源和人文资源保护的义务；

6. 承担引导当地企业和个人参与景区挂靠经营的义务；

7. 负有依法正当经营、协助景区治安管理工作的义务；

8. 负有依法、照章缴纳各项税、费的义务。

第七条　其他事项

1. 甲方保证不在景区的整体规划范围内再兴建任何建筑。

2. 甲方保证在合作开发经营期内,不与任何第三人签订与本合同发生冲突的协议。

3. 甲方如新增不影响景区规划的其他开发项目,须征得乙方同意方可进行。

4. 乙方全额投资的景区项目,因物价、工费上涨等因素导致项目资金缺口的,由乙方自负项目的追加投资。

5. 乙方如招引第三人参与本景区项目投资,须征得甲方同意方可进行。

6. 合作开发经营期限届满,在同等条件下优先由乙方续包。乙方如不能续包,其投资景区内的基础设施(包括公路、旅游通道、照明设施、绿化园地、门楼、停车场等),无偿交给甲方;投资景区内的其他服务设施由乙方全权处置,收益均归乙方所有。

7. 如因不可抗力因素导致合作开发经营景区延期开业或中途终止的,由双方各自承担本方所蒙受的经济损失。

8. 合作开发经营景区过程中未尽事宜,双方应当本着诚实、信用的原则协商补充协议,补充协议为本合同的必要组成部分。

第八条　违约责任

1. 甲方未按合同约定履行义务,导致乙方无法开发经营的,除赔偿乙方已实际投入的资金费用外,还须给付乙方实际投资同等金额的违约金。

2. 乙方未按合同约定履行投资义务,导致旅游景区对外开业延期一年以上的,每年按旅游项目开发投资总额的____%给付甲方违约金;乙方无力继续投资开发的,乙方已投资的全部项目设施无偿归甲方所有。

第九条　争议解决方式(略)。

第十条　本合同一式____份,甲乙双方各执一份,办理有关审批手续、营业证照和甲方所管辖单位备案存档____份;具有同等法律效力。

甲　　方:_____　　　乙　　方:_____

代　　表:_____　　　代　　表:_____

签订地点:_____　　　签订日期:_____

附件:_____市行政地图和区域规划,乙方企业营业执照等。

D. 景区挂靠经营合同（参考文本） *

景区挂靠经营合同

合同编号：_____

甲方（景区管理者）：_____ 营业执照：_____
乙方（挂靠经营者）：_____ 身份证号：_____

甲方所辖的景区现有若干经营项目招商，乙方有意投入人力、物力和专项技能参与挂靠经营，双方本着自愿、平等、互利的原则，经充分协商订立本合同。

第一条 挂靠经营项目和期限。

1. 许可经营项目（门店、柜台、摊位、露天场地、运营线路）和景区地理位置：_____。

2. 许可经营期限为_____年，自_____年___月___日至_____年___月___日。

第二条 甲方义务。

1. 提供许可经营项目的设施、场地和运营条件。
2. 提供经营业务所需的行业许可和企业经营证照。
3. 保证经营业务所需的水、电、气的供应。

第三条 乙方义务。

1. 给付甲方挂钩经营许可年费人民币（大写）_____万元。
2. 承诺守法经营，并依法协调、处理与其他挂靠经营者的相邻关系。
3. 承担协助甲方维护景区治安管理的义务。

第四条 开立银行账户和业务往来结算。

1. 甲方负责为乙方开立银行存款账户，开户资料如下：开户单位_____，开户银行_____，账号_____。该账户资金往来业务由甲方代管（或由乙方自理），入账资金和存款利息归乙方所有，甲方不得主张任何权利。

2. 甲方（或乙方）负责置办银联刷卡装置，并代付（或自付）刷卡服务费用。

3. 甲方（或乙方）负责代办税务登记手续和购置税务发票，并代办（或自办）税收的代扣代缴业务。

---

* 景区挂靠经营合同文本，也适用于其他挂靠经营者在大型文化企业中参与其他业务经营项目。

4. 乙方应付甲方的挂钩经营许可年费,须于上一年度 12 月 31 日之前全额结清。乙方应缴的税费和其他服务费用如由甲方代办垫付的,须按国家有关规定及时支付结清。

第五条 其他事项。

1. 乙方自营所需的设备、器材、工具(如骆驼、游艇)等投资,由本方自行解决。如需租用甲方自有的设备和器材,甲方可以优惠租价优先租给乙方使用。

2. 乙方应当守法经营,确保服务活动的质量和安全。因乙方原因发生质量或安全事故的,由乙方自负责任。如前述事故善后由甲方先行垫付救助、赔偿费用的,乙方应及时、足额地补偿给甲方。

3. 乙方经营项目不得超出甲方所持营业证照的许可范围。乙方如要求增加营业证照许可范围之外的其他经营项目,须征得甲方同意并由甲方办理增项经营许可手续。

4. 挂靠经营期间,如因甲方安排专项事务活动或因供应保障工作失误而造成乙方窝工、停业损失的,甲方应当酌情给予乙方补偿。经双方商定的补偿费用,可从乙方应交纳的挂钩经营许可年费中抵扣。

5. 挂靠经营期间,乙方有义务维护甲方的形象和信誉。如因乙方实施假冒、欺诈行为而致使甲方名誉受到损害的,甲方有根据景区规章对乙方做出处罚;如因乙方对游客造成人身伤害后由甲方先行垫付救助、赔偿费用的,乙方应及时、足额地补偿给甲方。

6. 挂靠经营期间,如遇其他未尽事宜,双方应当本着诚实、信用的原则协商补充协议,补充协议为本合同的必要组成部分。

第六条 争议解决方式(略)。

第七条 本合同一式两份,甲乙双方各执一份为凭。

甲　　方:(盖章及签字)　　　　乙　　方:(签字)

签订地点:_____　　签订日期:_____

E. 联合摄制电影合同（参考文本） *

联合摄制电影合同

合同编号：_____

甲方：_____影视制片有限公司　　签订地点：_____

乙方：_____文化投资有限公司　　签订日期：____年____月____日

甲、乙双方为联合摄制影片《××××》，经过友好协商达成如下协议：

第一条　合作原则。

双方应当在共同遵守《中华人民共和国著作权法》、《电影管理条例》以及影视行业规章的原则下，积极、有效地开展电影合作投资、摄制业务。

第二条　作品名称。

双方共同确认以乙方提供的由_____先生/女士编剧的电影文学剧本《××××》为本片的摄制脚本。

第三条　剧本版权。

（一）乙方拥有该电影文学剧本版权。如发生有关该剧本版权纠纷，由乙方负全部责任。

（二）该电影文学剧本和分镜头剧本的内容需经双方共同审定，并由甲方按规定程序报送电影主管行政主管部门审批。影片拍摄应以该审批意见为准。

第四条　影片类别。

该影片采用35毫米胶片制作，画幅1∶1.85，SR立体声。影片长度不超过____分钟。

第五条　影片版权及字幕署名。

（一）影片版权归甲乙双方共有。

（二）影片片头署名为：甲方、乙方"联合出品"。影片片尾署名为：甲方、乙方"联合摄制"；以及"出品人"：_____，"总制片人"：_____，"总监制"：_____，"总策划"：_____，"制片人"：_____，"监制"：_____。

（三）编剧、导演、演员、摄影、录音、美工、化妆、服装、道具、置景、策划、剧务等研制人员的署名，按照《著作权法》和影视行业规章的有关规定执行。

---

* 本合同文本，也适用联合摄制电视剧和专题片，联合承办文艺演出、竞技演出和文化节庆活动等业务。

第六条 影片生产指标、生产周期和送审义务。

（一）该影片列入双方_____年度生产指标。

（二）该影片生产周期_____天，自_____年____月____日起进入筹备期，至_____年____月____日止完成后期制作。

（三）甲方负责剧本和影片的送审、报批手续，直至该片终审通过、获得电影片公映许可证。

第七条 影片摄制经费预算、投资份额和拨款进度。

（一）该影片摄制经费预算为人民币_____万元。其中甲方投资份额为_____万元，投资比例为_____%；乙方投资份额为_____万元，投资比例为_____%。

（二）双方投资的进度按筹备期30%、拍摄期40%、制作后期30%的比例拨款，最迟于三个阶段周期开始前一天将资金拨入该影片摄制组账号。如果某个阶段周期拖延，拨款进度相应顺延。

（三）如果该影片摄制组获得有关单位资助或者赞助（包括实物和服务的折价赞助），相应核减摄制经费预算总额。如果甲方或者乙方单独争取并获得有关单位资助或者赞助，则相应核减本方的投资份额。

（四）如果影片摄制成本支出突破摄制经费预算，双方应按各自所占投资比例追加投资。

第八条 影片摄制管理。

（一）双方共同组建该影片摄制组，_____方负责刻制摄制组公章事宜。_____方委派_____先生/女士担任制片人，全权负责演职人员招聘、影片生产调度、费用开支审批等事宜，对控制影片摄制经费预算承担行政责任。_____方委派_____先生/女士担任监制，负责对影片摄制计划和经费预算执行情况的监督，并代表本方与制片人协商解决本合同未尽事宜和摄制组具体事宜。

（二）摄制组的生产管理和成本开支，严格执行国家广电总局及电影局制定的规章制度。

（三）摄制期间双方共审样片。对白双片完成后，经双方审看后方可进入后期混录阶段。混录双片经双方审查通过后由摄制组备齐有关资料，由_____方报送国家广电总局电影局审查。完成片须以电影局审查拷贝为准。_____方留存电影片公映许可证，该方应向对方送达该证复印件。

（四）影片双片送审通过后，摄制组应按规定制作35mm原底标准拷贝四个（电影局、中国电影资料馆以及甲、乙双方各一个），作为资料存档，不得做经营性放映。

（五）如因不可抗力、制作拖期、根据审查意见改戏等因素导致影片摄制成本突破摄制预算，摄制组应提交专项报告并经甲、乙双方的共同认可。

第九条　影片版权、发行事务及收益分配。

（一）该影片版权归甲、乙双方共有；版权收益按投资比例分成。

（二）该影片发行事宜由_____方全权负责。对方应向该方提供该片发行的授权委托书。

（三）该影片发行费用预算须经双方协商、确定。发行费用资金按双方投资比例分担（或者由发行事务承办方先行垫资，后从发行总收入中抵扣）。

（四）该影片如获政府扶持资金和政府奖奖金，按双方投资比例进行分配。

第十条　违约责任：_____。

第十一条　争议解决方式（略）。

第十二条　本合同一式两份，甲乙双方各执一份，同具有同等法律效力。

甲方：_____　　　　乙方：_____

代表：_____　　　　代表：_____

F. 数字电影连锁加盟合同（参考文本）

数字电影连锁加盟合同

合同编号：_____

甲方（特 许 人）：_____　　签订地点：_____

乙方（被特许人）：_____　　签订时间：____年____月____日

第一条　特许经营授权

1. 甲方特许乙方在____省____市____区（县）开设____数字电影院线连锁店，专门放映经营甲方统一提供的数字电影节目。

2. 甲方将其所有的数字电影商标、节目以及相关经营模式，以特许经营形式授予乙方使用，乙方须在甲方统一的业务经营模式下从事数字电影院线的连锁经营活动。

3. 甲方特许授权乙方加盟连锁经营期限为____年，自____年____月____日至____年____月____日。加盟连锁经营期限届满，双方可以签订续期合同。

第二条 特许经营费用

1. 加盟费：乙方应在签订本合同之日起_____天内，一次性以现金（或银行汇款）方式向甲方支付加盟费人民币（大写）_____元。

2. 设备费：乙方应在签订本合同之日起_____天内，一次性以现金（或银行汇款）方式向甲方支付成套数字电影放映设备购置费_____元。

3. 特许权使用费：乙方向甲方支付特许权使用费（含数字电影节目版权使用许可费）选择按照下列第_____种方式，每月月末与甲方或其代理机构结算一次。

（1）定额收费：每月/每日/每场次支付定额特许权使用费人民币_____元；

（2）票房收入分成：按照数字影院每月票房收入的_____%支付特许权使用费。

第三条 连锁经营规范

1. 乙方应在签订本合同之日起_____月内，自筹资金设立数字影院，以其名义办理相关《电影放映经营许可证》、《消防安全许可证》、《食品卫生许可证》、工商税务登记和社会治安备案手续，并以此作为取得数字电影连锁店特许经营权的前提条件。

2. 数字电影连锁店必备的投影机、幕布等专业器材，须向甲方或其代理机构订购。

3. 加盟连锁经营期间，乙方须自行投资、自主经营、自负盈亏；乙方如对第三人负有债务，甲方对此债务概不承担连带赔偿责任。

4. 加盟连锁经营期间，乙方只能放映由甲方特许提供的数字电影节目，不得放映由第三人提供的数字电影节目。

5. 加盟连锁经营期间，乙方如遇第三人推销和播映甲方享有版权或独家代理发行权的数字电影节目的，应当积极收集盗版侵权证据并及时通报甲方。

6. 加盟连锁经营期间，甲方有权对乙方放映技术、服务质量、管理水平、营业状况、统计台账、财务报表等经营情况进行定期和不定期的检查与稽核。

7. 加盟连锁经营期间，甲方承诺在乙方营业地点周边_____千米范围之内不再授权设立第二家数字电影连锁店。

8. 数字电影节目贴片广告经营权归甲方享有；数字电影连锁店堂内和户外广告经营权归乙方享有；甲方如有意参与连锁店堂内和户外广告经营，双方可以就此类广告合作经营及收益分配办法另行协商并签订补充协议。

第四条 甲方义务

1. 负责提供数字电影连锁店所需的放映专用设备、器材和数字电影节目片源，并负责专用设备和器材的售后服务。

2. 负责提供乙方开办数字电影连锁店需由甲方出具的相关许可证照和证明文件。

3. 负责制定和推行本条数字电影院线的店堂方案、技术规程、运营规章和营业守则等。

4. 负责提供数字电影连锁店的专业培训和指导，包括门面设计、店堂布局、技术规程、运营规章、场务管理、广告宣传、票务营销等。

第五条　乙方义务

1. 按照约定时限、足额向甲方支付数字电影连锁店设备费和特许经营费。

2. 按照甲方制定的数字电影连锁店门面设计、技术规程等文件建设和装修营业场地，调试放映专用设备，保证数字电影连锁店的正常运营。

3. 执行甲方制订的特许经营业务计划及其指导，包括节目引进计划、拍片计划、广告宣传计划、组织放映计划、广告招商计划等。

4. 参与甲方安排的统一看电影促销活动，并按照甲方要求提供业务经营的相关数据。

第六条　知识产权约定

1. 数字电影院线的商标、商号、特许标识等知识产权归甲方专有，乙方不得在本特许经营业务范围外擅自使用，也不得与其他商标、商号或特许标识组合使用。

2. 数字电影院线的技术规程、运营规章、营业守则、推广计划、营销方案等商业秘密权归甲方专有，未事前征得甲方许可，乙方不得擅自披露给第三人。

3. 甲方对其提供的数字电影节目享有版权（或独家代理发行权），乙方不得在连锁店营业地点之外场所擅自放映，也不得擅自再许可第三人放映。

4. 加盟连锁经营期限届满，甲方无条件收回上述特许使用权项，乙方不得继续使用。

第七条　广告宣传促销

1. 甲方向社会发布数字电影节目新片广告、向乙方提供宣传促销支持，均须遵守国家法律法规的相关规定。

2. 甲方每次推出广告宣传或促销推广活动，应事前将新片预告、电影海报等资料发送给乙方，以便乙方及时、高效地配合本条院线的广告宣传促销活动。

3. 乙方可自行策划并实施针对本特许区域市场特点的广告宣传或促销推广活动，但须事先征得甲方的同意，并在甲方的指导下进行。

第八条 观众投诉处理

1. 乙方应遵守甲方统一制定的服务和质量保证承诺，自觉维护消费者的合法权益，并在加盟店内设置监督电话。

2. 乙方应对观者的投诉及时处理，如因乙方服务质量存在瑕疵或因工作人员失职致使观众消费权益受损的，乙方应及时采取相应的补救措施。

3. 如因乙方服务质量或因其工作人员失职致使观众消费权益受损，而观众直接向甲方投诉并由甲方负责救助、赔偿的，甲方有权向乙方追偿。

第九条 合同变更与解除

1. 加盟连锁经营期间，甲方可将本合同项下的全部或部分权利与义务转让给第三人，但应书面通知乙方，且须保证第三人无条件承诺继续履行本合同约定的条款。

2. 加盟连锁经营期间，经甲方事先书面同意，乙方可将本合同项下的全部或部分权利与义务转让给第三人，但须保证第三人无条件承诺继续履行本合同约定的条款。自转让之日起____年内，在特许区域内乙方仍须遵守本合同有关商业秘密保护和竞业限制的约定。

3. 甲方有下列行为之一的，乙方有权书面通知更正，甲方应在接到通知后的____日内更正。逾期未更正的，乙方有权书面通知单方解除合同。解除合同通知在到达甲方时生效：①未按合同约定向乙方提供符合国家或行业质量标准的电影放映专用设备。②未按合同约定履行加盟店开业前及经营过程中的培训、技术指导义务。③累计____次延迟发行数字电影节目或因维修数字电影放映设备，致使乙方蒙受全天停业损失。

4. 乙方有下列行为之一的，甲方有权书面通知更正，乙方应在接到通知后的____日内更正。逾期未更正的，甲方有权书面通知单方解除合同，解除合同通知在到达乙方时生效：①未按合同约定支付特许权（含数字电影节目版权）使用费和其他相关费用。②未经甲方事先书面认可擅自放映非特许来源的数字电影节目。③未经甲方事先书面同意擅自变更或扩大商标或特许标识的使用范围。④因服务质量问题引起大量投诉或被主要媒体曝光批评，严重损害本条数字电影院线的商誉。⑤侵害（包括但不限于泄露）本条数字电影院线的商业秘密。⑥误报或瞒报加盟店的票房收入。

第十条 违约责任

1. 加盟连锁经营期间，甲方延迟发行数字电影节目或因维修数字电影放映设备，致使造成乙方蒙受全天停业损失的，甲方因给付该加盟店日均票房收入的____%作为违约金。该笔违约金可从乙方应付甲方特许权使用费（或票房分成收入）中抵扣。

2. 加盟连锁经营期间，乙方延迟支付特许权使用费（或票房分成收入），应按该加盟店日均票房收入的____%作为违约金。乙方长期拖欠应付特许权使用费（或票房分成收入）的，甲方有权停供数字电影节目和单方解除合同，并有权要求乙方赔偿其经济损失。

第十一条　不可抗力

任何一方由于不可抗力且自身无过错造成的部分或者不能履行本合同的义务将不视为违约，但应在条件允许下采取必要的补救措施，以减少不可抗力造成的损失。遇有不可抗力的一方，应尽快将事件情况以书面形式通知对方，并在事件发生的合理时间内，提交不能履行或者部分不能履行本合同以及需要延期履行的理由的证明。

第十二条　其他约定

1. 双方商定通过以下联系方式向对方送达与本合同有关的文件。

甲方：_____，联系人：_____

地址：_____，邮　编：_____

电话：_____，传　真：_____

乙方：_____，联系人：_____

地址：_____，邮　编：_____

电话：_____，传　真：_____

2. 本合同适用中华人民共和国法律。

3. 本合同履行过程中如产生争议，双方应协商解决；协商不成的，采取下列第____种方式解决：①向_____仲裁委员会申请仲裁。②向人民法院提起诉讼。

4. 本合同的附件、补充协议是本合同必要的组成部分。

5. 本合同一式____份，甲乙双方各执一份，办理加盟店开业手续需____份，具同等法律效力。

甲方：_____　　乙方：_____

代表：_____　　代表：_____

附件1　《特许加盟店所在街区附图》

附件2　甲方《企业法人营业执照》或《营业执照》复印件

附件3　甲方《商标注册证》及其他权利证明复印件

附件4　乙方《企业法人营业执照》或《居民身份证》复印件

第二节 版权合同

一、版权及版权合同的概念与特征

版权也称著作权,是指文学、艺术、科学作品的作者对其作品享有的权利,包括财产权和人身权。版权是知识产权的一种类型,它是由自然科学、社会科学以及文学、音乐、舞蹈、戏剧、书法、绘画、雕塑、摄影、广播录音、电影摄影、电视摄像、网络视频制作等方面的作品组成版权。版权合同是指版权所有人将其文学、艺术或科学作品财产权转让或许可给传播者或使用者使用,传播者或使用者支付价款或使用报酬的合同。在版权合同中,不仅存在着转让和许可使用两种交易方式,而且存在着版权的多种利用形式(如出版、发行、出租、表演、展览、摄制、广播)和版权交易的中间环节(如传播者使用与中介代理),从而使得版权合同的类型呈现多样性的局面。版权合同在大众传媒产业(报刊业、图书业、音像业、广播业、电视业、电影业、网络业)领域广泛应用。

版权合同具有以下法律特征:①是智力成果交易性质的合同。②是兼有转移无形财产所有权与许可无形财产使用权两种交易方式的合同。③是双务、有偿、诺成合同。④是不要式合同。⑤是《合同法》未予规范的无名合同。

二、版权合同的分类

版权合同根据交易方式和交易内容的不同,可有以下两种分类:

(一) 版权转让合同与版权许可使用合同

版权合同按交易方式分类,即按此类无形财产的所有权是否转移进行划分,可以分为版权转让合同和版权许可使用合同。版权转让合同是指版权所有人将其作品财产的所有权转移给买受人(一次性卖断给使用者),买受人支付价款的合同。版权许可使用合同是指版权所有人将其作品财产的使用权转移给使用者(许可使用者一定期限内使用),使用者支付报酬的合同。

(二) 作品版权使用类型合同

版权合同按交易内容分类,可以分为下列作品版权的各种使用类型合同:

1. 出版合同。出版合同也称复制合同,是指版权所有人授权出版者/复制者以印刷、复印、拓印、录音、录像等方式出版其作品而签订的合同。如图书出版合同、录音制品出版合同、软件制品出版合同。

2. 发行合同。发行合同是指版权所有人授权发行者以出售（批发和零售）或赠与方式向公众提供其作品的原件或复制件而签订的合同。如报刊发行合同、录像制品发行合同、电影发行合同。

3. 出租合同。出租合同是指版权所有人或者代理经营者许可他人临时使用其电影作品、录像作品、计算机软件而签订的合同。如图书出租合同、电影出租合同、录像制品出租合同。

4. 展览合同。展览合同是指版权所有人或者作品原件持有人许可他人公开陈列其美术作品、摄影作品的原件或复制件而签订的合同。如书法艺术作品展览合同。

5. 表演合同。表演合同是指版权所有人授权他人公开表演以及用各种手段公开播送其作品而签订的合同。如戏剧舞台表演合同、背景音乐机械表演合同。

6. 放映合同。放映合同是指版权所有人授权他人通过放映机、幻灯机等技术设备公开再现其美术、摄影、电影作品而签订的合同。

7. 广播合同。广播合同是指版权所有人授权他人以无线方式公开广播或传播、以有线传播或转播的方式向公众传播以及通过扩音器或其他传送符号、声音、图像的类似工具向公众传播其作品而签订的合同。如电台广播合同、电视广播合同。

8. 信息网络传播合同。信息网络传播合同是指版权所有人授权他人以有线或无线方式向公众提供其作品，使公众可以在其个人选定的时间和地点获得其作品而签订的合同。如文字作品网络传播合同、视听作品网络传播合同。

9. 摄制合同。摄制合同是指版权所有人授权他人以摄制电影或以类似摄制电影的方法将其作品固定在载体上而签订的合同。

10. 改编合同。改编合同是指版权所有人授权他人改变其作品表现形式或用途、为创作出具有独创性的新作品而签订的合同。如将小说改编为电影文学剧本合同。

11. 翻译合同。翻译合同是指版权所有人授权他人将其作品从一种语言文字转换成另一种语言文字而签订的合同。如中国现代小说翻译英文版本合同、美国人物传记翻译中文版本合同。

12. 汇编合同。汇编合同是指版权所有人授权他人将其作品或作品片段通过选择或编排、汇集成新作品而签订的合同。如为将某位知名作家的两个中篇小说选编、汇集到《中国当代作家中篇小说选》第×辑而订立的汇编合同。

三、版权合同的效力

版权合同的效力体现在作品版权所有人与受让人或者使用者之间的权利义务关系方面。由于版权合同属于双务合同，双方当事人的权利义务相互对应、互为条件，所以只要就版权所有人的义务与版权受让人或者使用者的义务两方面予以说明，即可全面把握当事人双方权利义务关系的内容。

（一）版权所有人的义务

版权所有人的主要义务有：

1. 交付作品的义务。①实际交付作品的原件/电子文件/复制品。②交付必要的有关资料，如电影片公映许可证、电视剧发行许可证、计算机软件使用说明书、商业发票等。③按照约定的质量要求交付作品原件/复制品。④按照约定的期限、地点和方式交付作品原件/复制品。

2. 担保作品版权无瑕疵的义务。作品版权所有人应当保证其对转让或者许可使用的作品享有合法的版权；并且保证该作品版权本身没有瑕疵，与他人不存在权利争议。如果由于作品版权存在瑕疵，而使作品版权受让人或者使用者受到第三人追索或被主张权利的，应当由版权所有人承担版权瑕疵的担保责任。

（二）版权受让人/使用者的义务

版权受让人/使用者的主要义务有：

1. 支付价款或者酬金的义务。①按照约定的数额支付价款或者酬金。②按照约定的期限、地点和方式支付价款或者酬金。

2. 接受作品为复制品的，应当履行对其进行验收的义务。①按照约定的时间、地点和方式接受版权所有人交付的作品复制品。②在约定的验收期间内，应对收到的作品复制品进行检验。如果发现作品复制品质量不符合约定的，受让人或者使用者应当及时通知版权所有人并办理更换手续。

3. 采取作品"许可使用"方式的，许可期限届满应停止使用该权项的义务。由于作品版权属于无形财产权，许可使用期限届满后版权自动回归所有人。所以，许可期限届满后应终止使用约定许可权项，避免侵犯版权行为的发生。如果使用者希望继续使用该作品版权的专项权利，应在合同期限届满前与版权所有人续签合同。

四、版权合同的规范要点

(一)《著作权法》有关合同的规定

1. 版权许可使用合同包括下列主要内容:①许可使用的权利种类。②许可使用的权利是专有使用权或者非专有使用权。③许可使用的地域范围、期限。④付酬标准和办法。⑤违约责任。⑥双方认为需要约定的其他内容。

2. 版权转让合同包括下列主要内容:①作品的名称。②转让的权利种类、地域范围。③转让价金。④交付转让价金的日期和方式。⑤违约责任。⑥双方认为需要约定的其他内容。

3. 许可使用合同和转让合同中著作权人未明确许可、转让的权利,未经著作权人同意,另一方当事人不得行使。

4. 使用作品的付酬标准可以由当事人约定,也可以按照国家版权行政管理部门会同有关部门制定的付酬标准支付报酬。当事人约定不明确的,按照国家版权行政管理部门会同有关部门制定的付酬标准支付报酬。

(二)《著作权法实施条例》有关合同的规定

1. 版权所有人许可他人将其作品摄制成影视、录像作品的,视为已同意对其作品进行必要的改动,但是这种改动不得歪曲篡改原作品。

2. 职务作品完成两年内,经单位同意,作者许可第三人以与单位使用的相同方式使用作品所获报酬,由作者与单位按约定的比例分配。作品完成两年的期限,自作者向单位交付作品之日起计算。

3. 使用他人作品的,应当指明作者姓名、作品名称,但是当事人另有约定或由于作品使用方式的特性无法指明的除外。使用他人作品应当同著作权人订立许可使用合同,许可使用的权利是专有使用权的,应当采取书面形式,但是报社、期刊社刊登作品除外。

4. 许可专有使用权的内容由合同约定,合同没有约定或约定不明的,视为被许可人有权排除包括版权所有人在内的任何人以同样的方式使用作品。除合同另有约定外,被许可人许可第三人行使同一权利,必须取得著作权人的许可。

五、版权合同的格式

A. 图书出版合同（示范文本 GB-1999）*

图书出版合同

甲方（著作权人）：　　　　　　　　地址：

乙方（出版者）：　　　　　　　　　地址：

作品名称：

作品署名：

甲乙双方就上述作品的出版达成如下协议。

第一条　甲方授予乙方在合同有效期内，在（中国大陆、中国香港、中国台湾或其他国家和地区、全世界）※以图书形式出版发行上述作品（汉文、×文）※文本的专有使用权。

第二条　根据本合同出版发行的作品不得含有下列内容：①反对宪法确定的基本原则。②危害国家统一、主权和领土完整。③危害国家安全、荣誉和利益。④煽动民族分裂，侵害少数民族风俗习惯，破坏民族团结。⑤泄露国家机密。⑥宣扬淫秽、迷信或者渲染暴力，危害社会公德和民族优秀文化传统。⑦侮辱或者诽谤他人。⑧法律、法规规定禁止的其他内容。

第三条　甲方保证拥有第一条授予乙方的权利。因上述权利的行使侵犯他人著作权的，甲方承担全部责任并赔偿因此给乙方造成的损失，乙方可以终止合同。

第四条　甲方的上述作品含有侵犯他人名誉权、肖像权、姓名权等人身权内容的，甲方承担全部责任并赔偿因此给乙方造成的损失，乙方可以终止合同。

第五条　上述作品的内容、篇幅、体例、图表、附录等应符合下列要求：_____。

第六条　甲方应于_____年____月____日前将上述作品的誊清稿交付乙方。甲方不能按时交稿的，应在交稿期限届满前_____日通知乙方，双方另行约定交稿日期。甲方到期仍不能交稿的，应按本合同第十一条约

---

* ①图书出版合同文本是国家版权局制定的标准格式，也称示范文本。②本合同某些条款中列有"（文字）※"部分，是该项约定事务的可选择性条款。

定报酬的＿＿＿％向乙方支付违约金，乙方可以终止合同。甲方交付的稿件应有作者的签章。

第七条　乙方应于＿＿＿年＿＿＿月＿＿＿日前出版上述作品，最低印数为＿＿＿册。乙方不能按时出版的，应在出版期限届满前＿＿＿日通知甲方，并按本合同第十一条约定报酬的＿＿＿％向甲方支付违约金，双方另行约定出版日期。乙方在另行约定期限内仍不出版的，除非因不可抗力所致，乙方应按本合同第十一条约定向甲方支付报酬和归还作品原件，并按该报酬的＿＿＿％向甲方支付赔偿金，甲方可以终止合同。

第八条　在合同有效期内，未经双方同意，任何一方不得将第一条约定的权利许可第三方使用。如有违反，另一方有权要求经济赔偿并终止合同。一方经对方同意许可第三方使用上述权利，应将所得报酬的＿＿＿％交付对方。

第九条　乙方尊重甲方确定的署名方式。乙方如需更动上述作品的名称，对作品进行修改、删节、增加图表及前言、后记，应征得甲方同意，并经甲方书面认可。

第十条　上述作品的校样由乙方审校。

（上述作品的校样由甲方审校。甲方应在＿＿＿日内签字后退还乙方。甲方未按期审校，乙方可自行审校，并按计划付印。因甲方修改造成版面改动超过＿＿＿％或未能按期出版，甲方承担改版费用或推迟出版的责任。）※

第十一条　乙方采用下列方式及标准之一向甲方支付报酬：

（一）基本稿酬加印数稿酬：＿＿＿元/每千字×千字+印数（以千册为单位）×基本稿酬＿＿＿％。

（二）一次性付酬：＿＿＿元。

（三）版税：＿＿＿元（图书定价）×＿＿＿％（版税率）×印数。

第十二条　以基本稿酬加印数稿酬方式付酬的，乙方应在上述作品出版后＿＿＿日内向甲方支付报酬，但最长不得超过半年。

或以一次性支付方式付酬的，乙方在甲方交稿后＿＿＿日内向甲方付清。

或以版税方式付酬的，乙方在出版后＿＿＿日内向甲方付清。

乙方在合同签字后＿＿＿日内，向甲方预付上述报酬的＿＿＿％（＿＿＿元）。※

乙方未在约定期限内支付报酬的，甲方可以终止合同并要求乙方继续履行付酬的义务。

第十三条　甲方交付的稿件未达到合同第五条约定的要求，乙方有权要求甲方进行修改，如甲方拒绝按照合同的约定修改，乙方有权终止合同并要求甲方返还本合同第十二条约定的预付报酬。如甲方同意修改，且反复修改仍未达到合同第五条的要求，预付报酬不返还乙方；如未支付预付报酬，乙方按合同第十一条约定报酬的_____%向甲方支付酬金，并有权终止合同。

第十四条　上述作品首次出版_____年内，乙方可以自行决定重印。首次出版_____年后，乙方重印应事先通知甲方。如果甲方需要对作品进行修改，应于收到通知后_____日内答复乙方，否则乙方可按原版重印。

第十五条　乙方重印、再版，应将印数通知甲方，并在重印、再版_____日内按第十一条的约定向甲方支付报酬。

第十六条　甲方有权核查乙方应向甲方支付报酬的账目。如甲方指定第三方进行核查，需提供书面授权书。如乙方故意少付甲方应得的报酬，除向甲方补齐应付报酬外，还应支付全部报酬_____%的赔偿金并承担核查费用。如核查结果与乙方提供的应付报酬相符，核查费用由甲方承担。

第十七条　在合同有效期内，如图书脱销，甲方有权要求乙方重印、再版。如甲方收到乙方拒绝重印、再版的书面答复，或乙方收到甲方重印、再版的书面要求后_____月内未重印、再版，甲方可以终止合同。

第十八条　上述作品出版后_____日内乙方应将作品原稿退还甲方。如有损坏，应赔偿甲方_____元；如有遗失，赔偿_____元。

第十九条　上述作品首次出版后_____日内，乙方向甲方赠样书_____册，并以_____折价售予甲方图书_____册。每次再版后_____日内，乙方向甲方赠样书_____册。

第二十条　在合同有效期内乙方按本合同第十一条（一）基本稿酬加印数稿酬方式，或者按本合同第十一条（二）一次性付酬方式向甲方支付报酬的，出版上述作品的修订本、缩编本的付酬的方式和标准应由双方另行约定。

第二十一条　在合同有效期内，甲方许可第三方出版包含上述作品的选集、文集、全集的，须取得乙方许可。

在合同有效期内，乙方出版包含上述作品的选集、文集、全集或者许可第三方出版包含上述作品的选集、文集、全集的，须另行取得甲方书面授权。乙方取得甲方授权的，应及时将出版包含上述作品选集、文集、全集的情况通知甲方，并将所得报酬的_____%交付甲方。

第二十二条　在合同有效期内，甲方许可第三方出版上述作品的电子版的，须取得乙方的许可。

在合同有效期内，乙方出版上述作品电子版或者许可第三方出版上述作品电子版的，须另行取得甲方书面授权。乙方取得甲方授权的，应及时将出版上述作品电子版的情况通知甲方，并将所得报酬的_____%交付甲方。

第二十三条 未经甲方书面许可，乙方不得行使本合同第一条授权范围以外的权利。

［甲方授权乙方代理行使（本合同第一条授权范围以外）※使用上述作品的权利，其使用所得报酬甲乙双方按比例分成］

第二十四条 双方因合同的解释或履行发生争议，由双方协商解决。协商不成将争议提交仲裁机构仲裁（或向人民法院提起诉讼）。※

第二十五条 合同的变更、续签及其他未尽事宜，由双方另行商定。

第二十六条 本合同自签字之日起生效，有效期为＿＿＿＿年。

第二十七条 本合同一式两份，甲乙双方各执一份为凭。

甲方： 　　　　　　　　　　　　乙方：
（签章） 　　　　　　　　　　　（签章）
　　年　月　日　　　　　　　　　　年　月　日

B. 文字作品版权转让合同（参考文本）*

文字作品版权转让合同

作　者：＿＿＿＿＿＿＿＿

受让者：＿＿＿＿＿＿＿＿

作品体裁及名称：小说/报告文学/人物传记/新闻通讯/文学剧本《××××》

双方就上述文字作品版权的转让，经过协商达成如下协议。

第一条 该文字作品版权转让的权利项目：单一权项，如电影/电视剧摄制权；或者部分权项，如图书出版权、报纸杂志分期连载权、翻译版本出版权、电影/电视剧摄制权、广播电台/电视台广播权和信息网络传播权；或者全部权项。

第二条 该作品版权转让的地域范围：如中国大陆地区、亚太地区或者全球范围。

第三条 作者的担保义务：

（一）作者担保合法享有该作品版权，并担保该作品中不含有侵犯他人版权和其他权益的内容。

---

*①文字作品版权转让合同具有转移无形财产所有权的特征，因而类同于买卖合同。②本合同文本，适用于各类作品形式及各种版权权项的转让业务。

（二）如遇该作品版权和其他权益（如诽谤、隐私侵权等）纠纷，由作者负全部责任。

第四条　作品转让价金和结算办法：该作品版权转让费为（人民币）_____元，本合同签字生效之日起_____日内交付现金（或现金支票、汇入作者指定银行账号）。

第五条　作品版权的派生权益：如原创作品的翻译版本出版权，摄制成电影片/电视剧的复制权、发行权、广播权、信息网络传播权等，依法归受让者享有，并有权转让或许可他人使用。

第六条　受让者的义务：

（一）受让者支付转让价金的义务。

（二）受让者在行使派生作品（如电影片）的版权权利时，不得损害原作品的整体版权。

第七条　违约责任：

（一）因作者侵害他人版权或其他权益行为而造成受让者经济损失的，作者应当承担赔偿经济损失的责任。

（二）受让者未按约定期限支付版权转让费的，应当给付转让费总额_____%的违约金。

第八条　争议解决方式（略）。

第九条　本合同自签字之日起生效。本合同一式两份，双方各执一份为凭。

作　者：_____　　受让者：_____
代理人：_____　　代表人：_____

（住所、账号、电子信箱、联系电话、签约地点、签约日期等项目略，下同）

C. 文字作品摄制权许可合同（参考文本）*

文字作品摄制权许可合同

作　　者：＿＿＿＿＿＿　　合同编号：＿＿＿＿＿＿
代　理　人：＿＿＿＿＿＿　　签约地点：＿＿＿＿＿＿
制　片　者：＿＿＿＿＿＿　　签订日期：＿＿＿＿＿＿
作品体裁及名称：小说/报告文学/人物传记/通讯报道/文学剧本《××××》

双方就上述作品电影/电视剧摄制权的许可使用，经过协商达成协议如下。

第一条　摄制权许可使用的具体内容

（一）为摄制电影/电视剧目的改编该作品（包括文学剧本、分镜头剧本的改编）。

（二）摄制成电影片（含或不含摄制成电视剧）。

（三）为所摄制成的电影片/电视剧宣传的需要，编写和公开发表该作品的内容简介（字数不超过＿＿＿千字）。

第二条　摄制权许可使用的地域范围和期限

（一）摄制权许可在全球范围（或在中国大陆地区范围）使用。

（二）摄制权许可使用期限为＿＿＿年，自合同签字生效之日起计算。

第三条　作者的担保义务

（一）作者担保合法享有该作品版权，并担保该作品中不含有侵犯他人版权和其他权益内容。

（二）如遇上述作品版权和其他权益（如诽谤、隐私侵权等）纠纷，由作者负全部责任。

第四条　作者许可修改项目（导演分镜头属于必要的二度创作）

为摄制电影片/电视剧目的，作者许可制片者改动原作品标题、人物、情节及对白，并许可将该作品与其他文字作品、戏剧作品、音乐作品相结合。但是这种改动不得歪曲篡改原作品。

第五条　文学剧本的改编（合同标的为小说、报告文学等体裁的，需增加此项条款）

＊①文字作品摄制权（以及其他权利项目）许可合同具有转移无形财产使用权的特征，因而类同于财产有偿使用合同或者类似于租赁合同。②本合同文本，既适用于制片者与小说、报告文学等体裁原著作者订立的合同，也适用于制片者与原创文学剧本作者订立的合同。③若小说、报告文学等体裁原著作者将作品摄制权已授权给图书、杂志出版社或者版权代理机构代理，制片者应当与其代理人订立合同，并可要求代理人提供"出版合同"或者作品版权授权委托书作为本合同的必要附件。

该作品尚需要改编成电影/电视剧文学剧本的，由＿＿＿方承担。如由甲方本人或者甲方与他人合作改编的，应付作者改编费列入约定的总付酬金；如由制片者约请改编者，视同作者授权改编，改编费由制片者与改编者另行约定。

第六条 酬金标准和结算办法，约定选择下列方式之一（或之二）：

（一）一次总付酬金（人民币）＿＿＿＿＿＿＿元，在制片者下达投产令后一周内付给作者（或在本合同生效后一周内预付作者＿＿＿＿＿＿＿元，其余部分在制片者投产令下达后一周内付清）。

（二）按电影片/电视剧（含或不含海外）发行收入的＿＿＿＿%分成付酬。在电影片/电视剧首次发行达6个月后一周内结算分成付给作者，此后发行每12个月结算一次。

第七条 文学剧本的修改及退稿

该作品提交时或者经作者改编为文学剧本的，如制片者为摄制要求进一步修改或加工时，作者有义务修改。修改期间作者的差旅、食宿费和补工补贴，由制片者按有关规定支付。

经修改仍未达到拍摄要求的可作为退稿处理，制片者应当按法定稿酬标准的30%~50%付给作者退稿费，并可解除本合同。

第八条 摄制权的回收与再许可

（一）在合同许可使用的有效期内，电影/电视剧摄制权为制片者独占（享有专有摄制使用权）；期限届满，权利法定回归作者，作者可将该作品电影/电视剧摄制权再授权给任何人。

（二）若制片者自合同生效起＿＿＿＿＿＿年（一般为1年）未开始制片，或者在1年内未完成制片，除制片者照付约定报酬外，作者有权收回该项权利。但是遇法定免责情形例外。

（三）在合同许可使用的有效期内，制片者因资金等原因将该项权利再许可给第三方使用时，应事先征得作者同意。

（四）电影/电视剧摄制权的派生权利，即根据该作品摄制成电影片/电视剧的复制权、发行权、出租权、放映权、广播权、信息网络传播权等，依《著作权法》有关电影作品规定，归制片者享有，并有权转让或许可他人使用。

第九条 制片者的义务

（一）制片者应根据上述作品摄制电影片/电视剧，并向作者支付报酬。

（二）如约请作者对电影/电视剧文学剧本进行修改加工，制片者应承担有关差旅、食宿费用，并适当付给作者误工补贴。

（三）制片者应在电影/电视剧文学剧本和分镜头剧本印刷本、电影拷贝/电视剧播出带/录像节目光盘上打印作者姓名（文学剧本体裁的称为"编剧"，其他体裁的称为"原著"）。

（四）制片者应向作者赠送电影/电视剧文学剧本和分镜头剧本印刷本各1份，电影片/电视剧剧照1套，电影片/电视剧节目光盘1套。

第十条 违约责任

（一）作者实施侵害他人版权或者其他权益行为并造成制片者实际经济损失的，作者应当承担赔偿经济损失的责任。

（二）作者参与改编工作未按约定期限交付剧本大纲、初稿、修改稿的，应当给付相当转让费总额＿＿＿＿＿＿％的违约金。

（三）制片者未按约定期限支付版权转让费的，应当给付相当转让费总额＿＿＿＿＿＿％的违约金。

（四）制片者未依法为作者署名或署名方式不当的，应当承担消除影响、赔礼道歉等责任。

第十一条 本合同未尽事宜和履行过程中发生争议，双方本着平等互利、诚实信用的原则友好协商解决。协商不成的，双方约定选择仲裁（或者诉讼）途径解决。

第十二条 本合同一式两份，双方各执一份，具有同等法律效力。

作　者：＿＿＿＿＿＿　　　　制片者：＿＿＿＿＿＿

代理人：＿＿＿＿＿＿　　　　代表人：＿＿＿＿＿＿

D. 文学剧本委托创作合同（参考文本）*

文学剧本委托创作合同

委托人（制片者）：＿＿＿＿＿＿

受托人（作　者）：＿＿＿＿＿＿

文学剧本名称：《××××》

双方就委托创作（或修改）戏剧/电影/电视剧文化剧本事宜，经协商达

---

* ①文学剧本委托创作合同具有完成特定工作并提供工作成果的特征，因而类同于承揽合同。②第一条款列举了委托创作剧本的三种情形：一是根据原著"改编"；二是根据素材和策划方案"编剧"；三是根据现有剧本"修改"。法理上讲，同一文学体裁形式不存在改编，故而剧本修改行为属于"编辑"行为范畴。如果修改者要求署名"编剧"或"改编"，委托人须事先征得原编剧的书面认可。如果原编剧不同意，对修改者的"编辑"行为可变通署名"统筹"或"文学顾问"，以避免委托创作中的署名权益纠纷。③本合同文本，适用于各种类型的委托创作和设计事务。

成协议如下。

第一条　委托人已获得小说/报告文学/人物传记/长篇通讯《××××》的戏剧表演权（或者电影/电视剧摄制权）的授权，现约请受托人根据原著改编为同名（或暂定名为《×××》）戏剧/电影/电视剧文学剧本。受托人在该完成剧本上"原著"列名后署名"改编"或"编剧"。

或者委托人已获得知名人士/重要事件的素材资料并征得有关方面许可（或者委托人已策划某个故事创意方案），拟将其排演成戏剧/摄制成电影或电视剧，现约请受托人根据该素材资料（策划方案）创作暂定名为《×××》的戏剧/电影/电视剧文学剧本。受托人在该完成剧本上署名为"编剧"。

或者委托人已获得戏剧/电影/电视剧文学剧本《×××》的表演权/摄制权，因该剧本质量原因委托人现约请受托人对其进行修改加工。受托人在该完成剧本上署名为"统筹"或"文学顾问"（或征得原剧本作者认可，受托人可在该完成剧本上署名为"联合编剧"或"联合改编"）。

第二条　委托人应在本合同生效之日起_____天内，向受托人提交该剧本原著、素材资料、策划方案等。受托人应在委托创作（或委托修改）工作期限_____月内，向委托人分期提交剧本故事梗概及分场景（或电视剧分集）大纲和剧本初稿。

第三条　委托人应在收到剧本初稿之日起_____天内，完成审稿工作并向受托人提交书面的审稿意见。受托人应在收到书面审稿意见之日起_____天内，完成修改工作并向委托人提交剧本修改稿。委托人享有剧本修改定稿权，受托人修改工作及次数，直至委托人认可修改、剧本定稿为止。

第四条　委托人付给受托人的剧本酬金为（人民币）_____元。本合同生效之日起_____天内支付_____%作为定金，受托人提交剧本初稿之日后的_____天内支付_____%，委托人正式排演（或开机拍摄）之日后的_____天内结清其余款项。结算方式为给付现金/现金支票（或划拨到受托方指定的银行账号）。

第五条　受托人（是/否）为原著作者。如果受托人为原著作者，改编剧本酬金按第四条款约定单独支付（或已折入该原著表演权/摄制权的转让费或许可使用费总额中，不再单独支付）。

如果委托人约请第三人参与剧本改编工作，第三人的剧本改编酬金由委托人负担；如果由受托人约请第三人参与，第三人的剧本改编酬金由_____方负担。

第六条　委托人（是/否）为受托人提供写作生活、收集资料和体验生活条件。如果委托人提供此类条件，住宿、伙食费用每天标准限额为_____

和_____元，资料经费限额为_____元，体验生活的差旅经费限额_____元。

第七条　如果委托人在剧本修改阶段需要第三人参与修改工作，应当事前通知受托人。在双方就第三人参与修改任务分工和署名方式、三方工作协调机制等事宜协商确定之后，委托人才可以与第三人办理有关约请手续。

第八条　如果剧本初稿经多次修改仍未达到投排/投拍要求的，委托人有权退稿并与受托人解除合同；委托人根据受托人实际工作量并按约定剧本酬金总额的30%~50%酌情给付退稿费。如果委托方在该退稿基础上约请他人修改并投排/投拍该剧，应当补付受托人全额剧本酬金。

第九条　如果由于剧本选题不当、剧本审查未获主管部门通过等原因而终止投排/投拍，委托人应当给付受托人全额剧本酬金。

第十条　委托人享有该剧本版权及其派生作品（如电影/电视剧）版权，受托人享有在该剧本的印刷本及其派生作品的片头字幕上署名的权利。

第十一条　受托人担保该剧本中不含有任何侵犯他人版权和其他权益的内容。如遇该剧本版权和其他权益（如诽谤、隐私侵权等）纠纷，除因原著内容、制片者提交的素材内容、策划方案和审稿意见等引发权益纠纷外，由受托人负全部责任。

第十二条　违约责任：

（一）受托人未按约定期限交付剧本故事梗概和分场景大纲、初稿、修改稿的，应当给付相当剧本酬金总额_____%的违约金；如果延误排演周期/摄制周期并给委托人实际经济损失的，受托人还应当补偿委托人蒙受的实际经济损失。

（二）受托人实施侵害他人版权或者其他权益行为并给委托人造成实际经济损失的，受托人应当承担赔偿委托人经济损失的责任。

（三）委托人未按约定期限支付剧本酬金的，应给付相当剧本酬金总额_____%的违约金。

（四）委托人未依法为受托人署名或署名方式不当的，应当承担消除影响、赔礼道歉等责任。

第十三条　该小说/报告文学/人物传记/长篇通讯《××××》的戏剧表演权（或者电影/电视剧摄制权）的授权书，为本合同的必要附件。

第十四条　本合同未尽事宜和履行过程中发生争议，双方本着平等互利、诚实信用的原则友好协商解决。协商不成的，双方约定选择仲裁（或者诉讼）途径解决。

第十五条　本合同自_____年_____月_____日签字生效，至受托人交付剧本完成稿之日终止。

第十六条　本合同一式两份，双方各执一份，具有同等法律效力。

委托方：_____　　　　　　　受托方：_____

代　表：_____　　　　　　　代理人：_____

E. 图书插图设计合同（参考文本）

图书插图设计合同

合同编号：_____

甲方（委托人）：_____　　签订地点：_____

乙方（承揽人）：_____　　签订时间：____年__月__日

甲乙双方经充分协商一致，兹就甲方为乙方拟出版的《××××》一书插图设计事宜达成协议如下：

第一条　本系列插图设计主题为：_____。

第二条　本系列插图设计共计：____幅，色彩为：____，规格为：____。

第三条　甲方应在____年__月__日之前向乙方交付本系列插图的设计初稿。乙方应在收到初稿后____日内提出审稿意见并书面通知甲方。甲方在收到乙方书面审稿意见后____日内向乙方交付插图定稿。

第四条　乙方应在收到本系列插图定稿____日内向甲方支付稿酬____元。

第五条　本系列插图设计原件归甲方所有，乙方应在本书出版后____年内将全部原件归还甲方。若乙方有意收藏插图原件，经协商乙方可适当给付甲方报酬作为收藏原件代价。

第六条　本系列插图设计著作权益归乙方所有。但甲方享有在本书封页署名插图设计的权利，并可在评论、评奖、研讨甲方创作业绩的场合加以使用。

第七条　在向甲方支付稿酬后，乙方有权抉择该插图是否与本书配套出版。如果乙方弃用该系列插图设计，甲方不得主张任何权利。

第八条　甲方保证本系列插图设计为本人独立创作，不含有剽窃、抄袭他人作品内容。如因本插图侵害他人著作权益或其他权益，甲方承担全部的侵权赔偿责任。如因他人起诉而致使乙方蒙受直接经济损失（如销毁本书）和间接经济损失（如律师费用）的，甲方应赔偿乙方实际的经济损失。

第九条　争议解决方式（略）。

第十条　本合同一式两份，双方各执一份为凭。

甲　　方：_____　　乙　　方：_____

代　　表：_____　　信用卡号：_____

F. 电影发行合同（参考文本）*

电影发行合同

制片者名称：_____　　合同编号：_____

发行者名称：_____　　签约地点：_____

电影片名：《×××××》　　签订日期：_____

双方就上列电影在_____区域发行，达成协议如下。

第一条　电影发行权的许可使用/转让采用下列第_____种方式：

（一）电影院线发行许可使用权。

（二）电影院线发行权一次转让。

（三）电影拷贝转让权（即出售）。

第二条　发行者如获得电影院线发行许可使用权，该项权利为在本区域内独家（或非专有）使用权，许可期限为_____年，自合同生效之日起计算。

第三条　制片者应在合同生效后一天内，向发行者交付电影拷贝和有关材料。

（一）电影标准拷贝。

（二）影片素材（是/否包括电影原底拷贝和国际声带）。

（三）宣传材料（电影简介_____份，海报_____张，对白台本_____本，剧照_____套）。

（四）电影片公映许可证复印件。

第四条　电影院线发行权许可费/拷贝发行权许可费、转让金和结算办法选择下列第_____种方式：

（一）电影院线发行权许可费/转让金一次总付（人民币）_____万元，在制片者交付电影拷贝和有关材料后_____天内支付结清。

---

* 电影发行合同文本，也适用于制片商与出口电影代理商、进口电影代理商与国内电影发行商、一级电影发行商与二级电影发行商、二级电影发行商与三级电影发行商之间的交易业务。

（二）按电影票房收入/发行收入的_____%（保底/不保底）分成。影片首轮放映满_____个月结算一次发行权许可费，此后每发行满_____个月结算1次。采取保底分成方式，制片方应得保底额度为_____元。电影发行标准拷贝洗印加工费用，由_____方负担。

（三）按电影标准拷贝计价结算。每个35毫米标准拷贝单价为_____元（或者发行权费为_____元，拷贝加工费为_____元）；16毫米标准拷贝单价为_____元（或者发行权费为_____元，拷贝加工费为_____元）。发行者订购35毫米拷贝_____个，16毫米拷贝_____个，总计价款_____元。在制片者交付电影标准拷贝和宣传材料后_____天内支付结清。

第五条 该电影节目的录像制品发行权（是/否）许可/转让给发行者。如果许可/转让给发行者，该项发行权许可费/转让金一次总付（人民币）_____万元，于发行者支付电影院线发行权许可费/转让金时一并结算。

（供选择）音像制品版税率为_____%，制品零售价格为_____元，首次复制发行制品为_____盘，总计版税金额为（人民币）_____元，于发行者支付电影院线发行权许可费/转让金时一并结算。如再版发行制品，按规定单价、版税率乘以实际复制成品数量计算并支付版税款项。

第六条 该电影节目的电视广播权（是/否）许可/转让给发行者。如果许可/转让给发行者，该项广播权许可费/转让金一次总付（人民币）_____万元，于发行者支付电影院线发行权许可费/转让金时一并结算。

（供选择）首播支付_____元，于发行者支付电影院线发行权许可费时一并结算；复播一次_____元，每季度/年度结算一次。

第七条 该电影节目的信息网络传播权（是/否）许可/转让给发行者。如果许可/转让给发行者，该项信息网络传播权许可费/转让金一次总付（人民币）_____万元，于发行者支付电影院线发行权许可费/转让金时一并结算。

第八条 制片者若保留上述电影节目的相关权益，则该影片在本区域院线首映之日起_____个月内限制制片者行使录像制品发行权，_____个月内限制行使电视广播权，_____个月内限制行使信息网络传播权。

第九条 如果电影发行拷贝/电影录像制品交付制片者复制加工，发行者按每个电影标准拷贝_____元、每个电影录像光盘_____元向制片者支付加工费用。影片素材、录像母盘以及包装材料加工费用按行业价格标准结算（供选择）。

第十条 制片者提交的影片拷贝及素材应当符合有关技术标准。如出现质量问题，发行者应在收到之日起一天内连同"鉴定书"一并发还制片者；经制片者核检确有质量缺陷，制片者应在收到之日起_____天内无偿更换符合标准的影片拷贝及素材,并承担调换过程中的运杂费用。

第十一条 制片者保证为上列电影版权所有人。如遇电影版权以及其他相关权益纠纷,由制片者负全部责任,并承担发行者由此蒙受的经济损失。

第十二条 为电影发行目的,制片者许可发行者对影片进行必要的删节、剪辑、配音、配译文对白与字幕、更改片名、叠印发行者名称和商标,并许可发表作品内容简介以及制作和播放电影预告片。但是,上述许可均须以不得歪曲、篡改该电影作品为前提。

第十三条 实行电影票房收入/发行收入分成方式的,发行者应定期向制片者通报有关影片发行及收入情况。制片者有权委托会计事务所人员赴发行者处/有关院线审计所提交的定期报告,发行者有义务接受审计或核查。

第十四条 发行者延期付款的,应按相当拖欠期的银行贷款利息支付滞纳金;漏报、瞒报制片者应得分成款项的,应按该笔款项的_____%追付罚金。

第十五条 争议解决方式(略)。

第十六条 本合同一式两份,双方各执一份,具有同等法律效力。

制片者:_____ 发行者:_____

代 表:_____ 代 表:_____

G. 影片放映年度许可证(参考文本)*

影片放映年度许可证

××省/市电影发行(院线)公司

许可证号:_____

影院名称:_____ 签字日期:_____

本公司享有发行权的影片许可上列影院(简称院方)在_____年度租用,为了明确发行放映活动中双方权利义务关系,订立下列协议条款。

(一)院方的放映设备和放映人员均达到行业技术标准要求,公司方租供影片。

(二)院方须提前一周与公司商定每月租用影片及场次,并经双方业务

---

*①影片放映许可证(合同)分为年度许可证和临时许可证两种,前者适用对象是院线放映单位,后者适用对象包括非院线放映单位(如剧场)、流动放映单位和社会单位。②《租片须知》一般规定有办证手续(出具单位介绍信)、场次租价、拷贝损毁赔偿标准、私加场次和拷贝转租罚款等条款内容。

代表在"月份排片表"上签字生效。月份排片表为本许可证的组成部分。

（三）院方首轮放映场次排在_____区域院线第_____站。院方计划日均场次_____场，正常排映时间为_____。特殊排映场次根据具体片目商定。

（四）院方有权根据市场行情调整第二天排映场次和片目，如需增加场次须经公司认可。当日场次映前售票率低于_____%时，院方有权停映。

（五）院方按电影票房收入的_____%分成支付片租。电影票价中含有饮料等项目收费，允许从票房收入中合理扣除。

（六）院方应付片租按周结算，每周_____划拨上周款项（公司开户行_____，账号_____）。同时，应向公司提供日场放映及票房收入分账情况周报。

（七）院方须使用连续编号的电影票（或者安装计算机电影票务系统）。已映场次未售出的余票（或者票务记录）应妥善保管，以备公司核查。

（八）公司有权在放映时间内自由进入影院核查观众人数，有权定期或不定期核查院方有关票款台账和记录。

（九）院方使用拷贝超出合理损耗或者撕裂，应按拷贝实际损失赔偿；未按指定的时限和地点交接或者归还拷贝，处以罚款_____元。但是，由于意外停电或电压不稳造成的损伤、延误，可免除院方责任。

（十）院方私自加映场次、转租拷贝、扣留应付片租，应按其实际所得加倍赔偿公司。

（十一）公司未按计划租供影片，应按院方满场（上座率为100%）票房收入分成额给予赔偿。但是因交通运输延误、前一影院发生拷贝事故而造成的场次损失，可免除公司责任。

（十二）本许可证一式两份，双方各执一份为凭。

院方：（章）　　　　　　　公司：（章）

代表：_____　　　　代表：_____

_____月份排片表

影院名称：_____　　　　签字日期：_____

日期 片名	1	2	3	4	5	6	（略）
备注							

公司业务代表_____　　　　院方业务代表_____

影片放映临时许可证

×× 省/市电影发行公司

租用单位：_____　　　　　　许可证号：_____

片　号	片　名	租用时间	场　次	片　租	归还地点

合　计　人民币（大写）_____　¥_____

租用单位声明：已了解《租片须知》内容，并承诺其明示的影片租用义务。

租用单位经办人：_____　　　　公司业务员：_____

H. 录像节目光盘出租卡（参考文本）*

录像节目光盘出租卡

×× 音像书店出租部

（签章）

租卡编号：_____
姓　　名：_____
联系地址：_____
卡　　别：_____

办卡日期：____年____月____日

租带须知

1. 办卡时须交押金____元。
2. 出租卡分为三种：零租卡，每次租金____元；月租卡，预交月租____元，本月可租用30次。
3. 录像节目光盘1盘1天为一次；1盘2天、2盘1天为两次，依此类推。当天租借，次日本部下班前归还为1天。
4. 录像节目光盘只许可家庭录像放映，不得用于营业性播放，不得私自转录。
5. 损坏录像节目光盘封盒者赔偿____元；毁损、丢失录像节目光盘者，按原价赔偿。

（背面）

片　号	片　目	借出日期	归还日期	次　数	备　注

---

*①录像节目光盘出租卡（合同）可以设计成卡片式、表册式。②卡别（零租卡、月租卡等）可以印制成不同颜色的封面加以区别。

I. 电视剧广播合同（参考文本）*

电视剧广播合同

合同编号：_____

甲方（制片者名称）：_____ 签订地点：_____
乙方（电视台名称）：_____ 签订时间：____年____月____日

双方就电视连续剧《××》在_____区域许可使用/转让广播权事宜，达成如下协议。

第一条　甲方将该剧的电视广播权许可给乙方独家/非专有使用，许可期限为____年，自本合同生效之日起计算（或者甲方将该剧的电视广播权一次性转让给乙方）。

第二条　该剧电视广播权许可费/转让金和结算办法选择下列第____种方式：

（一）电视广播权许可费/转让金一次总付（人民币）____万元。在甲方交付该剧播出母带和有关材料（电视剧摄制许可证、电视剧发行许可证复印件等）后____天内支付结清。

（二）电视广播权许可费按次付酬：首播给付____元，于合同生效之日起____天内支付结清；以后复播一次给付____元，每季度/年度结算一次。

第三条　甲方担保该剧未含侵犯他人版权和其他权益的内容，如遇此类权益纠纷由甲方负全部责任。

第四条　为电视剧播映目的，甲方许可乙方对该剧进行必要的删节、剪辑、配音、配译文对白字幕、更改片名、叠印乙方名称和商标，并许可发表该剧内容简介以及制作和播放电视剧预告片。但是，上述许可均须以不得歪曲、篡改该电视剧作品为前提。

第五条　该剧（是/否）加有贴片广告。如果加有贴片广告，每集电视剧贴片广告的播出长度为____分钟，并且甲方应当根据《广告法》的规定向乙方提交广告主身份证明、产品合格证书、服务项目许可证照等文件资料，广告片的内容须经乙方广告业务部门的审核认可。

第六条　该剧录像制品发行权（是/否）一并许可/转让给乙方。如果该

---

* ①电视剧广播合同的名称，基于《著作权法》规定的"广播权"权项。在影视行业实践中，此类合同大多被称为电视剧发行合同。②本合同文本，也适用于制片者与影视节目发行商、影视节目发行商与电视台之间的影视节目交易业务。

剧录像制品发行权许可/转让给乙方,许可费/转让金一次总付(人民币)_____万元。如果该剧录像制品发行权仍归甲方享有,在本区域该电视剧首播之日起_____个月内限制甲方行使该项权利。

第七条 该剧信息网络传播权(是/否)一并许可/转让给乙方。如果该剧信息网络传播权许可/转让给乙方,许可费/转让金一次总付(人民币)_____万元。如果该剧信息网络传播权仍归甲方享有,在本区域该电视剧首播之日起_____个月内限制甲方行使该项权利。

第八条 违约责任:_____。

第九条 争议解决方式(略)。

第十条 本合同一式两份,甲乙双方各执一份为凭,具有同等法律效力。

甲　方:_____　　　　乙　方:_____

代　表:_____　　　　代　表:_____

J. 视听作品网络传播合同(参考文本)*

视听作品网络传播合同

合同编号:_____

甲方(版权所有人):_____　签订地点:_____

乙方(网站经营者):_____　签订时间:_____年_____月_____日

双方就甲方现有版权的视听作品许可乙方网站在线传播事宜,经过协商达成如下协议。

第一条 许可视听作品类型及其数量:

(一)音乐作品:歌曲_____首,民乐_____首,交响乐_____首。

(二)戏剧作品:话剧_____部,歌剧_____部,地方戏曲_____部。

(三)曲艺作品:相声_____段,小品_____段,评书_____段,快板、鼓书等作品_____段。

(四)舞蹈作品:民族舞_____段,交谊舞_____段,舞剧_____部。

(五)杂技作品:杂技_____项,魔术_____项,马戏_____项,武术_____项。

＊①视听作品网络传播合同业务一般只涉及版权"许可使用"方式,因为版权"许可使用"方式的交易成本往往低于"转让"方式,所以商业网站为合理储备作品、节约投资费用而选择前种交易方式。②本合同文本,也适用于文字作品和口述作品网络传播业务。

（六）美术作品：绘画＿＿＿幅，书法＿＿＿幅，雕塑＿＿＿幅，工艺制品等作品＿＿＿幅。

（七）摄影作品：照片＿＿＿张。

（八）电影作品：故事片＿＿＿部，戏曲片＿＿＿部，动画片＿＿＿部，科学教育片＿＿＿部，新闻纪录片＿＿＿部。

（九）录像作品：DV短片＿＿＿段，DV短剧＿＿＿部/集。

（十）电视作品：电视剧＿＿＿部/集，电视专题片＿＿＿部/集，电视综艺节目＿＿＿部/集。

第二条　许可权利性质及其期限：甲方许可乙方独家（或非专有）将上列视听作品上载其网站在线传播，并且限于网络用户非商业性的下载欣赏；许可使用期限为＿＿＿年，自＿＿＿年＿＿＿月＿＿＿日起计算。

第三条　许可作品修改事项：为视听作品在线传播之目的，甲方许可乙方对上列视听作品进行必要的删节、剪辑、配音、配背景画面、配文字解说、配译文对白字幕、叠印乙方名称和商标，并许可发表上列视听作品内容简介及制作和播放网络节目预告片。但是，上述许可均须以不得歪曲、篡改上列视听作品为前提。

第四条　许可费标准及结算办法：乙方给付甲方的许可费按下列作品付酬标准（均以人民币为单位）乘以使用作品数量计算，于甲方交付作品多媒体复制品之日起＿＿＿天内一次支付结清，汇入甲方指定的银行账号。

（一）音乐作品：歌曲＿＿＿元/首，民乐＿＿＿元/首，交响乐＿＿＿元/首。

（二）戏剧作品：话剧＿＿＿元/部，歌剧＿＿＿元/部，地方戏曲＿＿＿元/部。

（三）曲艺作品：相声＿＿＿元/段，小品＿＿＿元/段，评书＿＿＿元/段，快板、鼓书等作品＿＿＿元/段。

（四）舞蹈作品：民族舞＿＿＿元/段，交谊舞＿＿＿元/段，舞剧＿＿＿元/部。

（五）杂技作品：杂技＿＿＿元/项，魔术＿＿＿元/项，马戏＿＿＿元/项，武术＿＿＿元/项。

（六）美术作品：绘画＿＿＿元/幅，书法＿＿＿元/幅，雕塑＿＿＿元/幅，工艺制品等作品＿＿＿元/幅。

（七）摄影作品：照片＿＿＿张。

（八）电影作品：故事片＿＿＿元/部，戏曲片＿＿＿元/部，动画片＿＿＿元/部，科学教育片＿＿＿元/部，新闻纪录片＿＿＿元/部。

（九）录像作品：DV短片＿＿＿元/段，DV短剧＿＿＿元/集。

（十）电视作品：电视剧＿＿＿元/集，电视专题片＿＿＿元/集，电视综艺节目＿＿＿元/集。

第五条　甲方担保声明：甲方保证合法享有上列作品版权，并且上列作品不含有任何侵害他人版权和其他权益（肖像权、名誉权、隐私权等）内容。如遇此类权益纠纷，由甲方负全部责任。

第六条　违约责任：_____。

第七条　争议解决方式（略）。

第八条　视听作品明细表为本合同的必要附件。

第九条　本合同一式两份，甲乙双方各执一份为凭，具有同等法律效力。

甲　　方：_____　　　　乙　　方：_____

代　　表：_____　　　　代　　表：_____

合同附件：视听作品明细表（略）

K. 音乐版权集体管理合同（参考文本）*

音乐版权集体管理合同

合同编号：_____

甲方：_____

地址：_____　　　　邮编：_____

乙方：中国音乐著作权协会

地址：北京市××区××大街××号　　邮编：_____

双方就音乐作品版权集体管理事宜，达成协议如下。

（一）甲方同意将其音乐作品的公开表演权、广播权和录制发行权授权乙方以信托的方式管理。

（二）甲方保证享有授权乙方管理的权利。

（三）甲方承认乙方章程，乙方保证根据章程使甲方授权的权利得到尽可能有效的管理。

（四）乙方对甲方权利的管理，指同音乐作品使用者商谈使用条件并发放音乐作品使用许可证，征集作品的使用情况，向使用者收取使用费，根据使用情况向甲方分配使用费。上述管理活动，以乙方名义进行。

（五）本合同第一条所称的音乐作品，指甲方现有和今后将有的作品。

---

* 音乐版权集体管理合同文本引用中国音乐著作权协会制定的"音乐著作权合同"文本，笔者作文字性修改。

（六）甲方应将授权乙方管理的音乐作品向乙方登记，并为此填写由乙方提供的作品登记表。

（七）本合同不影响甲方在本合同签定之日前与第三方建立的著作权关系。

（八）本合同不妨碍甲方使用其音乐作品的首次使用权。

（九）如果甲方提出要求，乙方可就甲方录制发行权的具体管理与甲方协商。

（十）乙方为有效管理甲方授权的权利，有权以自己的名义向侵权者提起诉讼，双方另有约定的除外。

（十一）乙方可授权海外同类组织在海外管理甲方授权的权利。

（十二）乙方管理甲方授权的权利带来的收益，应按照乙方的章程每年两次向甲方分配。

（十三）本合同有效期为三年。至期满前60天甲方未提出书面异议，本合同自动续展三年。之后亦照此办理。

（十四）甲方有权通过终止本合同收回授权乙方管理的权利，但应在乙方收到甲方书面通知一年后生效。

（十五）甲方指定汇款的开户银行：_____，账号：_____。

（十六）本合同的变更及其他未尽事宜，由双方另行约定。

（十七）本合同自双方签字之日起生效。

（十八）本合同一式两份，甲乙双方各执一份为凭。

甲　　方：（印章/公章）　　　乙　方：中国音乐著作权协会（公章）
个人/法人代表：_____（签字）　法人代表：_____（签字）
签字时间：____年__月__日　签字日期：____年__月__日

L. 计算机软件许可合同（参考文本）

计算机软件许可合同

合同编号：_____

甲方（许可人）：_____　　签订地点：_____

乙方（被许可人）：_____　　签订时间：____年__月__日

甲方自主开发_____计算机系统程序并拥有其完全版权，乙方希望获得该套系统软件并在其单位使用。就该套系统软件许可使用事宜，双方本着平等、互利、诚信的原则经过协商达成如下协议。

第一条　甲方授权乙方在其单位指定数量为＿＿＿＿台的计算机上使用该套系统软件，许可使用期限为＿＿＿＿年，许可使用费为＿＿＿＿＿＿＿元/年。

第二条　乙方应于本合同签字之日起＿＿＿＿日内，以现金支票、银行汇款或网上支付方式向甲方交纳该软件许可使用年费。第二年度以后应付的软件许可使用年费，乙方须在上一年度终了前＿＿＿＿日内交纳。甲方开户银行：＿＿＿＿＿＿＿＿＿＿，账号＿＿＿＿＿＿＿＿＿＿。

第三条　甲方通过互联网下载方式向乙方提供该许可系统程序和许可资料。甲方应指定专人定期或不定期地向乙方人员提供有关该套许可软件的技术咨询服务。

第四条　乙方承诺该套系统软件仅限于内部使用和为其附属公司提供信息服务，在任何情况下均不得将该套系统软件提供给任何第三人使用。除一份备用许可程序和获准使用许可软件所必需的许可资料外，甲方不得制作或许可第三人制作该套系统软件的拷贝。

第五条　乙方承诺采取必要的防范措施，对甲方向乙方披露的并标明"专有"或"保密"的许可资料或数据予以保密。未经甲方书面允许，乙方不得复制或向任何第三人披露此类资料或数据。乙方应负的此项保密义务，至本合同有效期限届满后＿＿＿＿＿＿内继续有效。

第六条　甲方保证对该套系统软件拥有完全版权。乙方如遇因使用该软件而招致第三人提起侵权诉讼情形的，甲方有义务参与诉讼，并承担乙方为此支付的诉讼费用和蒙受的实际经济损失。

第七条　对乙方因使用该系统软件所引起的任何意外的、间接的损害（包括但不限于营业损失、经营中断、数据丢失以及其他经济上损失），甲方不承担任何的法律责任。

第八条　本合同履行过程中的未尽事宜，双方应友好协商解决，可签订补充协议。

第九条　争议解决方式（略）。

第十条　本合同自签字之日起生效。本合同一式两份，甲乙双方各执一份为凭。

甲方：＿＿＿＿＿＿＿＿＿＿	乙方：＿＿＿＿＿＿＿＿＿＿
代表：＿＿＿＿＿＿＿＿＿＿	代表：＿＿＿＿＿＿＿＿＿＿
住所：＿＿＿＿＿＿＿＿＿＿	住所：＿＿＿＿＿＿＿＿＿＿
网址：＿＿＿＿＿＿＿＿＿＿	网址：＿＿＿＿＿＿＿＿＿＿

第三节 劳务合同

一、劳务及劳务合同的概念与特征

劳务是指以活劳动形式为他人提供某种特殊使用价值的劳动。这种劳动是以活劳动形式提供某种服务。这种服务可以是满足人们物质生产的需要,也可以是满足人们精神上的需要。劳务合同是指聘用方与劳务方为有偿转让劳务而明确双方权利与义务关系的合同。聘用方可以是法人或其他经济组织,也可以是个人;劳务方可以是劳务人员个人,也可以是劳务派遣单位(即劳务人员所辖单位)。劳务合同虽然没有纳入《合同法》所规定的15种有名合同之列,但是随着我国市场经济体制改革的不断深入、劳动力市场的飞速扩张,它在社会经济生活领域中得到广泛应用。企事业单位、工商个体户、居民家庭或个人为解决临时性、专业性用工而聘用清洁工人、保安人员、技术顾问、演职人员、保姆、家庭教师等各类人员,就需要与劳务人员个人或是劳务派遣单位签订劳务合同。

劳务合同具有以下法律特征:①是以转让劳务为标的的合同,这使它与以转让劳务成果为标的的承揽合同区别开来。②合同的标的具有期限约束力,即转让的是约定期限的劳务。③是双务、有偿、诺成合同。④可以是要式合同,也可以是不要式合同。⑤是《合同法》未予规范的无名合同。

二、劳务合同与劳动合同的异同

劳动合同是指劳动者与用人单位确立劳动关系、明确双方权利义务的协议。就两类合同概念而言,两者的文字表述基本是相同的,并且两类合同具有以转让劳务为标的的共同特征。但是,劳动合同还具有不同于劳务合同的法律特征:①劳动合同主体具有特定性。②劳动合同的双方当事人具有职责上的从属关系。劳动合同订立后,劳动者被招收为用人单位成员,产生人身从属关系。③劳动合同的主要条款具有法定性。④劳动合同往往会涉及第三人的物质利益。如独生子女补贴和医疗费用补贴。两类合同的区别主要表现在以下六个方面:

1. 主体资格不同。劳务合同的主体双方当事人可以同时都是法人单位、其他组织或者公民，也可以是公民与法人单位、其他组织。劳动合同的主体只能一方是法人单位或者其他组织，即用人单位，另一方则必须是劳动者个人；劳动合同主体不能同时都是自然人。

2. 主体性质及其关系不同。劳务合同的双方主体之间只存在着经济关系，彼此之间无从属性；劳动者提供劳务服务，用人单位支付劳务报酬，各自独立、地位平等。劳动合同的双方主体间不仅存在经济关系，还存在着人身关系，也即行政隶属关系。

3. 主体待遇不同。劳务关系中的劳务人员或者劳务派遣单位一方，一般只获得劳动报酬。劳动关系中的劳动者一方，除获得工资报酬外，还有社会保险、医疗统筹、福利待遇等。

4. 用人单位义务不同。劳务合同的用人单位一般没有法定的专门义务。劳动合同则贯穿着国家的干预，即《劳动法》给用人单位强制性地规定了许多义务，如必须为劳动者交纳养老保险、医疗保险、失业保险、工伤保险、生育保险、用人单位支付劳动者工资不得低于政府规定的当地最低工资标准等；这些必须履行的法定义务，不得协商变更。

5. 适用法律不同。劳务合同主要适用《民法》、《经济法》（包括《合同法》），即劳务关系主要由《民法》、《经济法》调整。劳动合同则适用《劳动法》，即劳动关系由《劳动法》来调整。

6. 纠纷处理方式不同。劳务合同的纠纷处理，双方当事人可以根据事前约定或者事后商定到当地的仲裁委员会申请（经济）仲裁；如果没有事前约定或者事后补充仲裁条款，任何一方当事人可以直接到人民法院提起诉讼。劳动合同的纠纷处理，则设有劳动仲裁前置程序，即发生劳动争议必须先到当地的劳动仲裁委员会申请仲裁；对劳动仲裁委员会的裁决不服的，才可以在法定期限内到人民法院提起诉讼。

三、劳务合同的主要内容

普通劳务合同的内容主要有以下条款：①劳务项目，即劳务人员从事的工种或担负的工作任务。如清洁工作、摄影工作。②劳务期限，即劳务人员履行工作职责的期限，是劳务的数量条款，应当明确规定总期限和起止日期。③劳务报酬。应当明确报酬标准、结算办法和付酬时间。④工作及生活条件。比如，提供劳动工具、休息场所等。⑤工作纪律。应聘人员应当遵守聘用方的有关管理规章和制度。⑥劳动保护及福利待遇。聘用方应当按规定发放特殊工种劳保用品及津贴、加班补贴，承担工伤费用，劳务方患病医药费一般自理。其他福利待遇由双方商定。⑦变更或解除合同的条件。比如，劳务人员不能适应所聘任工作（可采用试工期），聘用方可以提前解除合同。⑧违约责任。⑨争议解决办法。⑩双方约定的其他条款。

四、文化劳务合同的格式

A. 演职人员劳务合同（参考文本）*

演职人员劳务合同

合同编号：_____

大型文艺演出晚会《××××》承办单位_____文化有限公司（以下简称甲方）拟聘用_____先生/女士（以下简称乙方）担任_____工作，经过协商双方达成如下协议。

第一条　劳务期自____年____月____日至____年____月____日止，共计____天/个月。乙方保证按时到甲方指定的场所履行工作职责，并保证该劳务期劳务为甲方独占。

第二条　在本劳务期，甲方有义务为乙方提供履行职责所必需的工作和生活条件（如演出服、更衣柜、化妆间、休息室、工作餐等），并支付约定劳务报酬和工作补贴。

第三条　在本劳务期，乙方有义务服从甲方有关节目排练和公演的指挥与调度，并保质按量完成约定劳务。乙方在艺术创作和技术操作方面的独立性，以服从甲方艺术和行政领导为前提。

第四条　劳务酬金及结算办法采用下列第____种方式：

（一）一次总付劳务酬金（人民币）____元；合同签订之日起____日内支付____%作为定金，节目排演结束之日支付____%，节目公演结束之日结清其余部分。

（二）按月给付劳务酬金，月酬（人民币）____元；不足半个月给付50%，超过半个月给付全额；每月月终支付。

（三）按日给付劳务酬金，日酬（人民币）____元；按实际出勤天数每周/旬结算一次。

第五条　如果乙方携带专用服装、道具、乐器或摄影、录音、照明、特

---

*①演职人员合同文本的劳务方主体，为个体演职人员。②本合同文本，也适用于歌厅、酒吧、夜总会等娱乐场所聘用歌手、乐手、伴舞等个体演员和影视剧组聘用导演、演员、摄影、录音、美工、置景等个体演职人员的劳务合同业务。

技器材参与演出活动，甲方给付一次性租金（人民币）_____元（或者计入劳务酬金，不再另付租金）。

第六条 如果因本台晚会推迟公演或者追加外地巡回演出而延长劳务期，在乙方未于第三方签订其他劳务协议（如有协议需提交该合同复印件）前提下，乙方应同意本劳务期顺延。延长期劳务酬金按前款付酬标准结算。

第七条 在本劳务期乙方应缴纳的养老保险、医疗保险和失业保险自理；因病医疗费用自理（但工伤除外）。如遇乙方违章罚款、损坏公私财物和致人伤残赔偿金由甲方垫付的，则该类罚款和赔偿款从应付乙方的劳务酬金中抵扣。

第八条 本台晚会节目版权归甲方所有。节目中塑造的人物、造型、服饰、道具、置景等的商业性利用权，除乙方享有限于个人技艺的表演权或者展览权外，均归甲方所有。

第九条 本合同履行过程中的具体事宜，双方本着平等互利、诚实信用的原则协商解决。

第十条 违约责任：_____。

第十一条 争议解决方式（略）。

第十二条 本合同一式两份，双方各执一份为凭，具有同等法律效力。

甲方：_____　　　　乙方：_____

代表：_____　　　　经纪人（代）：_____

（住所、账号、签约地点、签约日期等项目略，下同）

B. 影视演职人员劳务合同（参考文本）*

影视演职人员劳务合同

合同编号：_____

聘用方（影视制片单位）：_____　签订地点：_____

劳务方（劳务派遣单位）：_____　签订日期：___年__月__日

应聘用方的聘请，劳务方同意派出_____先生/女士参加电影/电视

---

* ①影视演职合同文本的劳务方主体，为劳务派遣单位。②本合同文本，也适用于文艺表演团体及演出和娱乐场所聘用文化经纪公司所属歌手、乐手、导演、演员、摄影、录音、美工、置景等演职人员的劳务合同业务。

剧《××××》摄制组，担任_____工作。经双方协商签订劳务合同如下。

第一条　劳务期自_____年____月____日至_____年____月____日止，共计_____个月。起始日指从劳务方地点起程日，终止日指从聘用方地点或者摄制现场返程日。

第二条　劳务方应当按期委派劳务人员前往制片方指定地点。在本劳务期内，劳务人员劳务为甲方独占。劳务方有义务承担因劳务人员原因产生索赔的连带责任。

第三条　劳务人员应当服从聘用方及其摄制组的生产调度和行政管理，并按质按量地提供约定劳务。劳务人员在艺术创作和生产制作方面的独立性和自主权，以服从聘用方及其摄制组的艺术和行政领导为前提。

第四条　聘用方应当为劳务人员提供该摄制组同类人员享有的基本工作和生活条件。

第五条　劳务费及结算办法采用下列第_____种方式：

（一）一次总付劳务费（人民币）_____元；合同签订之日起_____日内支付_____%作为定金，完成本剧前期拍摄后_____日内支付_____%，完成后期制作后_____日内结清其余部分。

（二）按电视剧摄制集数计酬，每集劳务费为（人民币）_____元，该劳务人员参与本剧的摄制任务为_____集，总计劳务费（人民币）_____元；本剧开机拍摄之日起_____日内支付_____%，完成本剧前期拍摄后_____日内支付_____%，完成后期制作后_____日内结清其余部分。

（三）按该劳务人员的月基本工资的_____倍计酬；不足半个月给付月劳务费的50%，超过半个月的给付全额；每季度支付一次（或者分为完成前期拍摄和完成后期制作两次结算）。

（四）按日计酬，每天劳务费（人民币）_____元；按实际出勤天数每天/周/旬结算一次。

第六条　劳务人员的往返程差旅费、住宿费、补助费、节假日加班费、摄制组摄制酬金、因工伤而发生的医药费，均由聘用方按本单位有关规定支付给本人。劳务人员的工资、所在单位或地区津贴、医药（不包括工伤）费，均由劳务方支付给本人。

第七条　本影视剧版权归聘用方所有；主创人员（导演、演员、摄影、录音、美工等）享有署名权。除主创人员享有限于个人技艺的展览权和表演权外，本影视剧的人物、造型、服饰、道具、置景等所有的商业性利用权，均归聘用方享有。

第八条 劳务期的变更和中止：

（一）鉴于制片生产周期不稳定的特点，允许本劳务期起始日的推迟和终止日的提前。但聘用方支付劳务方的劳务费，仍按约定劳务期结算。

（二）鉴于制片进度受不可抗力和无法防止外因的制约，劳务方如无正当理由，允许本劳务延期。延长期劳务费仍按第五条标准结算。无法防止外因指因外景点气候不宜而短期停机，赴外景点因交通原因而拖期；因主创人员患病或工伤而使全组停工；因政府主管部门审查而拖期。以上述原因要求延期，需附有关证明。

（三）若为赶拍外景或调度原因，聘用方请求劳务人员提前履行劳务，征得劳务方同意后，提前期劳务费仍按第五条标准结算。

（四）劳务人员如遇前份合同第三方邀请参加首映（播）式、发奖会、出国访问，且属于非商业性或间接商业性（不公开售票）活动，聘用方应按影视制片行业惯例无偿允诺本人参加。本劳务期因此延长，不另支付劳务费。

（五）因劳务人员劳务质量未能达到聘用方摄制要求，允许聘用方单方面中止合同，劳务费按已履行的实际劳务期结算。上述变更、中止事项，均应及时通知对方。其中，第（一）、（五）项事由，通知送达对方之日起生效，第（二）、（三）、（四）项事由，对方签发书面认可（或者双方另签协议）之日起生效。

第九条 聘用方违约责任：由于聘用方计划变更停止拍摄或无限期推迟拍摄而终止合同，聘用方无权请求返还定金。聘用方无故拒付劳务人员应得报酬和费用，应加倍补偿同类款项；未按期结算劳务费，加罚欠款总额_____%的滞纳金。无正当理由留置劳务人员，每超1天按半个月劳务费给付劳务方赔偿金。

第十条 劳务方违约责任：劳务方未按期派出劳务人员，应双倍返还定金。合同继续履行的，该项罚金从应付总劳务费中抵扣。但是因劳务人员生病或交通原因未按期到达指定地点，可免除劳务方责任（需附有关证明）。劳务人员无故旷工，相应扣除劳务费和本人应得报酬及费用。主创人员擅离职守、故意装病或自伤致使摄制组停工，应偿摄制组停工损失，赔偿金按制组该阶段日平均成本标准计算。如是该戏主要演员，且截至制片方限定日未返组履行劳务，赔偿金为截至限定日该摄制组实际总成本。劳务方负有连带责任。

第十一条 劳务人员违章罚款、损坏他人财产、致人伤残，如由聘用方及其摄制组垫付赔偿金的，则该项垫付款可从应付总劳费中抵扣（需附有关证明）。

第十二条　为避免因病、伤纠纷而延误劳务人员的治疗休养或者延误摄制组生产进度，双方同意采用医务诊断方法来分清责任：若遇此类纠纷，则由聘用方请县级以上（含县级）医院予以诊断，劳务人员无回避权。该医务诊断书可作为裁决纠纷的依据。

第十三条　鉴于影视制片生产周期长、流动性大的特点，为便于合同实际履行，聘用方授权该摄制组制片人全权处理有关本合同业务范围内的事宜，劳务方授权劳务人员全权处理有关本人工作职责、工作条件和生活待遇方面的事宜。

第十四条　争议解决方式（略）。

第十五条　劳务人员就本项影视劳务派遣工作所签署的确认书，为本合同的必要附件。

第十六条　本合同一式三份，双方各执一份，劳务人员执一份，具有同等效力。

聘用方：_____　　　　劳务方：_____
代　表：_____　　　　代　表：_____

C. 品牌代言劳务合同（参考文本）*

品牌代言劳务合同

甲方（品牌所有人）：_____　合同编号：_____
乙方（品牌代言人）：_____　签订地点：_____
丙方（品牌推广人）：_____　签订日期：___年___月___日

甲方为扩大其产品/服务的市场影响，拟聘请乙方所属艺员_____先生/女士担当其产品/服务品牌代言人，并委托丙方组织品牌代言人的形象宣传品制作及推广工作，三方为此达成如下协议：

第一条　甲方的产品/服务品牌为：_____。甲方保证其产品/服务质量符合国家（行业）标准，并保证不致因质量而损害消费者的权益和品牌代言人的声誉。

---

* 品牌代言劳务合同文本涉及三方当事人，属于较为罕见特殊合同。其中包含两种劳务合同关系：一是广告客户与品牌代言人之间的代言劳务关系；二是广告客户与广告公司之间制作劳务（承揽业务）关系。

第二条 乙方同意为甲方产品/服务品牌的形象代言人。乙方担当代言产品/服务的范围为：＿＿＿＿＿＿＿＿。乙方代言劳务的内容为：拍摄电视广告片＿＿＿秒一条，平面照片＿＿＿张，并许可上述品牌宣传品印制在产品包装纸、大型广告牌上以及通过电视、网络等媒体传播。乙方基于品牌代言的肖像在同类产品/服务中为甲方独家/非专有使用，肖像许可使用期限为＿＿＿年，自该品牌代言的影像资料拍摄完成日起计算。

第三条 丙方保证敦促乙方按期、保质完成前款代言劳务，并负责全额劳务款项的结算和全程劳务活动的专业拍摄与事务协调。

第四条 本项品牌代言劳务总酬金为（人民币）＿＿＿万元；其中应付乙方代言劳务酬金＿＿＿万元，应付乙方制作劳务经费＿＿＿万元（包括乙方服装和化妆费用，丙方拍摄、制作和人员劳务费用）。合同签订之日起＿＿＿日内甲方向丙方支付总酬金的＿＿＿%作为定金，丙方按相同比例向乙方转付代言劳务酬金的定金；完成本项品牌代言的宣传品拍摄和制作工作＿＿＿日内，甲方向丙方支付、丙方向乙方转付结清其余劳务款项。

第五条 乙方以及丙方工作人员前往甲方生产经营地点和指定拍摄地点的差旅、食宿费用，由甲方按实际支出全额负担。甲方须为针对其产品/服务项目的拍摄活动提供必要的便利条件，但摄像、灯光等器材由丙方自行解决、租赁费用自理。

第六条 在品牌代言期间，甲方如需要乙方出席其厂庆、节庆宣传促销活动，乙方在与其演出等活动时间不冲突的情况下积极配合参与，出场费用为每次＿＿＿万元；丙方有义务协调双方日程的安排和协助拍摄影像资料，出场费用为每次＿＿＿万元。

第七条 品牌代言的影像资料版权归甲方所有，但甲方不得将涉及乙方肖像的影像资料用于本合同约定范围之外的其他领域。甲方保证在合同期限届满后，自行停止对乙方肖像的任何商业性使用（已印制有乙方肖像的包装材料许可延长使用半年）。甲方如有意向续聘乙方担当其品牌代言人，应在合同期限届满前＿＿＿日内履行与乙方办理续签合同的手续。

第八条 违约责任：＿＿＿＿＿＿＿＿＿＿。

第九条 争议解决方式（略）。

第十条 本合同自三方签字之日起生效，至品牌代言人的肖像许可使用期限届满终止。本合同一式三份，三方各执一份为凭，具有同等法律效力。

甲方：＿＿＿＿＿＿　　乙方：＿＿＿＿＿＿　　丙方：＿＿＿＿＿＿
代表：＿＿＿＿＿＿　　经纪人：＿＿＿＿＿＿　代表：＿＿＿＿＿＿

第四节 演出合同

一、演出及演出合同的概念与特征

演出是指公开表演音乐、舞蹈、戏剧、曲艺、杂技等艺术和足球、体操、摔跤、武术、棋牌等技艺供观众欣赏的活动。演出活动按表演内容分类，可分为文艺表演与竞技表演两类：①文艺表演包括音乐、舞蹈、戏剧、曲艺、杂技、魔术、马戏、木偶、皮影、朗诵、服饰、民俗等表演活动。②竞技表演包括棋类（如象棋、围棋）、牌类（如桥牌、麻将）、球类（如篮球、足球）、田径、体操、游泳、跳水、滑冰、摔跤、拳击、举重、射箭、击剑、武术、健美、马术、赛车等表演活动。此外，演出活动按表演形式可分为个人表演与团体表演两类；按表演场地可分为有室内表演与露天表演两类；按经营性质可分为营业性演出和非营业性演出两类。营业性演出也称盈利性演出、商业演出，是指以盈利为目的为公众举办的现场演出活动。营业性演出包括以下经营方式获取款物或广告效益的现场演出活动：①售票或包场的。②支付演出者演出费（或出场费）的。③以演出为媒介进行广告宣传的。④具有赞助或捐助性质的。⑤以演出吸引观众或顾客、为其他经营活动服务的。

演出合同有狭义与广义之分。狭义的演出合同是指演出团体（或演出场所经营者）为观众（或包场单位）有偿提供文艺表演和竞技表演服务，观众（或包场单位）支付门票、饮料（或包场费、赞助费）等服务费用的合同。广义的演出合同是指演出团体（或演出场所经营者）与观众（或包场单位）、个体演员、兼职演员、演出经纪公司、演出场所经营者或演出场地产权所有者为提供有偿演出服务而明确各方权利与义务关系的合同。演出合同具有以下法律特征：①合同的标的是提供表演服务；②是双务、有偿合同；③可以是诺成合同，也可以是实践合同；④一般为不要式合同；⑤是《合同法》未予规范的无名合同。

二、演出合同的分类

演出合同根据合同性质的不同，可以分为演出服务合同与演出经营合同两类。

（一）演出服务合同

演出服务合同是指演出团体或演出场所经营者为观众（或包场单位）有偿提供文艺表演和竞技表演的合同。这包括文艺演出包场合同、剧场演出合同（"观众须知"格式条款）等。

（二）演出经营合同

演出经营合同是指演出团体（或演出场所经营）与个体演员、兼职演员、演出经纪公司、演出场所经营者、演出场地产权所有者为从事表演服务经营活动而明确各方权利与义务关系的合同。这包括演出项目合作投资合同、演出项目冠名/赞助合同、演出场所租赁合同、演出票务代理合同、演员经纪合同、演出经纪合同、演员聘用合同（参考前述投资、赠与、租赁、经纪、劳务合同格式条款）、演出合作经营合同等。

三、文艺演出合同的格式

A. 文艺演出包场合同（参考文本）

文艺演出包场合同

甲方（表演团体）：＿＿＿＿＿＿＿＿＿

乙方（企业单位）：＿＿＿＿＿＿＿＿＿

甲方应邀参加乙方公司成立＿＿＿＿＿＿＿周年庆典活动，双方本着公平、自愿、互惠、诚实信用的原则，就甲方为乙方有偿献演活动的相关事宜达成如下协议：

第一条　演出剧目和主演：＿＿＿＿＿＿＿＿＿＿＿＿＿＿＿＿＿。

第二条　演出地点：＿＿＿＿省＿＿＿＿市＿＿＿＿＿＿＿＿＿公司礼堂；演出时间：＿＿＿＿年＿＿＿＿月＿＿＿＿日至＿＿＿＿月＿＿＿＿日，共计＿＿＿＿天；演出场次：每晚演出＿＿＿＿场，总计＿＿＿＿场。

第三条　甲方应于本次包场演出前＿＿＿＿日，向乙方所在地县级（跨省区演出须向省级）文化主管部门办理演出申报手续。

第四条　文艺演出包场费标准：＿＿＿＿＿＿万元/场。乙方应付甲方文艺演出总包场费为＿＿＿＿＿＿万元，甲方获得在乙方所在地营业性演出批文当日，乙方以银行汇款方式支付总包场费的＿＿＿＿＿＿%作为定金，其余款项于全部包场演出结束后的第二天支付结清。

第五条　甲方团体成员人数为＿＿＿＿＿＿＿＿人，其中男性＿＿＿＿＿＿＿＿人，女性_____人。甲方成员前往乙方所在地所需差旅费由乙方全额负担、实报实销。住宿、伙食费用由乙方全额负担,其中住宿标准不低于_____星级,每人伙食标准不低于_____元/天。

第六条 乙方应为甲方提供完备的礼堂舞台设施和声光、舞美系统设备,并在正式演出前给予甲方合理的装台、排演时间。

第七条 双方约定的主演因故未到现场演出的,包场费标准按_____元/人递减。

第八条 甲方包场费收入应缴纳的营业税费,由甲方全额负担。

第九条 双方同意各派一名专职人员(姓名_____,手机号码_____与姓名_____,手机号码_____),负责协调本合同履行过程中的具体事宜。如遇重大事项变更,双方经协商另签补充协议。

第十条 因天气、交通、街区停电等不可抗力因素,导致包场演出不能如期举行或需要延期进行的,均应免除对方的赔偿责任。但甲方团体成员在乙方所在地延期滞留期间的食宿费用,仍须由乙方负担。

第十一条 争议解决方式(略)。

第十二条 本合同自甲方取得本次营业性演出许可手续之日起生效,至在约定地点有偿献演活动结束终止。本合同一式两份,甲乙双方各执一份为凭。

甲　　方:_____　　乙　　方:_____
代　　表:_____　　代　　表:_____
住　　所:_____　　住　　所:_____
邮　　编:_____　　邮　　编:_____
传真电话:_____　　传真电话:_____

附件1:甲方成员名单(姓名、性别、年龄、民族、职务、身份证号等)

附件2:演出节目单及主演简介

B. 演出合同之《观众须知》格式条款

观众须知

(一)请您着装整洁,持当日剧场(竞技场馆)演出门票按时、有序入场。

(二)1.2米以下儿童谢绝进入剧场(儿童专场除外),1.2米以上儿童凭票入场。

(三)请您将随身携带的食品、饮料、照相机、摄像机等物品寄存于本剧场（竞技场馆）前厅存包处。

（四）请您在开演前进入演出大厅（竞技场地）、对号入座，迟到者请在厅（场）外稍候，待曲目终了或幕间休息时，就近入座。

（五）演出期间请您关闭手机或将手机调至静音状态。

（六）演出期间未经许可，请勿大声喧哗，请勿利用手机功能拍照、录音或录像。

（七）演出期间请勿在通道、座席间随意走动；因事需暂时离场，请向场务人员领取门票副券，以备返场继续观赏演出。

（八）演出期间如遇意外事故，必须听从场务人员指挥，按照疏导路线有序退场。

（九）剧场（竞技场馆）前厅、画廊、卫生间、休息室、咖啡屋、演出大厅（竞技场地）等公共场所严禁吸烟，违禁者须依法接受＿＿＿元以下罚款。

（十）剧场（竞技场馆）设施、设备存在安全隐患，出售过期、变质食品饮料，致使观众受到人身伤害的，场方应当据实赔偿观众的经济损失。

（十一）本《观众须知》未尽之事宜，依从国家法律法规、行业规章的相关规定。

（十二）本《观众须知》印制在门票背面并张贴于本剧场（竞技场馆）售票处的显要位置，观众购买门票及持票入场之行为，即表明本人已知悉并接受以上条款。

C. 演出合作经营合同（参考文本）

演出合作经营合同

合同编号：＿＿＿＿＿

甲方（演出团体）：＿＿＿＿＿　签订地点：＿＿＿＿＿

乙方（演出场所）：＿＿＿＿＿　签订时间：＿＿＿年＿＿＿月＿＿＿日

甲方应邀在乙方演出场所从事文艺/竞技表演活动，本着公平、自愿、互惠、诚实信用的原则，双方就文艺/竞技演出合作经营事宜订立本合同。

第一条　文艺节目名称及主演/竞技项目名称以及体育明星：＿＿＿＿＿。

第二条　演出时间和场次自＿＿＿年＿＿＿月＿＿＿日起至＿＿＿年＿＿＿月＿＿＿日止，由＿＿＿至＿＿＿演出，计＿＿＿天，演出＿＿＿场。

第三条　＿＿＿方负责向演出场所所在地的县级（跨省区演出须向省

级）文化/体育主管部门办理本次演出许可的申报手续。

第四条　乙方应为甲方提供演出场地设施及设备，负责落实甲方住宿（住宿费由＿＿＿＿方承担），并给予合理的装台、排演时间，负责组织观众，做好宣传工作。

第五条　门票档次及价位：＿＿＿＿＿＿＿＿。乙方全权负责票务工作。

第六条　双方合作经营收入分配，采用下列第＿＿＿＿种办法。

1. 定额提成：乙方给付甲方已扣除税费的定额提成标准为＿＿＿＿元/场；第二天（或周）以现金或银行汇款方式支付结算前一天（或周）实际演出场次的定额提成。

2. 收入分成：合作经营收入（包括但不限于门票收入、广告展版收入、企业赞助收入）扣除公提费用、应缴税费外，甲、乙双方按5∶5（或6∶4、7∶3）比例分成。

第七条　公提费用包括甲方演职人员旅费、甲方演出器材运费和乙方宣传费（含海报、传单、节目单、报纸广告、广播广告费用）等。

第八条　甲方应于演出前＿＿＿＿＿日将本次上演计划及相关宣传资料邮寄或传真给乙方。

第九条　对外公演期间，双方应密切合作，防止发生安全事故。任何一方如因过失损坏对方设施、器材或演出物品的，均应照价赔偿对方。

第十条　双方同意各派一名专职人员（姓名＿＿＿＿，手机号码与姓名＿＿＿＿，手机号码＿＿＿＿），负责协调本合同履行过程中的具体事宜。如遇重大事项变更或合同延期，双方经协商可另签补充协议。

第十一条　因天气、交通、街区停电等不可抗力因素，导致本次营业性演出不能如期举行或需要延期进行的，均应免除对方的赔偿责任。

第十二条　争议解决方式（略）。

第十三条　本合同自＿＿＿＿方取得本次营业性演出许可的手续之日起生效，至在约定演出场所完成演出活动终止。

第十四条　本合同一式两份，甲乙双方各执一份，具有同等法律效力。

甲　　方：＿＿＿＿＿＿＿　　　　乙　　方：＿＿＿＿＿＿＿
代　　表：＿＿＿＿＿＿＿　　　　代　　表：＿＿＿＿＿＿＿
住　　所：＿＿＿＿＿＿＿　　　　住　　所：＿＿＿＿＿＿＿
邮　　编：＿＿＿＿＿＿＿　　　　邮　　编：＿＿＿＿＿＿＿
传真电话：＿＿＿＿＿＿＿　　　　传真电话：＿＿＿＿＿＿＿

附件1：甲方成员名单（姓名、性别、年龄、民族、职务、身份证号等）
附件2：演出节目单及主演简介/竞技项目安排单以及体育明星简介

第五节　娱乐合同

一、娱乐及娱乐合同的概念与特征

娱乐概念有广义与狭义之分。广义的娱乐是指人们从事具有趣味性、消遣性、互动性、体验性的各种休闲活动，既包括跳交谊舞、唱卡拉 OK、玩电子游艺机、逛网吧、打麻将、踢足球、练健身机械等自娱自乐形式的活动，也包括听音乐、看展览、看戏剧、看电影、看电视、观赏体育比赛、游览人文景观等具有观赏性质的活动。狭义的娱乐是指人们从事具有趣味性、消遣性、互动性、体验性的自娱自乐形式的休闲活动。本节所述"娱乐"，仅限于狭义范畴。娱乐活动按娱乐内容分类，可分为文艺娱乐和竞技娱乐两类；①文艺娱乐包括人们从事唱歌、演奏、跳舞、绘画、雕塑、摄影等艺术方面自我表现、自我欣赏的活动。②竞技娱乐包括人们从事棋类、牌类、球类、麻将、电子游艺等智力与体能竞技方面的活动。此外，娱乐活动按娱乐方式可分为个人娱乐和团体娱乐两类；按娱乐场地可分为室内娱乐和露天娱乐两类；按经营性质可分为营业性娱乐和非营业性娱乐两类。

娱乐合同有狭义与广义之分。狭义的娱乐合同是指娱乐场所经营者为娱乐消费者有偿提供文艺娱乐和竞技娱乐服务，娱乐消费者支付门票、酒水、饮料、包场费等服务费用的合同。广义的娱乐合同是指娱乐场所经营者与娱乐消费者、个体演员、兼职演员、演出经纪公司或娱乐场地产权所有者为提供有偿娱乐服务而明确各方权利与义务关系的合同。娱乐合同具有以下法律特征：①合同的标的是提供娱乐服务。②是双务、有偿合同。③可以是诺成合同，也可以是实践合同。④一般为不要式合同。⑤是《合同法》未予规范的无名合同。

二、娱乐合同的分类

演出合同根据合同性质的不同，可以分为娱乐服务合同与娱乐经营合同两类。

（一）娱乐服务合同

娱乐服务合同是指娱乐场所经营者为娱乐消费者有偿提供文艺娱乐和竞技娱乐服务的合同。这包括游艺设施/器械服务合同、游园合同之《游客须知》、休闲会所会员合同等。

(二) 娱乐经营合同

娱乐经营合同是指娱乐场所经营者与个体演员、兼职演员、演出经纪公司或娱乐场地产权所有者为从事娱乐服务经营活动而明确各方权利与义务关系的合同。这包括娱乐场所演出合同、娱乐场地承租经营合同（参考前述劳务、租赁合同格式条款）、娱乐合作经营合同等。

三、娱乐合同的格式

A. 游艺设施/器械服务合同（参考文本）

游艺设施/器械服务合同

合同编号：_____

甲方（游客代表）：_____ 签订地点：_____
乙方（游艺场所）：_____ 签订时间：_____年____月____日

甲方来到乙方游艺经营场所参与_____项目游艺活动，双方就项目服务收费、安全和保险等事宜达成如下协议。

第一条 项目名称。

赛车（蹦极、跳伞、滑翔、漂流、冲浪、围猎、射箭、枪战、游泳、攀岩、摩天轮）。

乙方提供本游艺项目所需的专用器械（如赛车）、专用设施（如赛车跑道）、辅助性用品（如头盔）和消耗性材料（如汽油）。

第二条 进场时间。

进场时间约定：_____年____月____日____时____分。

第三条 服务收费。

1. 本游艺项目收费标准：_____元/次（或元/场、元/小时）。该收费标准包含（或不含）强制性的人身意外伤害保险费_____元。

2. 饮料、快餐和游艺项目消耗性材料按乙方公示的价签据实支付结算。

3. 甲方进场应当（无须）交付押金_____元，出场结算时多退少补。

第四条 安全事项。

1. 乙方承诺在游艺现场配备引导员、教练员和救护员，确保游艺活动的正常进行。

2. 甲方应当遵守有关游艺操作规程和游艺安全制度，服从乙方的现场指挥和调度。

3. 甲方如遇意外事故，应当及时、主动向乙方工作人员求助，积极配合乙方工作人员所采取的疏导、救援行动，以使任何人身危害降至最低限度。

第五条 违约责任。

1. 甲方如因游艺操作不当或故意寻衅滋事，致使乙方专用器械、专用设施损毁及辅助用品损坏的，甲方应赔偿乙方蒙受的实际经济损失。

2. 乙方专用器械、专用设施损毁及辅助用品存在质量安全隐患，出售过期、变质食品饮料，致使甲方人身受到伤害的，乙方应赔偿甲方蒙受的实际经济损失。

3. 因气候、地震等不可抗力因素导致甲方人身伤害或乙方器械设施损毁的，均应免除对方的赔偿责任。但乙方应积极采取救助措施，以使甲方人身伤害降至最低限度。

第六条 甲方进场参加游艺人员共_____人，游客名单附后。

第七条 争议解决方式（略）。

第八条 本合同一式两份，甲乙双方各执一份为凭。

甲方代表：_____　　　　乙　方：_____

身份证号：_____　　　　代　表：_____

附件：本批次游客名单（姓名、性别、年龄等）

B. 游园合同之《游客须知》格式条款

游客须知

（一）本《游客须知》印制在门票背面并张贴于本园（场、所）售票处的显要位置。游客购买门票及持票入园（场、所）之行为，即表明本人已知悉并接受下列条款。

（二）游客凭门票入园（场、所）并妥善保管。门票当日一次有效，遗失不予补发。

（三）游客应当遵守游艺操作规程和游艺安全制度，服从园方的现场指挥和调度。

（四）游客如遇意外事故，应当主动向园方工作人员求助，积极配合园方工作人员所采取的疏导、救援行动，以使任何的人身危害降至最低限度。

（五）游客如因游艺操作不当或故意寻衅滋事，致使园方游艺器械、设施损毁的，游客应当照价赔偿园方的经济损失。

（六）园方游艺器械、设施存在安全隐患，出售过期、变质食品饮料，致使游客受到人身伤害的，园方应当据实赔偿游客的经济损失。

（七）因气候、地震等不可抗力因素导致游客人身伤害或园方游艺器械、设施损毁的，均应免除对方的赔偿责任。但园方应当积极采取措施，以使游客人身伤害降至最低限度。

（八）本《游客须知》未尽之事宜，依从国家法律法规、行业规章的相关规定。

C. 休闲会所会员合同（参考文本）

休闲会所会员合同

合同编号：_____

甲方（会员）：_____　　签订地点：_____

乙方（会所）：_____　　签订时间：____年____月____日

甲方自愿接受乙方提供的休闲娱乐服务，双方本着平等互利、诚实信用的原则，经协商就会员办卡与消费相关事宜订立本合同。

第一条　服务项目内容

本会所提供下列项目服务：酒吧、KTV包间、棋牌室、健身房、台球厅、网球场、保龄球馆、网吧、沐浴堂、按摩室、餐厅、客房、_____。

第二条　会员卡类别、预付款限额及消费折扣

1. 本会所推行会员卡预付款消费制。预付款最低限额分别为：①VIP卡：_____万元。②黄金卡：_____万元。③白银卡：_____万元。④优惠卡：_____千元。

2. 会员卡消费折扣为：VIP卡/六折，黄金卡/七折，白银卡/八折，优惠卡/九折。

3. 甲方办理会员卡时可根据需求自选其中一类会员卡，并一次、足额交纳预付款。

第三条　项目收费标准

1. 会所门票：_____元/人，儿童半价。其中包含自助餐、专供饮料、沐浴桑拿、大厅休息四个常规项目免费服务。客人可在会所驻留24（或18、12）小时。

2. 其他专项服务分别按场、次、分钟、小时计价收费；专项收费标准详见在会所大厅、单项场馆悬挂的牌匾和餐厅餐桌、休息大厅茶几摆放的台历。

第四条　办卡与使用事项

1. 本会所实行会员卡实名制。甲方姓名：_____，手机号码：_____。

2. 甲方选择会员卡类别：_____卡，并同意签约当日一次性交清预付款。乙方收到预付款后，应给甲方出具正式的服务费用发票。

3. 甲方在乙方会所各连锁店持卡消费时，乙方应根据《会所消费明细单》做刷卡销账处理，并于甲方对该明细单核对、签字后生效。甲方进店消费如忘记携带会员卡，其可以凭会员姓名和会员卡密码之组合信息办理上述销账处理手续。

4. 甲方在乙方会所各连锁店消费时，有权偕同若干亲友进店刷卡消费。甲方亲友因事提前或后于甲方离店，乙方有义务为甲方办理划转销账处理手续。

5. 甲方会员卡余额不足支付当次消费的，甲方可以现金补足，并一次性享受原折扣。

6. 甲方会员卡因损坏而无法继续使用的，可持旧卡向乙方办理换卡手续。

7. 甲方会员卡遗失的，应由本人及时向乙方挂失，乙方可为甲方补办新卡。但因甲方挂失不及时而发生的销账费用损失，应由甲方自行负担。

8. 甲方会员卡如系设定有效期类型，有效期限届满、卡内尚有余额的，乙方应为甲方免费办理一次延期手续，且延展期限不得少于_____天。

9. 甲方会员卡如系设定有效期类型，在有效期限内甲方有权自行转让其会员资格。但应当提前告知乙方，并办理相应的转让手续。

第五条　甲方义务

1. 甲方应当遵守会所休闲娱乐设备、设施操作规程和休闲娱乐活动安全制度，服从乙方工作人员现场指挥和调度。

2. 甲方如遇意外事故，应当主动向乙方工作人员求助，积极配合乙方工作人员所采取的疏导、救援行动，以使任何的人身危害降至最低限度。

第六条　乙方义务

1. 乙方会所提供的商品或服务应当明码标价，会所配备的设备或设施符合国家强制性标准、有关行业标准以及乙方承诺的标准。

2. 乙方不得以服务水平的提升或消费环境的改善为由，拒绝向甲方继续提供本合同约定的服务内容。

3. 乙方提高商品、服务价格或增加限制条件的，应当事前通报甲方并与甲方协商相关的事宜。双方协商不成的，甲方有权选择退费，乙方应当按照本合同约定的折扣扣除甲方已消费金额后返还余额。

4. 乙方承诺会所各专项场馆均配备有专职引导员、教练员和救护员，以确保会所休闲娱乐活动的正常进行。

第七条 违约责任

1. 甲方因自身原因中途要求退费的，乙方应当按照本合同约定的折扣扣除甲方已消费金额后返还余额，并有权向甲方收取不超过余额_____%的违约金。

2. 甲方如因操作会所设备、设施不当或故意寻衅滋事，致使会所设备、设施损毁的，甲方应当照价赔偿乙方的经济损失。

3. 乙方如因营业地址搬迁远离甲方住所或办公地址、经营项目发生变更等乙方单方面变更预付费服务内容，严重影响甲方利益的，甲方有权选择退费，乙方应当按照本合同约定的折扣扣除甲方已消费金额后返还余额。

4. 乙方会所休闲娱乐设备、设施存在安全隐患，出售过期、变质食品饮料，致使甲方人身受到伤害的，乙方应当据实赔偿甲方的经济损失。

第八条 争议解决方式（略）。

第九条 本合同一式两份，甲乙双方各执一份为凭。

甲方代表：_____　　乙　方：_____
身份证号：_____　　代　表：_____

D. 娱乐合作经营合同（参考文本）

娱乐合作经营合同

甲方（商务会所）：_____
乙方（科技公司）：_____

甲方会所装备乙方研制的大型电子游艺机共同经营，双方本着平等、自愿、互惠、互利、诚实信用的原则，经过充分协商达成如下协议。

第一条 甲方属下_____省_____市_____家连锁店各放置_____台乙方提供的_____大型电子游艺机，双方依此开展合作经营。

第二条 甲方义务：

1. 甲方负责提供营业场地、设备电源以及设备运营管理。

2. 甲方负责出售游艺机筹码，统计与分配本项游艺收入。

第三条 乙方义务：

1. 乙方负责设备在甲方营业场地的安装与调试。

2. 乙方委派专人负责设备日常运转与维护保养。

第四条 收益分配与结算方式：

1. 甲方收取游艺机筹码收入在扣除返还游客奖金和应缴营业税后的净收入，甲乙双方按5∶5（或6∶4、7∶3）比例分成。

2. 甲方支付乙方应得分成收入采用银行汇款方式；每天（周、旬、月）结算一次，于第二天（周、旬、月初）支付结清。乙方开户行：＿＿＿＿＿＿，账号：＿＿＿＿＿＿。

第五条 收益审核与赔偿办法：

1. 乙方有权委派专人或委托审计事务所，定期或不定期地审计甲方连锁店游艺机筹码收入统计台账。乙方委派专人或委托审计师履行审计职责时，应向甲方门店经理出示其授权委托书，甲方门店职员有义务配合乙方审计工作，乙方审计所需费用自理。

2. 甲方瞒报、虚报、漏报乙方应得分成收入，甲方应按少一赔二的原则补偿乙方。

第六条 本合同有效期限为＿＿＿＿＿＿年，自各连锁店游艺机安装调试成功、正式运营之日起生效。本合同履行过程中未尽事宜，双方经过协商可另签补充协议。

第七条 争议解决方式（略）。

第八条 本合同一式两份，甲乙双方各执一份，具有同等法律效力。

甲　　方：＿＿＿＿＿＿　　　　乙　　方：＿＿＿＿＿＿

代　　表：＿＿＿＿＿＿　　　　代　　表：＿＿＿＿＿＿

住　　所：＿＿＿＿＿＿　　　　住　　所：＿＿＿＿＿＿

邮　　编：＿＿＿＿＿＿　　　　邮　　编：＿＿＿＿＿＿

传真电话：＿＿＿＿＿＿　　　　传真电话：＿＿＿＿＿＿

附件：甲方属下＿＿＿＿＿＿省＿＿＿＿＿＿市连锁店营业所在地街区图

第六节 旅游合同

一、旅游及旅游合同的概念与特征

旅游是指人们暂时离开常住地有目的地到异地进行旅行和游览观光的行为。旅游活动是集行、住、食、游、购、娱为一体的综合性消费活动。在旅游经营活动中旅行社居于"龙头"的地位，它不仅与旅游者发生服务交易关系，而且与客运公司、旅馆饭店、景区展馆、商场货摊、娱乐场所等行业服务经营者发生服务交易关系。

旅游合同有狭义与广义之分。狭义的旅游合同是指旅行经营者为旅游者提供包价旅游服务或部分旅游行项目中介服务，旅游者支付旅游服务费用的合同。广义的旅游合同是指旅行经营者与旅游者以及旅游专项服务者为提供有偿旅游服务而明确各方权利与义务关系的合同。随着国民经济飞速发展、国民收入稳步增长、休闲时间逐渐宽裕，我国旅游市场日趋繁荣，旅游合同应用也愈加广泛。旅游合同具有以下法律特征：①合同的标的是提供旅游服务。②是兼具委托、行纪、居间、承揽和服务性质的混合合同。③是双务、有偿、诺成合同。④一般为要式合同。⑤是《合同法》未予规范的无名合同。

为了保障旅游消费者的正当权益，促进旅游产业的健康发展和旅游市场经营的规范化，国家旅游局和国家工商行政管理总局共同制定、相继出台了3个旅游合同示范文本：《团队出境旅游合同》（GF-2010-2401）、《团队国内旅游合同》（GF-2010-2403）以及《大陆居民赴台湾地区旅游合同》（GF-2008-2603）。

二、旅游合同的分类

（一）包价旅游合同与旅游代办合同

狭义的旅游合同可以分为包价旅游合同与旅游代办合同。包价旅游合同是指旅行经营者（旅行社）为旅游者安排全程旅游计划，提供交通、住宿、餐饮和导游等旅游服务，游客支付服务费用的合同。诸如，团队出境旅游合同、团队国内旅游合同、市区"一日游"合同、乡村民俗旅游合同、自驾车旅游合同等。

旅游代办合同也称委托旅游合同、散客旅游合同，是指旅行经营者为散客旅游活动提供部分项目服务，游客支付相应的服务费用的合同。例如，代订机票、车票、船票、客房，代办出境、入境和签证手续，代办旅游保险，代订包价旅游等服务合同。

（二）旅游消费服务合同与旅游经营合作合同

广义的旅游合同可以分为旅游消费服务合同与旅游经营合作合同。旅游消费服务合同是指旅行社与旅游者签订的合同，包括包价旅游合同与旅游代办合同。

旅游经营合作合同是指作为旅游产业的"龙头"企业——旅行社与其他行业服务经营者签订的旅游活动中某一专项服务合作合同。诸如，包车客运合同、旅游订房合同、旅游订餐合同、旅游景区票价优惠合同、旅游机票（车票、船票）优惠合同等。

三、旅游合同的格式

A. 团队出境旅游合同（示范文本 GF-2010-2401）

团队出境旅游合同

合同编号：_____

旅游者：_____ 等 _____ 人（名单可附页，需旅行社和旅游者代表签字盖章确认）

旅行社：_____

旅行社业务经营许可证编号：_____

第一章　定义和概念

第一条　本合同词语定义

1. 出境社，指取得《旅行社业务经营许可证》和《企业法人营业执照》、具有出境旅游业务经营权的旅行社。

2. 旅游者，指与出境社签订出境旅游合同，参加出境旅游活动的中国内地居民及在中国内地的外国人、在内地的香港特别行政区、澳门特别行政区居民和在大陆的台湾地区居民或者团体。

3. 出境旅游服务，指出境社依据《旅行社条例》等法律法规，组织旅游者出国及赴港、澳地区等旅游目的地旅游，代办旅游签证/签注，代订公共交通客票，安排餐饮、住宿、游览等服务活动。

4. 旅游费用，指旅游者支付给出境社，用于购买出境旅游服务的费用。旅游费用包括：

（1）必要的签证/签注费用（旅游者自办的除外）；

（2）交通费（含境外机场税）；

（3）住宿费；

（4）餐费（不含酒水费）；

（5）出境社统一安排的景区景点的第一道门票费；

（6）行程中安排的其他项目费用；

（7）导游服务费和出境社、境外接待旅行社（简称"地接社"）等其他服务费用。

旅游费用不包括：

（1）旅游证件的费用和办理离团的费用；

（2）旅游者投保的个人旅游保险费用；

（3）合同约定另行付费项目的费用；

（4）合同未约定由出境社支付的费用，包括但不限于行程以外非合同约定项目所需的费用、自行安排活动期间发生的费用；

（5）境外小费；

（6）行程中发生的旅游者个人费用，包括但不限于交通工具上的非免费餐饮费、行李超重费，住宿期间的洗衣、通信、饮料及酒类费用，个人娱乐费用，个人伤病医疗费，寻找个人遗失物品的费用及报酬，个人原因造成的赔偿费用。

5. 购物场所，指行程中安排的、专门或者主要以购物为活动内容的场所。

6. 自由活动，指《旅游行程计划说明书》中安排的自由活动。

7. 自行安排活动期间，指《旅游行程计划说明书》中安排的自由活动期间、旅游者不参加旅游行程活动期间、每日行程开始前、结束后旅游者离开住宿设施的个人活动期间、旅游者经领队或者导游同意暂时离团的个人活动期间。

8. 旅行社责任保险，指以旅行社因其组织的旅游活动对旅游者和受其委派为旅游者提供服务的人员依法应当承担的赔偿责任为保险标的的保险。

9. 旅游者投保的个人旅游保险，指旅游者自己购买或者通过旅行社、航空机票代理点、景区等保险代理机构购买的以旅行期间自身的生命、身体、财产或者有关利益为保险标的的短期保险，包括但不限于航空意外险、旅游意外险、紧急救援保险、特殊项目意外险。

10. 离团，指团队旅游者在境外经领队同意不随团队完成约定行程的行为。

11. 脱团，指团队旅游者在境外未经领队同意脱离旅游团队，不随团队完成约定行程的行为。

12. 转团，指由于低于成团人数，出境社征得旅游者书面同意，在出发前将旅游者转至其他旅行社所组的出境旅游团队的行为。

13. 拼团，指出境社在保证所承诺的服务内容和标准不变的前提下，在签订合同时经旅游者同意，与其他出境社招徕的旅游者拼成一个团统一安排旅游服务的行为。

14. 不可抗力，指不能预见、不能避免并不能克服的客观情况，包括但不限于因自然原因和社会原因引起的，如自然灾害、战争、恐怖活动、动乱、骚乱、罢工、突发公共卫生事件、政府行为。

15. 意外事件，指因当事人故意或者过失以外的偶然因素引发的事件，包括但不限于重大礼宾活动导致的交通堵塞、列车航班晚点、景点临时不开放。

16. 业务损失费，指出境社因旅游者行前退团而产生的经济损失。包括乘坐飞机（车、船）等交通工具的费用（含预订金）、旅游签证/签注费用、饭店住宿费用（含预订金）、旅游观光汽车的人均车租等已发生的实际费用。

17. 黄金周，指通过调休将春节、"十一"等3天法定节日与前后公休日相连形成通常为7天的公众节假日。

第二章　合同的签订

第二条　旅游行程计划说明书

出境社应当提供带团号的《旅游行程计划说明书》（以下简称《计划书》），经双方签字或者盖章确认后作为本合同的组成部分。《计划书》应当对如下内容做出明确的说明：

（1）旅游行程的出发地、途经地、目的地，线路行程时间（按自然日计算，含乘飞机、车、船等在途时间，不足24小时以一日计）；

（2）旅游目的地地接旅行社的名称、地址、联系人和联系电话；

（3）交通服务安排及其标准（明确交通工具及档次等级、出发时间以及是否需中转等信息）；

（4）住宿服务安排及其标准（明确住宿饭店的名称、地址、档次等级及是否有空调、热水等相关服务设施）；

（5）用餐（早餐和正餐）服务安排及其标准（明确用餐次数、地点、标准）；

（6）出境社统一安排的游览项目的具体内容及时间（明确旅游线路内容

包括景区点及游览项目名称、景区点停留的最少时间);

(7) 自由活动次数和时间;

(8) 购物安排 (出境社安排的购物次数不超过行程日数的一半,并同时列明购物场所名称、停留的最多时间及主要商品等内容);

(9) 行程安排的娱乐活动 (明确娱乐活动的时间、地点和项目内容);

(10) 另行付费项目 (如有安排,出境社应当在签约时向旅游者提供《境外另行付费项目表》,列明另行付费项目的价格、参加该另行付费项目的交通费和导游服务费等,由旅游者自愿选择并签字确认后作为本合同的组成部分,另行付费项目应当以不影响计划行程为原则)。

《计划书》用语须准确清晰,在表明服务标准用语中不应当出现"准×星级"、"豪华"、"仅供参考"、"以××为准"、"与××同级"等不确定用语。

第三条 签订合同

旅游者应当认真阅读本合同条款、《计划书》和《境外另行付费项目表》,在旅游者理解本合同条款及有关附件后,出境社和旅游者应当签订书面合同。

第四条 旅游广告及宣传品

出境社的旅游广告及宣传品应当遵循诚实信用的原则,其内容符合《中华人民共和国合同法》要约规定的,视为本合同的组成部分,对出境社和旅游者双方具有约束力。

第五条 合同效力

本合同一式两份,双方各持一份,具有同等法律效力,自双方当事人签字或者盖章之日起生效。

第三章 合同双方的权利义务

第六条 出境社的权利

1. 根据旅游者的身体健康状况及相关条件决定是否接纳旅游者报名参团;
2. 核实旅游者提供的相关信息资料;
3. 按照合同约定向旅游者收取全额旅游费用;
4. 旅游团队遇紧急情况时,可以采取紧急避险措施并要求旅游者配合;
5. 拒绝旅游者提出的超出合同约定的不合理要求。

第七条 出境社的义务

1. 按照合同和《计划书》约定的内容和标准为旅游者提供服务;
2. 在出团前召开说明会,把根据《计划书》细化的《行程表》和《行程须知》发给旅游者,如实告知具体行程安排和有关具体事项,具体事项包括但不限于所到国家或者地区的重要规定和风俗习惯、安全避险措施、境外小费标准、外汇兑换事项、应急联络方式(包括我驻外使领馆及出境社境内和

境外应急联系人及联系方式);

3. 为旅游团队安排符合《旅行社条例》、《中国公民出国旅游管理办法》等法规、规章规定的持证领队人员;

4. 妥善保管旅游者提交的各种证件;

5. 为旅游者发放用中英文固定格式书写、由旅游者填写的载明个人信息的安全保障卡(包括旅游者的姓名、国籍、血型、应急联络方式等);

6. 对可能危及旅游者人身、财产安全的事项和须注意的问题,向旅游者做出真实的说明和明确的警示,并采取合理必要措施防止危害发生,旅游者人身、财产权益受到损害时,应采取合理必要的保护和救助措施,避免旅游者人身、财产权益损失扩大;

7. 按照相关法规、规章的规定投保旅行社责任保险;

8. 提示旅游者购买个人旅游保险;

9. 按照合同约定安排购物和另行付费项目,不强迫或者变相强迫旅游者购物和参加另行付费项目;

10. 旅游者在《计划书》安排的购物场所所购物品系假冒伪劣商品时,旅游者提出索赔的,积极协助旅游者进行索赔,自索赔之日起超过90日,旅游者无法从购物点获得赔偿的,应当先行赔付;

11. 向旅游者提供合法的旅游费用发票;

12. 依法对旅游者个人信息保密;

13. 积极协调处理旅游者在旅游行程中的投诉,出现纠纷时,采取适当措施防止损失扩大;

14. 采用拼团方式出团的,出境社仍承担本合同约定的责任和义务。

第八条 旅游者的权利

1. 要求出境社按照合同和《计划书》及依据《计划书》细化的《行程表》兑现旅游行程服务;

2. 拒绝出境社及其工作人员未经事先协商一致的转团、拼团行为和合同约定以外的购物及另行付费项目安排;

3. 在支付旅游费用时要求出境社开具发票;

4. 在合法权益受到损害时向旅游、工商等部门投诉或者要求出境社协助索赔;

5.《中华人民共和国消费者权益保护法》和有关法律法规赋予消费者的其他各项权利。

第九条 旅游者的义务

1. 如实填写《出境旅游报名表》、签证/签注资料和游客安全保障卡,并对所填的内容承担责任，如实告知出境社工作人员询问的与旅游活动相关的个人健康信息，所提供的联系方式须是经常使用或者能够及时联系到的；

2. 向出境社提交的因私护照或者通行证有效期在半年以上，自办签证/签注者应当确保所持签证/签注在出游期间有效；

3. 按照合同约定支付旅游费用；

4. 按照合同约定随团完成旅游行程，配合领队人员的统一管理，发生突发事件时，采取措施防止损失扩大；

5. 遵守我国和旅游目的地国家（地区）的法律法规和有关规定，不携带违禁物品出入境，不在境外滞留不归；

6. 遵守旅游目的地国家（地区）的公共秩序，尊重当地的风俗习惯，尊重旅游服务人员的人格，举止文明，不在景观、建筑上乱刻乱画，不随地吐痰和乱扔垃圾，不参与色情、赌博和涉毒活动；

7. 妥善保管自己的行李物品，尤其是贵重物品；

8. 行程中发生纠纷时，本着平等协商的原则解决，采取适当措施防止损失扩大，不采取拒绝登机（车、船）等行为拖延行程或者脱团；

9. 在自行安排活动期间，应当在自己能够控制风险的范围内选择活动项目，并对自己的安全负责；

10. 在合法权益受到损害要求出境社协助索赔时，提供合法有效的凭据。

第四章　合同的变更与转让

第十条　合同的变更

1. 出境社与旅游者双方协商一致，可以变更本合同约定的内容，但应当以书面形式由双方签字确认。由此增加的旅游费用及给对方造成的损失，由变更提出方承担；由此减少的旅游费用，出境社应当退还旅游者。

2. 因不可抗力或者意外事件导致无法履行或者继续履行合同的，出境社可以在征得团队50%以上成员同意后，对相应内容予以变更。因情况紧急无法征求意见或者经征求意见无法得到50%以上成员同意时，出境社可以决定内容的变更，但应当就做出的决定提供必要的证明。

3. 在行前遇到不可抗力或者意外事件的，双方经协商可以取消行程或者延期出行。取消行程的，出境社向旅游者全额退还旅游费用（已发生的签证/签注费用可以扣除）。已发生旅游费用的，应当由双方协商后合理分担。

4. 在行程中遇到不可抗力导致无法继续履行合同的，出境社按本条第2款的约定实施变更后，将未发生的旅游费用退还旅游者，增加的旅游费用，应当由双方协商后合理分担。

5. 在行程中遇到意外事件导致无法继续履行合同的，出境社按本条第2

款的约定实施变更后，将未发生的旅游费用退还旅游者，因此增加的旅游费用由提出变更的一方承担（但因紧急避险所致的，由受益方承担）。

第十一条　合同的转让

经出境社书面同意，旅游者可以将其在合同中的权利和义务转让给符合出游条件的第三人，因此增加的费用由旅游者承担，减少的费用由出境社退还旅游者。

第十二条　不成团的安排

当低于成团人数不能成团时，旅游者可以与出境社就如下安排在本合同第二十二条中做出约定。

1. 转团：出境社可以在保证所承诺的服务内容和标准不降低的前提下，经事先征得旅游者书面同意，将旅游者转至其他出境社所组的出境旅游团队，并就受让出团的出境社违反本合同约定的行为先行承担责任，再行追偿。旅游者和受让出团的出境社另行签订合同的，本合同的权利义务终止。

2. 延期出团和改签线路出团：出境社经征得旅游者书面同意，可以延期出团或者改签其他线路出团，需要时可以重新签订旅游合同，因此增加的费用由旅游者承担，减少的费用出境社予以退还。

第五章　合同的解除

第十三条　不同意转团、延期出团和改签线路的合同解除

低于成团人数不能成团时，旅游者既不同意转团，也不同意延期和改签其他线路出团的，视为出境社解除合同，按本合同第十四条、第十六条第1款相关约定处理。

第十四条　行程前的合同解除

旅游者和出境社在行前可以书面形式提出解除合同。在出发前30日（按出发日减去解除合同通知到达日的自然日之差计算，下同）以上（不含第30日）提出解除合同的，双方互不承担违约责任。出境社提出解除合同的，全额退还旅游费用（不得扣除签证/签注费用）；旅游者提出解除合同，如已办理签证/签注的，应当扣除签证/签注费用。出境社应当在解除合同的通知到达日起5个工作日内，向旅游者退还旅游费用。

旅游者或者出境社在出发前30日以内（含第30日，下同）提出解除合同的，由提出解除合同的一方承担违约责任。

第十五条　行程中的合同解除

1. 旅游者未按约定时间到达约定集合出发地点，也未能在出发中途加入旅游团队的，视为旅游者解除合同，按照本合同第十七条第1款相关约定处理。

2. 旅游者在行程中脱团的，出境社可以解除合同。旅游者不得要求出境社退还旅游费用，如给出境社造成损失的，应当承担相应的赔偿责任。

第六章 违约责任

第十六条 出境社的违约责任

1. 出境社在出发前 30 日以内（含第 30 日，下同）提出解除合同的，向旅游者退还全额旅游费用（不得扣除签证/签注等费用），并按下列标准向旅游者支付违约金：

出发前 30 日至 15 日，支付旅游费用总额 2% 的违约金；

出发前 14 日至 7 日，支付旅游费用总额 5% 的违约金；

出发前 6 日至 4 日，支付旅游费用总额 10% 的违约金；

出发前 3 日至 1 日，支付旅游费用总额 15% 的违约金；

出发当日，支付旅游费用总额 20% 的违约金。

如上述违约金不足以赔偿旅游者的实际损失，出境社应当按实际损失对旅游者予以赔偿。

出境社应当在取消出团通知到达日起 5 个工作日内，向旅游者退还全额旅游费用并支付违约金。

2. 出境社未按合同约定提供服务，或者未经旅游者同意调整旅游行程（本合同第十条第 2 款规定的情形除外），造成项目减少、旅游时间缩短或者标准降低的，应当采取措施予以补救，未采取补救措施或者已采取补救措施但不足以弥补旅游者损失的，应当承担相应的赔偿责任。

3. 出境社领队或者境外导游未经旅游者签字确认安排本合同约定以外的另行付费项目的，应当承担擅自安排的另行付费项目费用；擅自增加购物次数，每次按旅游费用总额 10% 向旅游者支付违约金；出境社强迫或者变相强迫旅游者购物的，每次按旅游费用总额的 20% 向旅游者支付违约金。

4. 出境社违反合同约定在境外中止对旅游者提供住宿、用餐、交通等旅游服务的，应当负担旅游者在被中止旅游服务期间所订的同等级别的住宿、用餐、交通等必要费用，并向旅游者支付旅游费用总额 30% 的违约金。如果因此给旅游者造成其他人身、财产损害的，出境社还应当承担损害赔偿责任。

5. 出境社未经旅游者同意，擅自将旅游者转团、拼团的，旅游者在出发前（不含当日）得知的，有权解除合同，出境社全额退还已交旅游费用，并按旅游费用总额的 15% 支付违约金；旅游者在出发当日或者出发后得知的，出境社应当按旅游费用总额的 25% 支付违约金。如违约金不足以赔偿旅游者的实际损失，出境社应当按实际损失对旅游者予以赔偿。

6. 与旅游者出现纠纷时，出境社应当积极采取措施防止损失扩大，否则应当就扩大的损失承担责任。

第十七条　旅游者的违约责任

1. 旅游者在出发前30日内（含第30日，下同）提出解除合同的，应当按下列标准向出境社支付业务损失费：

出发前30日至15日，按旅游费用总额5%；

出发前14日至7日，按旅游费用总额15%；

出发前6日至4日，按旅游费用总额70%；

出发前3日至1日，按旅游费用总额85%；

出发当日，按旅游费用总额90%。

按上述比例支付的业务损失费不足以赔偿出境社的实际损失，旅游者应当按实际损失对出境社予以赔偿，但最高额不应当超过旅游费用总额。

出境社在扣除上述业务损失费后，应当在旅游者退团通知到达日起5个工作日内向旅游者退还剩余旅游费用。

2. 因不听从出境社及其领队的劝告而影响团队行程，给出境社造成损失的，应当承担相应的赔偿责任。

3. 旅游者超出本合同约定的内容进行个人活动所造成的损失，由其自行承担。

4. 由于旅游者的过错，使出境社遭受损害的，应当由旅游者赔偿损失。

5. 与出境社出现纠纷时，旅游者应当积极采取措施防止损失扩大，否则应当就扩大的损失承担责任。

第十八条　其他责任

1. 因旅游者提供材料存在问题或者自身其他原因被拒签、缓签、拒绝入境和出境的，相关责任和费用由旅游者承担，出境社将未发生的费用退还旅游者。如给出境社造成损失的，旅游者还应当承担赔偿责任。

2. 由于第三方侵害等不可归责于出境社的原因导致旅游者人身、财产权益受到损害的，出境社不承担赔偿责任。但因出境社不履行协助义务致使旅游者人身、财产权益损失扩大的，应当就扩大的损失承担赔偿责任。

3. 旅游者自行安排活动期间人身、财产权益受到损害的，出境社在事前已尽到必要警示说明义务且事后已尽到必要协助义务的，出境社不承担赔偿责任。

第七章　协议条款

第十九条　旅游时间

出发时间_____，结束时间_____，共____天____夜。

第二十条 旅游费用及支付

(旅游费用以人民币为计算单位)

成人：_____元/人；儿童（不满12岁的）：_____元/人；

合计：_____元（其中签证/签注费用_____元/人）。

旅游费用支付的方式和时间：_____。

第二十一条 个人旅游保险

旅游者_____（同意或者不同意，打钩无效）委托出境社办理旅游者投保的个人旅游保险。

保险产品名称：_____．

保 险 人：_____

保 险 金 额：_____元人民币

保 险 费：_____元人民币

第二十二条 成团人数与不成团的约定

最低成团人数：_____人；低于此人数不能成团时，出境社应当在出发前_____日及时通知旅游者。

如不能成团，旅游者是否同意按下列方式解决：

1. _____（同意或者不同意，打钩无效）转至_____出境社出团；

2. _____（同意或者不同意，打钩无效）延期出团；

3. _____（同意或者不同意，打钩无效）改变其他线路出团。

第二十三条 拼团约定

旅游者_____（同意或者不同意，打钩无效）采用拼团方式出团。

第二十四条 黄金周特别约定

黄金周旅游高峰期间，旅游者和出境社对行前退团及取消出团的提前告知时间、相关责任约定如下：

提前告知时间

旅游者行前退团应当支付出境社的业务损失费占旅游费用总额的百分比

出境社取消出团应当支付旅游者的违约金占旅游费用总额的百分比

出发前____日至____日

出发前____日至____日

第二十五条 争议解决方式

本合同履行过程中发生争议，由双方协商解决；亦可向合同签订地的旅游质监执法机构、消费者协会等有关部门或机构申请调解。协商或调解不成的，按下列第____种方式解决：

1. 提交_____仲裁委员会仲裁；

2. 依法向人民法院起诉。

第二十六条　其他约定事项

未尽事宜，经旅游者和出境社双方协商一致，可以列入补充条款。

_____

旅游者代表签字（盖章）：_____　　　出境社盖章：

证件号码：_____　　　签约代表签字（盖章）：

住　　址：_____　　　营业地址：_____

联系电话：_____　　　联系电话：_____

传　　真：_____　　　传　　真：_____

邮　　编：_____　　　邮　　编：_____

电子信箱：_____　　　电子信箱：_____

签约日期：____年____月____日　签约日期：____年____月____日

签约地点：_____

出境社监督、投诉电话：_____

_____省_____市旅游质监执法机构：

投诉电话：_____

电子邮箱：_____

地　　址：_____

邮　　编：_____

附件1：出境旅游报名表（略）

附件2：带团号的《旅游行程计划说明书》（略）

B. 团队国内旅游合同（示范文本 GF-2010-2403）

团队国内旅游合同

合同编号：_____

旅游者：_____等____人（名单可附页，需旅行社和旅游者代表签字盖章确认）

旅行社：_____

旅行社业务经营许可证编号：_____

第一章 定义和概念

第一条 本合同词语定义

1. 旅行社，指取得《旅行社业务经营许可证》和《企业法人营业执照》、经营旅游业务的企业法人。

2. 旅游者，指与旅行社签订国内旅游合同，参加国内旅游活动的内地居民或者团体。

3. 国内旅游服务，指旅行社依据《旅行社条例》等法律法规，组织旅游者在中华人民共和国境内（不含香港、澳门、台湾地区）旅游，代订公共交通客票，安排餐饮、住宿、游览等服务活动。

4. 旅游费用，指旅游者支付给旅行社，用于购买国内旅游服务的费用。

旅游费用包括：

（1）交通费；

（2）住宿费；

（3）餐费（不含酒水费）；

（4）旅行社统一安排的景区景点的第一道门票费；

（5）行程中安排的其他项目费用；

（6）导游服务费和旅行社（含旅游目的地地接旅行社）的其他服务费用。

旅游费用不包括：

（1）旅游者投保的个人旅游保险费用；

（2）合同约定需要旅游者另行付费项目的费用；

（3）合同未约定由旅行社支付的费用，包括但不限于行程以外非合同约定活动项目所需的费用、自行安排活动期间发生的费用；

（4）行程中发生的旅游者个人费用，包括但不限于交通工具上的非免费餐饮费、行李超重费，住宿期间的洗衣、电话、饮料及酒类费，个人娱乐费用，个人伤病医疗费，寻找个人遗失物品的费用及报酬，个人原因造成的赔偿费用。

5. 购物场所，指《旅游行程安排单》中安排的、专门或主要以购物为活动内容的场所。

6. 自由活动，指《旅游行程安排单》中安排的自由活动。

7. 自行安排活动期间，指《旅游行程安排单》中安排的自由活动期间、旅游者不参加旅游行程活动期间、每日行程开始前、结束后旅游者离开住宿设施的个人活动期间、旅游者经导游同意暂时离团的个人活动期间。

8—17（参见 A 合同相同条款内容）

第二章 合同的签订

第二条 旅游行程安排单

旅行社应当提供带团号的《旅游行程安排单》（以下简称《行程单》），经双方签字或者盖章确认后作为本合同的组成部分。《行程单》应当对如下内容做出明确的说明：

（1）旅游行程的出发地、途经地、目的地，线路行程时间和具体安排（按自然日计算，含乘飞机、车、船等在途时间，不足24小时以一日计）；

（2）旅游目的地地接旅行社的名称、地址、联系人和联系电话；

（3）交通服务安排及其标准（明确交通工具及档次等级、出发时间以及是否需中转等信息）；

（4）住宿服务安排及其标准（明确住宿饭店的名称、地点、星级，非星级饭店应当注明是否有空调、热水、独立卫生间等相关服务设施）；

（5）用餐（早餐和正餐）服务安排及其标准（明确用餐次数、地点、标准）；

（6）旅行社统一安排的游览项目的具体内容及时间（明确旅游线路内容包括景区点及游览项目名称等，景区点停留的最少时间）；

（7）自由活动的时间和次数；

（8）购物安排（旅行社安排的购物次数不超过行程日数的一半，并同时列明购物场所名称、停留的最多时间及主要商品等内容）；

（9）行程安排的娱乐活动（明确娱乐活动的时间、地点和项目内容）；

（10）另行付费项目（如有安排，旅行社应当在签约时向旅游者提供《另行付费项目表》，列明另行付费项目的价格、参加该另行付费项目的交通费和导游服务费等，由旅游者自愿选择并签字确认后作为本合同的组成部分；另行付费项目应当以不影响原计划行程为原则）；《行程单》用语须准确清晰，在表明服务标准用语中不应当出现"准×星级"、"豪华"、"仅供参考"、"以××为准"、"与××同级"等不确定性用语。

第三条 签订合同

旅游者应当认真阅读本合同条款、《行程单》和《另行付费项目表》，在旅游者理解本合同条款及有关附件后，旅行社和旅游者应当签订书面合同。

第四条 旅游广告及宣传品

旅行社的旅游广告及宣传品应当遵循诚实信用的原则，其内容符合《中华人民共和国合同法》要约规定的，视为本合同的组成部分，对旅行社和旅游者双方具有约束力。

第五条 合同效力

本合同一式两份，双方各持一份，具有同等法律效力，自双方当事人签字或者盖章之日起生效。

第三章 合同双方的权利义务

第六条 旅行社的权利（参考 A 合同第六条内容）

第七条 旅行社的义务（参考 A 合同第七条内容）

第八条 旅游者的权利（参考 A 合同第八条内容）

第九条 旅游者的义务（参考 A 合同第九条内容）

第四章 合同的变更与转让

第十条 合同的变更旅游者的义务（参考 A 合同第十条内容）

第十一条 合同的转让旅游者的义务（参考 A 合同第十一条内容）

第十二条 不成团的安排旅游者的义务（参考 A 合同第十二条内容）

第五章 合同的解除

第十三条 不同意转团、延期出团和改变旅游线路的合同解除

低于成团人数不能成团时，旅游者既不同意转团，也不同意延期和改变其他线路出团的，视为旅行社解除合同，按本合同第十四条、第十六条第 1 款相关约定处理。

第十四条 行程前的合同解除

旅游者和旅行社在行程前可以书面形式提出解除合同。在出发前 7 日（按出发日减去解除合同通知到达日的自然日之差计算，下同）以上（不含第 7 日）提出解除合同的，双方互不承担违约责任。旅行社提出解除合同的，全额退还旅游费用；旅游者提出解除合同，如已发生旅游费用的，应当扣除已发生的旅游费用。旅行社应当在解除合同的通知到达日起 5 个工作日内，向旅游者退还旅游费用。

旅游者或者旅行社在出发前 7 日以内（含第 7 日，下同）提出解除合同的，由提出解除合同的一方承担违约责任。

第十五条 行程中的合同解除

1. 旅游者未按约定时间到达约定集合出发地点，也未能在出发中途加入旅游团队的，视为旅游者解除合同，按照本合同第十七条第 1 款相关约定处理；

2. 旅游者在行程中脱团的，旅行社可以解除合同，旅游者不得要求旅行社退还旅游费用，给旅行社造成经济损失的，旅游者应当承担相应的赔偿责任。

第六章 违约责任

第十六条 旅行社的违约责任

1. 旅行社在出发前7日以内（含第7日，下同）提出解除合同的，向旅游者退还全额旅游费用，并按下列标准向旅游者支付违约金：

出发前7日至4日，支付旅游费用总额10%的违约金；

出发前3日至1日，支付旅游费用总额15%的违约金；

出发当日，支付旅游费用总额20%的违约金。

如上述违约金不足以赔偿旅游者的实际损失，旅行社应当按实际损失对旅游者予以赔偿。

旅行社应当在取消出团通知到达日起5个工作日内，向旅游者退还全额旅游费用，并支付上述违约金。

2. 旅行社未按合同约定提供服务，或者未经旅游者同意调整旅游行程（本合同第十条第2款规定的情况除外），造成项目减少、旅游时间缩短或者标准降低的，应当采取措施予以补救，未采取补救措施或者已采取补救措施但不足以弥补旅游者损失的，应当承担相应的赔偿责任。

3. 旅行社未经旅游者签字确认，安排本合同约定以外的另行付费项目的，应当承担自费项目的费用；擅自增加购物次数的，每次按旅游费用总额的10%向旅游者支付违约金；强迫或者变相强迫旅游者购物的，每次按旅游费用总额的20%向旅游者支付违约金。

4. 旅行社违反合同约定，中止对旅游者提供住宿、用餐、交通等旅游服务的，应当负担旅游者在被中止旅游服务期间所订的同等级别的住宿、用餐、交通等必要费用，并向旅游者支付旅游费用总额30%的违约金；如果因此给旅游者造成其他人身、财产损害的，还应当承担损害赔偿责任。

5. 旅行社未经旅游者同意，擅自将旅游者转团、拼团的，旅游者在出发前（不含当日）得知的，有权解除合同，旅行社全额退还已交旅游费用，并按旅游费用总额的15%支付违约金；旅游者在出发当日或者出发后得知的，旅行社应当按旅游费用总额的25%支付违约金，旅游者要求解除合同的，旅行社全额退还已交旅游费用；如违约金不足以赔偿旅游者的实际损失，旅行社应当按实际损失对旅游者予以赔偿。

6. 与旅游者出现纠纷时，旅行社应当采取积极措施防止损失扩大，否则应当就扩大的损失承担责任。

7. 旅行社委托的第三方违反本合同约定，视同旅行社违约，旅行社应当按照本合同约定承担违约责任。

第十七条　旅游者的违约责任

1. 旅游者在出发前 7 日以内（含第 7 日，下同）提出解除合同的，应当按下列标准向旅行社支付业务损失费：

出发前 7 日至 4 日，支付旅游费用总额 50%；

出发前 3 日至 1 日，支付旅游费用总额 60%；

出发当日，支付旅游费用总额 80%。

如按上述比例支付的业务损失费不足以赔偿旅行社的实际损失，旅游者应当按实际损失对旅行社予以赔偿，但最高额不应当超过旅游费用总额。

旅行社在扣除上述业务损失费后，应当在旅游者退团通知到达日起 5 个工作日内向旅游者退还剩余旅游费用。

2. 旅游者未能按照本合同约定的时间足额支付旅游费用的，旅行社有权解除合同，并要求旅游者承担旅行社的业务损失费。

3. 旅游者因不听从旅行社及其导游的劝告而影响团队行程，给旅行社造成损失的，应当承担相应的赔偿责任。

4. 旅游者超出本合同约定的内容进行个人活动所造成的损失，由其自行承担。

5. 由于旅游者的过错，使旅行社遭受损害的，旅游者应当赔偿损失。

6. 与旅行社出现纠纷时，旅游者应当采取积极措施防止损失扩大，否则应当就扩大的损失承担责任。

第十八条　其他责任

1. 由于第三方侵害等不可归责于旅行社的原因导致旅游者人身、财产权益受到损害的，旅行社不承担赔偿责任。但因旅行社不履行协助义务致使旅游者人身、财产权益损失扩大的，旅行社应当就扩大的损失承担赔偿责任。

2. 旅游者在自行安排活动期间人身、财产权益受到损害的，旅行社在事前已尽到必要警示说明义务且事后已尽到必要协助义务的，旅行社不承担赔偿责任。

第七章　协议条款

第十九条　旅游时间

出发时间_____，结束时间_____，共____天____夜。

第二十条　旅游费用及支付

(旅游费用以人民币为计算单位)

成人：_____元/人；儿童（不满 12 岁的）：_____元/人

合计：_____元

旅游费用支付的方式和时间：_____。

第二十一条 个人旅游保险

旅游者_____（同意或者不同意，打钩无效）委托旅行社办理旅游者投保的个人旅游保险。

保险产品名称：_____

保险人：_____

保险金额：_____元人民币

保险费：_____元人民币

第二十二条 成团人数与不成团的约定

最低成团人数：_____人；低于此人数不能成团时，旅行社应当在出发前_____日及时通知旅游者。

如不能成团，旅游者是否同意按下列方式解决：

1. _____（同意或者不同意，打钩无效）转至_____旅行社出团；

2. _____（同意或者不同意，打钩无效）延期出团；

3. _____（同意或者不同意，打钩无效）改变其他线路出团。

第二十三条 拼团约定

旅游者_____（同意或者不同意，打钩无效）采用拼团方式出团。

第二十四条 黄金周特别约定

黄金周旅游高峰期间，旅游者和旅行社对行前退团及取消出团的提前告知时间、相关责任约定如下：

提前告知时间

旅游者行前退团，旅游者应当支付旅行社的业务损失费占旅游费用总额的百分比

旅行社取消出团，旅行社应当支付旅游者的违约金占旅游费用总额的百分比

出发前____日至____日

出发前____日至____日

第二十五条 争议解决方式（略）。

第二十六条 其他约定事项

未尽事宜，经旅游者和旅行社双方协商一致，可以列入补充条款。

旅游者代表签字（盖章）：_____　　旅行社盖章：_____

证件号码：_____　　　　　　签约代表签字（盖章）：_____

住　　址：_____　　　　　　营业地址：_____

联系电话：_____　　　联系电话：_____
传　　真：_____　　　传　　真：_____
邮　　编：_____　　　邮　　编：_____
电子信箱：_____　　　电子信箱：_____
签约日期：___年___月___日　签约日期：___年___月___日
签约地点：_____
旅行社监督、投诉电话：_____
_____省_____市旅游质监执法机构：
投诉电话：_____
电子邮箱：_____
地　　址：_____
邮　　编：_____

附件1：旅游报名表（略）
附件2：带团号的《旅游行程安排单》（略）

C. 散客旅游合同（参考文本）

散客旅游合同

合同编号：_____

甲方（散　客）：_____　签订地点：_____
乙方（旅行社）：_____　签订时间：___年___月___日

甲方委托乙方代办其在_____旅游目的地相关事宜，双方本着公平、自愿、诚实信用的原则签订如下协议。

第一条　委托内容

委托项目用√选择：1 □行李提取；2 □抵离接送；3 □代订饭店；4 □联系参观；5 □代购文娱门票；6 □代购车、船、机票；7 □代租汽车；8 □代办出境、入境手续；9 □提供导游服务；10 □代办其他事务_____

第二条　服务时间与服务标准

1. 饭店：入住时间：_____；星级：_____；价位：_____元以下。
2. 火车票：发车时间：_____；车次：_____；区间：_____；档次：软卧/硬卧/坐席（一等/二等）。

3. 汽车票：发车时间：_____；车次：_____；区间：_____。

4. 轮船票：开船时间：_____；船次：_____；区间：_____；档次：_____等舱。

5. 飞机票：起飞时间：_____；航班：_____；区间：_____；档次：_____舱。

6. 文娱门票：项目名称：_____；开场时间：_____；价位：_____元以下。

（备注：旅客姓名：_____，身份证号码：_____，手机：_____）

第三条　服务费用及结算方式

1. 代理服务费用为_____元。本合同签订之日，甲方以现金/邮局汇款/银行汇款/网上支付方式向乙方预付该项费用的_____%，其余款项在代办事务结束当日一次结清。

2. 订房费、购票费选择下列第_____种支付结算办法：①甲方预付定额款项，结算时多退少补。②乙方代垫费用款项，甲方抵离时据实结清。

3. 乙方开户银行：_____，户名：_____，账号：_____。

第四条　经办与协商

乙方授权经办人专职代理甲方在旅游目的地的具体事宜，并代表乙方与甲方协商因情势变化而必须变更的旅游行程。经办人姓名：_____，电话/手机：_____。

第五条　违约责任

1. 因乙方职员的过错行为给甲方造成损失的，甲方可以要求乙方赔偿损失。

2. 甲方经乙方同意，可以在乙方之外委托第三人处理委托事务。因此给乙方造成损失的，乙方可以要求甲方赔偿损失。

3. 任何一方可以随时解除本合同。因解除合同给对方造成损失的，除不可归责于该当事人的事由以外，应当赔偿对方损失。

第六条　除外责任

因不可抗力、交通事故、旅游旺季等客观因素导致乙方代办事务延迟或在合同约定时间不能实现的，乙方不负任何损失的赔偿责任。

第七条　争议解决方式（略）。

第八条　本合同自签字之日起生效，至乙方代理事务完结之日终止。本合同一式两份，甲乙双方各执一份，具有同等法律效力。

甲方：（签字）　　　　　　　　　　乙方：（盖章）

　　　　　　　　　　　　　　　　　乙方经办人：（签字）

D. 市区"一日游"合同（参考文本）*

市区"一日游"合同

合同编号：_____

旅游者姓名 共（ ）人		团号		出发时间	
		出发地点			
		返回地点			
行程安排	空调车安排		座位号	行程景点及线路	
	午（晚）餐标准				
	其他	无指定购物安排、无自费项目、无医疗咨询			
旅游费用	成 人____人×____元/人 + 儿童____人×____元/人=____元；含：景点第一道门票、午（晚）餐费、往返车费、导游服务费、_____；不含：_____。			保险	自愿购买人身意外保险金额：____人×____元/人=____元。
补充约定					

请在签字前充分了解本次旅游有关事宜，认真填写表格内容，仔细阅读并认可背书合同条款。

旅游者（签约代表）签章：　　　　　旅行社签章：
身份证号：　　　　　　　　　　　　住所：
住所：　　　　　　　　　　　　　　法定代表人：
电话：　　　　　　　　　　　　　　经办人：
签约时间：　　　　　　　　　　　　电话：　　　　传真：

市区"一日游"合同条款

第一条　旅行社义务

1. 应当在签约前向旅游者出示《营业执照》和《旅行社业务经营许可证》，如实告知有关旅游行程、餐饮、车辆、购物等方面安排的真实情况。

2. 应当按照约定为旅游者提供旅游服务，保证服务不低于《旅行社国内旅游服务质量要求》确定的标准，并不得指定购物、安排自费项目或医疗咨询；除约定费用或为满足旅游者特殊需要外，不得另行收取其他任何费用。未经旅游者书面同意，不得将旅游者转至其他旅行社合并组团。

---

* 本合同文本参照北京市旅游局 2007 年发布《北京市"一日游"合同》示范文本修改而成。

3. 应当保证所提供的服务符合旅游者人身、财产安全的要求；对可能危及旅游者人身、财产安全的事宜，向旅游者做出真实的说明和明确的警示，并积极采取防止危害发生的措施。

第二条　旅游者义务

1. 应当确保自身身体条件能够完成旅游活动，并全额支付旅游费用。

2. 应当与旅行社互相协助共同完成旅游活动，不得因个人原因强迫旅行社改变约定的团队行程或擅自离团活动；应当遵守法律法规有关规定，遵守公共秩序，尊重社会公德。

3. 应当妥善保管自己的行李物品，贵重物品应当随身携带或采取其他保护措施。

第三条　旅游者退团

旅游者在出发日前一日＿＿＿＿时前通知旅行社解除合同的，旅行社应当全额返还旅游费用；旅游者在此时间后通知解除合同的，或未能按照约定时间、地点集合出发又未能中途加入的，旅行社可以在扣除＿＿＿＿%的违约金后返还剩余旅游费用。

第四条　旅行社弃团

旅行社可以在出发日前一日＿＿＿＿时前通知旅游者解除合同，并应当全额返还旅游费用。旅行社在此时间之后通知解除合同的，除全额返还旅游费用外，还应当按照＿＿＿＿%的标准支付违约金。

第五条　旅行社责任

1. 提供的旅游服务未达到约定或《旅行社国内旅游服务质量要求》确定的标准的，按照《旅行社质量保证金赔偿试行标准》或旅行社责任保险的有关规定进行赔偿。

2. 擅自指定购物、安排自费项目或医疗咨询的，应当按照旅游费用的＿＿＿＿%向旅游者支付违约金。

3. 强迫或者变相强迫旅游者购物、参加自费项目或接受医疗咨询的，应当按照旅游费用的＿＿＿＿%向旅游者支付违约金。

4. 在行程中单方解除合同的，应当承担由此给旅游者造成的滞留期间食宿费、返回出发点交通费等实际损失，并按照旅游费用的＿＿＿＿%向旅游者支付违约金。

第六条　旅游者责任

1. 因自身过错、自由活动期间内的行为或自身疾病引起的人身、财产损失应当自行承担；由此给旅行社或第三方造成损失的，旅游者应当承担赔偿责任。

2. 在行程中因自身原因单方要求解除合同或自愿放弃某项旅游项目的，旅行社可以不退还相应旅游费用。未按照约定及时参加旅游项目或搭乘交通工具的，视为自愿放弃。

第七条 除外责任

因不可抗力、交通阻塞以及第三人过错行为等原因导致旅游者人身、财产权益受到损害的，旅行社不承担任何责任，但应当积极协助旅游者处理有关善后事宜。

第八条 争议解决方式（略）。

第九条 本合同自签订之日起生效，至本次旅游结束后甲方离开乙方安排的交通工具时终止。本合同一式两份，甲乙双方各执一份为凭。

E. 乡村民俗旅游合同（参考文本）*

乡村民俗旅游合同

合同编号：_____

旅游接待时间		____年____月____日____时 至____年____月____日____时	人数	
餐饮接待 （如需详细 菜单可另 作附件）	早餐			
	午餐			
	晚餐			
	金额			
住宿接待	乙方将□_____间房 □_____个床位租给甲方住宿，房间号/床位号：_____ 住宿标准：_____ 收费标准为：(____时____分至次日____时____分)_____元/日 甲方住宿人数及健康说明_____（名单可另附作为本合同附件）			
旅游接待	提供的娱乐 设施及价格			
	旅游景点 门票代购	乙方为甲方联系_____景点，代购门票_____张； 票价：_____元/张，共计_____元。		
	其他			

---

* 本合同文本参照北京市旅游局2009年发布《北京市乡村民俗旅游合同》示范文本修改而成。

续表

费用支付	概算总价款	¥: _____元				
	费用预付	定金	¥: _____元（不超过概算总价款20%）	预付款	¥: _____元	
		定金或预付款凭收据作为结算依据				
	结算方式	□现金　□支票　□信用卡　□银行转账　□其他				
违约责任	1. 甲方解除合同的，□无权收回定金／□支付概算总价款____%的违约金； 2. 乙方解除合同的，□双倍返还定金／□支付概算总价款____%的违约金； 3. 其他：_____。					
其他约定						

请在签字前充分了解本合同有关事宜，认真填写表格，仔细阅读并认可背书合同条款。

旅游者（甲方）签章：	民俗旅游经营者（乙方）盖章：
身份证号：	资质证书号：
联系地址：	联系地址：
联系电话：	联系电话：　　联系人：
合同签订日期：　　年　月　日	

乡村民俗旅游合同条款

第一条　甲方义务

1. 甲方应按合同约定的时间、场所文明旅游，遵守公共秩序，尊重社会公德和当地风俗习惯。甲方随身贵重物品应自行妥善保管或交由乙方代为保管。

2. 甲方如需利用乙方场地、设施设备布展或举办其他活动的，应事先征得乙方同意。

3. 旅游结束后甲方应即时将未付余款一次性支付给乙方。

4. 甲方应据实与乙方结算旅游服务花费的各项费用。

第二条　乙方义务

1. 乙方应按照有关规定悬挂区县级以上旅游行政部门统一制发的牌匾。

2. 乙方应按照合同向甲方提供约定的饮食、住宿、娱乐、代购景点门票及其他服务，严格执行法律、法规、行业规章的规定，保证甲方在用餐及住宿期间的人身和财产安全。对可能危及甲方人身、财产安全的事宜，应及时向甲方做出真实说明和明确警示，并积极采取相应的防范措施。

3. 乙方应对其承诺的甲方旅游期间的各项活动提供便利，并明示各项具体收费价格。

4. 除双方约定的费用外，乙方不得收取任何其他费用。

第三条 违约责任

1. 甲方未按合同约定在乙方处住宿、旅游的，应按照合同约定承担违约责任。

2. 甲方因故意或过失造成乙方设备、设施损坏或灭失的，应当据实作价赔偿。

3. 甲方未经允许在乙方经营场所内擅自布展或举办其他活动的，应当及时消除影响；如给乙方造成损失的，甲方应当承担赔偿责任。

4. 乙方提供的餐饮、住宿及其他服务项目不符合合同约定的，应赔偿由此给甲方造成的损失或退还相应差价。

第四条 除外责任

因不可抗力、交通堵塞以及第三人过错行为等原因导致合同延迟履行或不能履行的，经核实后可以免除乙方责任。但乙方应当及时通报甲方，并在合理期限内提供相关证明。

第五条 争议解决方式（略）。

第六条 本合同自签订之日起生效，至甲方结束乡村民俗旅游目的地活动终止。本合同一式两份，甲乙双方各执一份为凭。

F. 自驾车旅游服务合同（参考文本）

自驾车旅游服务合同

合同编号：＿＿＿＿＿

甲方（自驾者）：＿＿＿＿＿ 签订地点：＿＿＿＿＿

乙方（旅行社）：＿＿＿＿＿ 签订时间：＿＿＿年＿＿月＿＿日

乙方组织本次＿＿＿＿＿自驾车旅游活动，甲方自愿报名参加。双方本着平等互利、诚实信用平的原则，经协商就本次旅游活动事宜签订如下协议。

第一条 旅游内容

1. 旅游团号：＿＿＿＿＿，旅游线路：＿＿＿＿＿。

2. 旅行周期：＿＿＿＿＿天；起程日期：＿＿＿年＿＿月＿＿日；结束日期：＿＿＿年＿＿月＿＿日。

3. 旅游行程：详见附件《自驾游行程安排单》

第二条 服务项目及费用标准

服务项目及费用标准详见《自驾游服务项目指南》。

第三条 服务费用及支付方式

成人收费：_____元/人，儿童收费：_____元/人。甲方应于本合同签订当日，以现金、信用卡刷卡或银行支票支付方式向乙方一次性付清服务费用。

第四条 自理费用

下列费用项目不在本合同第二条约定的"服务项目"范围内，须由甲方自理费用：

1. 全程自驾用车所产生的汽油费、过桥费、停车费、洗车费、维修保养费。
2. 旅途中发生的甲方个人上网费、洗衣费、酒水饮料费、伤病医疗费等。
3. 甲方自行投保的人身意外伤害保险费、车辆保险费等。
4. 甲方自行选择的计划外的参观费、游览费、文娱费等。

第五条 甲方应保证其身体条件适应本次自驾游，在参加某些惊险游乐项目时能够量力而行。甲方对其随行未成年人负有监护责任，乙方对此不承担任何责任。

第六条 甲方驾驶员须依法持证驾驶车辆，并保证其自驾车辆符合安全行驶的标准。在旅行途中甲方车辆如出现技术故障或交通事故，乙方应及时协助甲方处理善后事宜；如发生车辆修理和伤员救治费用，均由甲方自行承担。

第七条 保险

为了降低旅游风险，切实保障自驾者利益。经甲方认可，乙方为甲方办理旅游人身意外伤害保险，并明确甲方为被保险人，乙方为投保人、受益人，保险费由乙方承付。

第八条 中途离团

甲方因身体原因或公私事务提出提前离团的，经乙方确认后，可以酌情向甲方退还尚未发生的服务费用。甲方未经乙方确认中途自行离团不归的，视为单方面解除合同，不得要求乙方退还尚未发生的服务费用。如因此给乙方造成损失的，甲方还应承担赔偿责任。

第九条 违约责任

（可参照本节 B 合同文本相同条款内容）

第十条 不可抗力

因气候、自然灾害、道路交通等不可抗力因素导致本合同延迟履行或不能履行的，可以免除各方的全部或部分责任。如因前述原因致使中途滞留而需要追加游客食宿费用的，甲方应承担此类给付义务。

第六章　无名合同实务

第十一条　争议解决方式（略）。

第十二条　本合同自签订之日起生效，至本次自驾车旅游团解散终止。本合同一式两份，甲乙双方各持一份，具有同等法律效力。

甲　　　方：_____　　　乙　　　方：_____

身份证号：_____　　　代　　　表：_____

住　　　所：_____　　　住　　　所：_____

司机手机：_____　　　导游手机：_____

电子邮件：_____　　　电子邮件：_____

附件1：《自驾游行程安排单》（略）

附件2：《自驾游服务项目指南》（略）

G. 旅游包车客运合同（参考文本）

旅游包车客运合同

合同编号：_____

甲方（客运公司）：_____　　签订地点：_____

乙方（旅行社）：_____　　签订时间：____年____月____日

甲方客车包租给乙方组织旅游活动使用，双方本着自愿、平等、公平和诚实信用的原则，经过协商就包车客运的有关事宜达成如下协议。

第一条　包车客运服务内容

甲方负责提供下列车辆，并配备驾驶员提供客运服务。

单位：个、辆、元/天

车辆厂牌型号	座位数	数量	费用标准	其他要求

第二条　包车客运服务期限

包车期限为____天，自____年____月____日至____年____月____日。

第三条　包车客运服务费用及支付结算方式

1. 包车客运服务费（含驾驶员服务费）总计_____元。

2. 乙方选择支付方式：□现金；□支票；□信用卡；□银行汇款；□网上支付。

3. 双方商定结算期限：□当日结清；□_____内结清。

第四条　甲方义务

1. 应当按照约定在包车客运服务期限内为乙方提供车辆，保证甲方及甲方提供的车辆均具有相应的营运资质，并为车辆投保法律规定的强制保险。

2. 应当负责对车辆进行维修和保养，并承担由此产生的费用。

3. 车辆因年检、维修、保养、故障等原因不能出车或中途不能运营时，应当负责安排车型相同或相近的车辆替换，以保证乙方的正常使用。

4. 应当为其提供的车辆配备具有从业资格的驾驶员，在发车前由该驾驶员与乙方指派的导游员对《旅游行程安排单》进行核对确认，并按照行程安排提供符合行业安全服务规范要求的客运服务，不得擅自改变行程。

5. 应当在车厢内明确提示乘车人不得携带国家明令禁止携带的物品乘车。

第五条　乙方义务

1. 应当按照约定支付车辆包车客运服务费用。

2. 车辆使用期间的过路费、过桥费、停车费以及其他旅游活动费用均由乙方负担。

3. 应当至少提前一日预定所需车辆，并将加盖乙方公章的《旅游行程安排单》传真或书面送达给甲方；乙方不得擅自改变行程。

4. 应当按照法律法规、行业规章的规定合法经营，随车配备持有旅游管理部门颁发的导游证的导游员提供全程服务。

5. 不得提出违反道路交通安全法规的要求，不得强行要求驾驶员驶入危险地段，不得将甲方车辆转包或以其他形式交给第三方使用。

第六条　违约责任

1. 甲方未按合同约定提供车辆和服务，造成当日旅游行程延误或取消，应当酌情补偿乙方蒙受的经济损失。

2. 甲方提供的车辆因自身原因中途抛锚，并导致旅游行程延误的，应当酌情补偿乙方蒙受的经济损失。

3. 乙方拖欠甲方包车客运服务费，应按国家有关金融规定给付甲方滞纳金。

4. 因乙方自身调度原因临时取消当日旅游行程的，乙方应当照价给付包车客运服务费（含驾驶员服务费）。

5. 因乙方故意或过失导致车辆部件损毁、车辆抛锚停运的，乙方应当据实赔偿甲方蒙受的经济损失。

第六章 无名合同实务

第七条 除外责任

因不可抗力、交通堵塞以及第三人过错行为等原因导致合同延迟履行或不能履行的，经核实后可以免除甲方责任或乙方责任。但被免除责任的一方应当及时向对方通报情况，并在合理期限内提供相关证明。如存在补救可能性的，双方应当积极合作采取相应补救措施。

第八条 争议解决方式（略）。

第九条 其他事项

1. 《旅游行程安排单》作为本合同的附件，甲方驾驶员和乙方导游员应当认真填写，随身携带，并由乙方向其组织的游客公示说明。

2. 本合同履行过程中的未尽事宜，可由双方委派的驾驶员_____与导游员_____具体协调，以便最大限度地维护双方的合作权益。

第十条 本合同自签订之日起生效，至乙方包车客运任务结束终止。本合同一式两份，甲乙双方各执一份为凭。

甲　　方：_____	乙　　方：_____
代　　表：_____	代　　表：_____
地　　址：_____	地　　址：_____
传真电话：_____	传真电话：_____
驾驶员手机号：_____	导游员手机号：_____
开户银行：_____	开户银行：_____
账　　号：_____	账　　号：_____
营业执照号：_____	营业执照号：_____
经营许可证号：_____	经营许可证号：_____

附件：《旅游行程安排表》（略）

H. 旅游订房合同（参考文本）

旅游订房合同

合同编号：_____

甲方（宾馆）：_____ 签订地点：_____

乙方（旅行社）：_____ 签订时间：____年__月__日

甲方意向乙方招徕游客提供客房服务。为了加强业务合作、实现规模效益，双方本着自愿、公平和诚实信用的原则，经协商就预订旅游客房事宜达成如下协议。

第一条 客房类型及价位。

单位：间、元/天

房间类型	门市价	散客优惠价（含早餐）	团队特惠价（含早餐）
标准间 A	＿＿＿元	＿＿＿元	＿＿＿元
标准间 B	＿＿＿元	＿＿＿元	＿＿＿元
单 人 间	＿＿＿元	＿＿＿元	＿＿＿元
套 房 A	＿＿＿元	＿＿＿元	＿＿＿元
套 房 B	＿＿＿元	＿＿＿元	＿＿＿元

备注：10人以上、一次订房5间以上（含10人，5间）执行团队特惠价。

第二条 乙方团队入住宾馆，可享受每满＿＿＿人免费一个床位的优惠，以此类推，但一团最多不超过两间免费房。＿＿＿周岁以下儿童与父母同房免收房费，并可根据需要提供一张免费加床。导游、司机陪宿可享受团队特惠价房费＿＿＿%的优惠。

第三条 在法定节假日（含春节、暑假、"十一"、寒假）期间，依行业惯例执行浮动房价。对乙方散客和团队房价上浮幅度的优惠，双方可根据届时的市场行情协商议定。

第四条 乙方每次用房应提前＿＿＿天预订，并以书面通知且加盖公章（或传真件）形式向甲方营销部门提供下列信息：团队名称和总人数、房间类型和间数、抵离日期、订餐内容、娱乐项目预订、停车数量、返程车、船、机票预订、导游姓名及联系电话。

乙方每次订房应提前＿＿＿天通知甲方营销部门，并提供盖有乙方公章的《旅游行程安排单》（或该单传真件）。该单应提供下列信息：团队名称和总人数、房间类型和间数、抵离日期、订餐内容、娱乐项目预订、停车数量、返程车、船、机票预订、领队或导游姓名及联系电话。

第五条 乙方如临时增加房间，在房源有余的情况下，甲方应尽量满足乙方的需求；在房源不足的情况下，甲方应积极配合乙方在宾馆周边地区落实新的房源。

第六条 乙方如取消客房预订，应提前＿＿＿天以书面形式通知甲方。

第七条 乙方团队如在预订期限内推迟抵店或提前离店，应提前＿＿＿天以书面形式通知甲方，否则甲方按宾馆门市价收取相应的房费。

第八条 乙方在没有通知甲方取消预订的情况下，如发生团队未按期抵达的情况，甲方有权收取一天的总房费作为补偿费。

第九条　因不可抗力、交通中断等原因导致乙方团队延期抵店或滞留宾馆（须提供相关证明材料）的，应视实际情况免除乙方的全部或部分赔偿责任。

第十条　乙方提供餐饮服务，其中：午餐_____元/人，晚餐_____元/人，儿童餐费按成人标准的_____%收取。乙方如变更或取消午、晚餐预订，应提前_____小时通知甲方，否则甲方有权按原订人数和标准收取总餐费作为补偿费。

第十一条　甲方提供租车服务，乙方如有租车需求，车辆租费双方另议。

第十二条　付款方式：乙方订房发生的全部费用，应于团队到达前预付或团队到达时现付给甲方。乙方如以外币形式支付费用，应事前征得甲方书面同意后方可采用外币结算。

第十三条　在各次订房业务实际履行过程中的未尽事宜，可由甲方营销部门主管人员与乙方业务经理（或领队、导游）具体协商解决。如遇合同重大变更事项或意外事件，双方应本着互惠互利的原则协商解决，并可签订书面补充协议。

第十四条　本合同自签字之日起生效，有效期限为_____年。本合同一式两份，甲乙双方各执一份，具有同等法律效力。

甲　　　方：_____　　乙　　　方：_____
代　　　表：_____　　代　　　表：_____
地　　　址：_____　　地　　　址：_____
开户银行：_____　　开户银行：_____
账　　　号：_____　　账　　　号：_____
营销主管：_____　　业务经理：_____
传真电话：_____　　传真电话：_____
手机号码：_____　　手机号码：_____
电子邮件：_____　　电子邮件：_____

I. 旅游订餐合同（参考文本）

旅游订餐合同

合同编号：_____

甲方（饭　店）：_____　　签订地点：_____

乙方（旅行社）：_____ 签订时间：____年__月__日

甲方意向乙方招徕游客提供餐饮服务。为了加强业务合作、实现规模效益，双方本着自愿、公平和诚实信用的原则，经协商就预订游客用餐事宜达成如下协议。

第一条 游客用餐标准。

1. 日常用餐标准：①经济餐：_____元/人，10人以上_____元/人；②标准餐：_____元/人，10人以上_____元/人；③豪华餐：_____元/人，10人以上_____元/人。

2. 风味用餐标准：标准餐：_____元/人，10人以上_____元/人；豪华餐：_____元/人，10人以上_____元/人。

第二条 导游、司机用餐标准。

1. 地陪导游、司机：日常用餐优惠价_____元/人；风味用餐优惠价_____元/人。

2. 全陪导游与游客同餐，按游客标准计付；与地陪导游同餐，按地陪导游标准计付。

3. 每次旅游团队用餐人数达_____人以上，免收导游、司机餐费。

第三条 酒水饮料。

1. 日常用餐提供：瓶装啤酒_____元/瓶，扎啤_____元/扎，可乐_____元/瓶，汽水_____元/瓶，矿泉水_____元/瓶，鲜榨果汁_____元/扎。

2. 风味用餐提供：风味酒水_____元/碗（杯、斤），自酿饮料_____元/碗（杯、斤）。

3. 游客饮用其他酒水（包括白酒、红酒、黄酒），甲方按柜台价据实付费。

第四条 用餐预订。

乙方每次用餐应提前_____天预订，并以书面通知且加盖公章（或传真件）形式向甲方营销部门提供下列信息：用餐时间、用餐人数、用餐标准、特殊要求（例如部分游客须安排清真餐）、导游姓名及联系电话。

第五条 餐费结算。

每次用餐完毕，由甲方人员填写餐饮结算单，经乙方导游签字确认餐费金额后，以现金/信用卡刷卡/银行支票方式向甲方支付结清本次餐费。

第六条 餐饮质量。

甲方负有保证食品卫生安全和餐饮服务质量的义务。如因食品卫生安全和餐饮服务质量事故导致游客人身损害的，甲方应承担全部的民事赔偿责任。

第七条　误餐补偿。

乙方在用餐时间的_____小时之前退餐，甲方不收损失补偿费；_____小时以内退餐，甲方收取_____%的餐费；订餐后未来店用餐，甲方收取全额餐费（均扣除预订酒水饮料费）。

第八条　除外责任。

因不可抗力、供电事故、交通中断等原因导致乙方旅游团队误餐（须提供相关证明材料）的，应视实际情况免除甲方或乙方的全部或部分赔偿责任。

第九条　在各次订餐业务实际履行过程中的未尽事宜，可由甲方营销部门主管人员与乙方业务经理（或领队、导游）具体协商解决。

第十条　本合同自签字之日起生效，有效期限为_____年。本合同一式两份，甲乙双方各执一份，具有同等法律效力。

甲　　方：_____　　　　乙　　方：_____
代　　表：_____　　　　代　　表：_____
地　　址：_____　　　　地　　址：_____
营销主管：_____　　　　业务经理：_____
传真电话：_____　　　　传真电话：_____
手机号码：_____　　　　手机号码：_____
电子邮件：_____　　　　电子邮件：_____

J. 旅游景区票价优惠合同（参考文本）

旅游景区票价优惠合同

合同编号：_____

甲方（景区管理处）：_____　　签订地点：_____
乙方（旅　行　社）：_____　　签订时间：____年____月____日

甲方意向乙方招徕游客提供_____景区优惠票价。为了加强业务合作、实现规模效益，双方本着自愿、公平和诚实信用的原则，经协商就景区票价优惠事宜达成如下协议：

第一条　景区名称及票价种类。

单位：元/人次

景区票价种类	门市价	散客优惠价	团队特惠价
景区门票	____元	____元	____元
收费景点 A	____元	____元	____元
收费景点 B	____元	____元	____元
景区套票（含 A、B 景点）	____元	____元	____元
观光车票	____元	____元	____元

备注：一次组团 15 人以上执行团队特惠价。

第二条　景区门票依行业惯例执行季节浮动票价：旺季票价上浮____%，淡季票价下浮____%。在旺季根据客流情况，对乙方执行的散客优惠价和团队特惠价维持原价或适当上浮，在淡季对乙方执行的散客优惠价和团队特惠价下浮____%。

第三条　乙方组织的老年团、学生团等特殊团队，根据国家有关规定以及地方物价部门出台政策，可持游客身份证、学生证、军官证、士兵证、残疾人证等有效证件享受相应的票价减免待遇。

第四条　乙方带团导游、领队携团凭《旅游行程安排单》或导游证，在本景区售票处办理优惠购票手续，并以现金、信用卡刷卡或银行支票方式一次性支付结清票款。

第五条　乙方带团导游、领队和司机凭《旅游行程安排单》、导游证或其有效证件免费进入景区。

第六条　乙方每批次团队人数达到____人以上，甲方可免费提供讲解服务。

第七条　乙方每个年度累计组团人次达到____人次以上的，甲方将给付乙方定额提成奖金（每人次×____元），以鼓励乙方为本景区招徕更多的游客。

第八条　乙方不得在本景区入口处____千米范围内招徕散客就地组团。乙方如采取前述手段揽客组团并经查实，甲方有权取消乙方享受优惠票价资格，提前终止本合同。

第九条　本合同自签字之日起生效，有效期为____年。本合同一式两份，甲乙双方各执一份，具有同等法律效力。

甲方：_____　　　　乙方：_____
代表：_____　　　　代表：_____

第七节 培训合同

一、培训及培训合同的概念与特征

培训也称非学历教育,是指有组织地进行知识传授、技能传授、标准传授、信念培养、管理训诫的行为,包括艺术培训、技术培训、岗位培训、项目培训、行业培训以及各个层次的继续教育和各种内容的短期培训。培训的特点:在学习内容上以某个领域应用科学或某项专业技能为主;在学习时间上以集中式、短期性为主;在学习方式上侧重于专业实践和最新知识的应用;在培养目的上以专业应用人才为目标。相对于学历教育以素质教育为特征而言,培训则以应用教育、技能培训为特征。

培训合同有狭义与广义之分。狭义的培训合同是指培训机构为受训者有偿提供培训服务,受训者支付培训费用的合同。广义的培训合同是指培训机构与受训者(或委培单位)、兼职讲师、培训场地产权所有者以及其他培训服务机构为提供有偿培训服务而明确各方权利与义务关系的合同。培训合同具有以下法律特征:①合同的标的是技能传授服务。②是双务、有偿、诺成合同。③一般为要式合同。④是《合同法》未予规范的无名合同。

二、培训合同的分类

培训合同根据合同性质的不同,其可以分为培训服务合同与培训经营合同两类。

(一)培训服务合同

培训服务合同是指培训机构为受训者(或委培单位)有偿提供各种门类知识教育和技能培养的合同。其包括职前培训合同、代培合同、定向委培合同、家教服务合同等。

(二)培训经营合同

培训经营合同是指培训机构与兼职讲师、其他服务机构为从事有偿培训服务经营活动而明确各方权利与义务关系的合同。其包括家教中介合同、培训机构合作合同、联合办学合同、项目培训合作合同等。

三、培训合同的格式

A. 职前培训合同（参考文本）

职前培训合同

合同编号：_____

甲方（待业人员）：_____　　签订地点：_____
乙方（培训机构）：_____　　签订时间：____年____月____日

甲方接受乙方提供的职前培训及就业推荐服务，双方本着公平、诚信的原则，经过协商就有关职前培训及就业推荐事宜达成如下协议。

第一条　甲方接受乙方提供的_____专业技能培训，委托乙方为其就业推荐与本培训专业相关的用人单位。

第二条　乙方负责对甲方进行本专业技能培训。培训合格者由乙方颁发国家认可的职业资格证书，并由乙方向不少于_____个用人单位进行推荐。

第三条　专业培训费详见《职前培训科目及收费标准明细表》，甲方应于本专业培训班开学前_____日内以现金或银行汇款方式支付给乙方。就业中介费_____元，甲方应于取得职业资格证书后_____日内以前述付款方式支付给乙方。

第四条　甲方参加的培训班号：_____；培训周期：_____天，自_____年____月____日至____年____月____日。培训授课地点：_____。

第五条　培训课程内容：_____。

第六条　甲方参加职前培训，应当执行乙方制定的培训教学规章制度，按时出勤、尊重教师、遵守课堂纪律。甲方在培训期间损坏公私财物、致使他人伤害的，应当自行承担赔偿责任。甲方中途退学，或甲方上课缺勤率达到_____%以上，乙方将取消其培训资格，已交纳的专业培训费不予退还。

第七条　甲方参加职前培训考试不合格，乙方允许其免费参加后续班次的职前培训课程及考试，直至甲方职前培训考试合格为止。

第八条　甲方取得职业资格证书后_____个月内，乙方负责给甲方推荐并落实就业单位。甲方同意或拒绝去乙方落实的就业单位报到，或其自谋就业单位的，本合同终止。乙方未能落实就业单位的，应当向甲方退还_____%专业培训费和全额就业中介费，本合同终止。

第九条 本合同履行过程中未尽事宜，如甲方希望教师对其个别辅导、增加实习时间，双方可以协商，另签补充协议。

第十条 本合同一式两份，甲乙双方各执一份为凭。

甲　　方：_____　　　乙　　方：_____
身份证号：_____　　　代　　表：_____

附件：《职前培训科目及收费标准明细表》（略）

B. 代培合同（参考文本）

代培合同

合同编号：_____

甲方（委培单位）：_____　签订地点：_____
乙方（培训机构）：_____　签订时间：____年__月__日

甲方为提高员工技术素质，特委托乙方代为培训其员工，双方经协商订立本合同。

第一条 代培专业（工种）：____，代培人数：____，代培时间：____。

第二条 甲方应向乙方提供代培学员名单（包括性别、年龄、民族、籍贯、学历等基本信息），并委派专人（可指定其中一名学员）担任本代培学员团队的领队。代培学员所需的生活用具，均由甲方自理。

第三条 乙方应指定专人担任项目经理负责代培学员的课堂教学、实习操作和住宿伙食等事宜，并根据自身条件尽可能地为代培学员提供学习和生活方面的便利。

第四条 代培学员应服从乙方的统一安排，遵守乙方制定的有关培训教学、实习操作、安全生产等方面的规章制度。

第五条 代培费标准：____元/人，住宿费标准：____元/人，伙食费标准：____元/人（后两项收费可供甲方选择）。甲方应于本次代培开班前____日内以银行汇款方式支付代培费用总额的____％；其余费用款项于本次代培结业后____日内支付结清。

乙方开户银行：_____，户名：_____，账号：_____。

第六条 代培学员如违反乙方工艺和安全操作规程，造成乙方设备设施损毁和成品批量报废的，甲方应负责赔偿。代培人员因乙方调度失误造成工伤事故的，乙方应积极协助治疗并承担所发生的一切费用。

第七条 本合同履行过程中未尽事宜，由甲方学员领队与乙方项目经理具体协商，涉及重大事项变更，如延长代培期限、追加代培费用等，双方应另签补充协议。

第八条 本合同一式两份，甲乙双方各执一份，具有同等法律效力。

甲　　方：_____　　　　　乙　　方：_____
代　　表：_____　　　　　代　　表：_____
学员领队：_____　　　　　项目经理：_____
手机号码：_____　　　　　手机号码：_____

C. 家教服务合同（参考文本）

家教服务合同

合同编号：_____

_____家教服务中心（以下简称"甲方"）收到_____家长（以下简称"乙方"）交来_____元家教服务费，包括一年之内免费安排多位家教（如数学、语文、英语、钢琴、舞蹈、绘画、围棋、乒乓球等）讲师，并向家长承诺本中心提供的讲师资料真实。

授课讲师：_____；讲师联系电话：_____。
讲授课程：_____；讲授课时：每周____次，每次____小时。
上课地址：_____
课时费用：____元/小时；结算方式：周末/月末甲方与讲师直接结算。
甲方联系电话：_____；乙方联系电话：_____。
服务时间：____年____月____日至____年____月____日

家教服务条款

（一）甲方应定期（每月/季）进行回访乙方，乙方也可随时反映讲师授课情况，以便于双方共同监督授课讲师的教学质量。

（二）乙方如遇特殊情况需要变更上课时间的，应提前____小时通知授课讲师。授课讲师如遇特殊情况需要变更上课时间的，应提前____小时通知乙方。

（三）乙方应按期支付讲师课时费用。讲师提出请吃、索礼等额外要求，乙方有权拒绝。

（四）乙方如对讲师授课不满意，应在____日内提出更换讲师要求。甲方应及时推荐替代讲师。乙方如对替代讲师仍不中意，甲方退还____%的家教服务费，本合同即时终止。

（五）乙方对授课讲师的职业、家庭、收入等隐私信息，负有保密的义务。但向甲方反馈讲师信息或为向其他学生家长举荐讲师而披露相关信息情形除外。

（六）本合同服务期限届满，乙方如向甲方续缴年度家教服务费，本合同延期有效。乙方无意续缴，甲方届时将终止讲师授课。

甲　方：_____　　　　　乙　方：_____
代　表：_____　　　　　家　长：_____
_____年____月____日　　　　_____年____月____日

D. 家教中介合同（参考文本）

家教中介合同

合同编号：_____

甲方（兼职讲师）：_____　　签订地点：_____
乙方（培训机构）：_____　　签订时间：____年____月____日

甲方接受乙方聘用担任其所属培训机构（家教服务中心）兼职讲师，双方本着平等自愿、互惠互利、诚实信用的原则，就有关家教合作事宜达成如下协议：

第一条　甲方保证其向乙方提供的个人简历、专业证件（包括但不限于毕业证书、学位证书、职业资格证书、专业获奖证书等）真实、有效。乙方委派甲方向家教对象首次授课时，甲方应向学生或其家长出示乙方出具的介绍信和个人的专业证件。

第二条　乙方有权对甲方的个人信息资料进行编辑，并将乙方的简历、相片及相关证书在甲方网站发布。甲方如不希望将其全部或部分个人资料对外发布，应向乙方特别说明。

第三条　乙方承诺甲方讲课费收费标准不低于____元/小时（其中____%为乙方应提取的中介服务费）。双方就讲课费的分成采取下列第____种结算方式：

1. 学生或其家长按约定期限将全额讲课费直接支付给甲方，甲方应在收到全额讲课费后_____日内，以现金或银行汇款方式向乙方支付结清中介服务费分成。

乙方开户银行：_____，户名：_____，账号：_____。

2. 学生或其家长按约定期限将全额讲课费直接支付给乙方，乙方应在收到全额讲课费后_____日内，以现金或银行汇款方式向甲方支付结清讲课费分成。

甲方信用卡开户银行：_____，信用卡号：_____。

第四条 甲方授课前应认真做好备课工作，不得随意改变上课时间和上课地点；甲方如遇特殊情况需要变更上课时间的，应提前_____小时通知授课学生或其家长。

第五条 甲方应定期向授课学生或其家长提供教学计划和通报教学效果。乙方依约定期（每月/季）回访客户，对甲方的教学质量进行监控，并作为评聘甲方的主要依据。

第六条 乙方应准确通知甲方上课时间、地点，以及授课学生或其家长联系方式、授课学生目前学习状况等信息。授课学生或其家长拖欠或拒付讲课费的，应由乙方全权负责解决此类事宜。

第七条 授课学生或其家长如对甲方教学质量表示不满意乃至提出更换讲师要求的，乙方有权更换其他讲师接任该项家教工作，并在_____个工作日内将变更事项通知甲方。甲方此前应得的讲课费分成，据实结算。

第八条 争议解决方式（略）。

第九条 其他补充条款：_____。

第十条 本合同有效期为_____年，自双方签字之日起生效。本合同一式两份，甲乙双方各执一份，具有同等法律效力。

甲　方：_____　　　　乙　方：_____

身份证号：_____　　　代　表：_____

附件：甲方专业证件复印件

E. 项目培训合作合同（参考文本）

项目培训合作合同

合同编号：_____

甲方（培训机构）：_____   签订地点：_____
乙方（科研单位）：_____   签订时间：____年____月____日
　　甲方制订_____项目培训计划，为了确保项目培训质量与效果，拟约乙方聘请国内本学科领域权威人士担任主讲教师，双方就授课讲师邀请与派遣事宜达成如下协议。
　　第一条　项目培训计划。
　　1. 项目内容简介：_____。
　　2. 项目培训地点：_____省_____市_____大厦。
　　3. 项目授课时间：____年____月____日至____月____日。
　　4. 项目特邀讲师：（名单：姓名、性别、职务/职称、专业方向____）。
　　第二条　甲方义务。
　　1. 甲方负责落实本项目培训课程所需的培训场地、设施、设备和相关的教务管理工作，并承担培训场地、设施、设备租金及其他相关费用。
　　2. 甲方承担本项目培训课程所需授课讲师以及乙方工作人员（限定____人）的差旅、食宿费用。乙方特邀讲师及其工作人员抵达培训地点当日，持费用票据向甲方实报实销。
　　3. 甲方应在本项目培训班开班前____个月，将培训内容、培训地点、开班时间等相关培训信息以传真文件或电子邮件形式通报乙方，以便乙方安排培训内容和委派相关讲师。
　　第三条　乙方义务。
　　1. 乙方根据甲方确定项目内容邀请相应学科的讲师，并于开班授课前____天将特邀讲师简介、讲课提纲、行程安排等信息以传真文件或电子邮件形式通报乙方，以便甲方在当地开展本项目培训的广告宣传工作。
　　2. 乙方承担本项目特邀讲师的讲课费用，并保证授课讲师按时到达、按时上课。如遇特殊情况确实需要变更授课讲师或上课时间的，乙方应提前____天通报甲方。
　　第四条　培训费收入分成及结算办法。
　　1. 受训学员交纳培训费的收费标准由甲方根据当地市场行情自行制定，并由甲方负责收取和出具收费发票。
　　2. 甲方应向乙方支付定额培训费分成收入_____元（其中含乙方应付讲师讲课费、讲义工本费及其他相关费用）。
　　3. 甲方应在本合同签订之日起_____日内，向甲方支付定额培训费分成收入的_____%作为定金；其余款项在本项目培训班结业之日起_____日内支付结清。

第五条 甲方委派_____（手机号码：_____）、乙方委派_____（手机号码：_____），专项负责协调本合同履行过程中的具体事宜。如涉及增减培训内容、讲师人数、讲授课时、收入分成等项事宜，双方经协商可另签补充协议。

第六条 违约责任（略）。

第七条 争议解决方式（略）。

第八条 本合同自签字之日起生效，至本项目一期培训班结业之日终止。如双方均有意继续合作，可续签本项目第二期或数期培训班的补充协议，以延长本合同的有效期限。

第九条 本合同一式两份，甲乙双方各执一份，具有同等法律效力。

甲　　方：_____　　　　乙　　方：_____
代　　表：_____　　　　代　　表：_____
住　　所：_____　　　　住　　所：_____
联系电话：_____　　　　联系电话：_____
传真电话：_____　　　　传真电话：_____
电子邮件：_____　　　　电子邮件：_____

附件：《××项目培训计划》

第八节　网络合同

一、网络及网络合同的概念与特征

网络概念有广义与狭义之分。广义的网络，是指由有关联的个体组成的系统，诸如人际网络、政治网络、交通网络、通信网络等。狭义的网络，是指国际计算机互联网（Internet），简称"因特网"。本节所述"网络"，仅限于狭义范畴。网络经营活动可以分为网络接入服务和网络信息服务两大环节。网络经营服务商大体包括四类：①网络接入服务商（ISP），即为网络客户提供网络接入业务服务的经营者，包括从事网络接入、网站建设、系统集成、数据中心、主机托管和租赁等业务服务的公司。②网络信息服务商（ICP），即通过信息采集、开发、处理和信息平台的建设，并利用互联网直接为终端客户提供语音信息、在线信息、数据检索和信息平台等信息业务服务的经营者，包括各类商业性门户网站和专业网站。③网络软件开发商（ISV）和网络信息节目供应商，包括网络系统和应用软件开发公司、报社、杂志社、出版社、影视音像节目制作公司等。④网络中介服务商，即为网络客户提供域名注册、市场调查、广告代理等中介业务服务的经营者。网络客户包括接受网络接入、在线和信息服务的各类法人单位和网民。

网络合同是指网络经营服务商向网络客户提供约定的网络业务服务，网络客户支付报酬的合同。随着大众传播（尤其是互联网和数字化）技术的不断创新和广泛应用，不仅为社会公众提供海量的知识信息，而且为经济活动提供即时、便捷的交易条件，诸如搜索引擎、即时通信、电子邮件、网络购物、网络炒股、网上支付、旅行预订等。网络合同的应用几乎涉足当代社会生活的各个层面。网络合同具有以下法律特征：①是以网络为媒介的合同。②除网站建设、网络购物合同外，绝大多数网络合同的标的物具有无形性。③是双务、诺成合同。④可以是有偿、要式合同（如域名注册合同），也可以是无偿、不要式合同（如数据库论文下载合同）。⑤是《合同法》未予规范的无名合同。

二、网络合同的分类

（一）传统书面合同与数据电文合同

根据合同文本表现形式的不同，网络合同可以分为传统书面合同与数据电文合同两类。传统书面合同是指由纸质文本承载协议内容并由当事人在纸质文本上盖章、签字而订立的合同。数据电文合同是指由电子文档承载协议内容并由当事人利用互联网上传与下载电子数据以及点击确认（或电子认证）而订立的合同。

与传统书面合同相比，数据电文合同具有以下两个显著特点：一是数据电文合同主体的虚拟性。由于合同当事人是在互联网环境构建起的市场信息平台进行交易，通常互不谋面，也不经历多次协商与谈判过程，故而当事人的身份具有不确定性，这也是网上合同诈骗现象屡见不鲜的根本原因所在。通过第三方办理支付结算，只能将网上合同诈骗风险降低到最低限度，但不能从根本上消除。二是数据电文合同交易的广泛性。合同当事人通过互联网环境构建起的市场信息平台进行交易，可以接触到全世界范围内的、难以估量的潜在交易对象，这就为各方当事人提供了巨大的交易空间。所以，互联网好比一把"双刃剑"，它在给人们创造市场交易活动广泛空间的同时，还带来网上合同交易的潜在风险。

（二）网络合同应用类型

网络合同按交易的内容归类，可以分为网络应用合同、数据信息合同、在线服务合同和电子商务合同四大类。

1. 网络应用合同。网络应用合同是指网络运营服务商为客户提供网络接入、域名注册、网站建设、网页制作、主机托管、网络维护等网络应用服务,客户支付价款或报酬的合同。此类合同主要有网络接入服务合同、网站建设与维护合同、主机托管与租赁合同、收费邮箱服务合同、网站频道运营服务合同等。

2. 数据信息合同。数据信息合同是指文字和声像信息的提供者为客户提供互联网信息浏览或下载,客户支付价款的合同。此类合同主要有数据库信息服务合同、短信息定制服务合同、视听节目有偿浏览(下载)服务合同等。

3. 在线服务合同。在线服务合同是指网络运营服务商通过互联网络为客户提供有偿(或无偿)服务,客户支付报酬的合同。此类合同主要有网络游戏服务合同、远程教育服务合同、竞价排名服务合同、适时聊天服务合同、交易平台服务合同和网络广告发布合同等。

4. 电子商务合同。电子商务合同是指当事人通过电子数据交换和电子邮件等手段拟定的明确相互权利义务关的合同。根据合同主体的不同,此类合同可以细分为B2B(生产者对生产者)、B2C(生产者对客户)、C2C(客户对客户)三种情形。根据合同标的物的不同,此类合同可以细分为商品交易、知识产权交易和提供约定服务三种情形。

三、网络合同的效力

(一)网络服务者的主要义务

1. 提供约定商品和项目服务的义务。①按照约定的期限、地点和方式交付网络运营设施、商品货物、数字化产品、网络服务项目成果等。②交付与合同标的物有关的必要的资料。如商品使用说明书、计算机软件设计文件、商业发票等。③保证所交付商品货物或服务项目质量,并履行法定或约定承诺的售后服务职责。

2. 遵守国家法律法规有关电信增值服务、互联网信息传播、互联网广告发布、互联网信息安全等管理规定的义务,并依法履行审核本网站或本网页所上载信息内容的职责。

(二)网络客户的主要义务

1. 支付价款或者酬金的义务。一是按照约定的数额支付价款或报酬;二是按照约定的期限、地点和方式支付价款或报酬。

2. 遵守国家法律法规有关互联网信息传播、互联网广告发布、互联网信息安全等管理规定的义务,并依法履行审核本网页所上载信息内容的职责。

四、网络合同的格式

A. 网站建设合同（参考文本）

网站建设合同

合同编号：_____

甲方（委托方）：_____ 签订地点：_____
乙方（服务方）：_____ 签订时间：____年__月__日

甲方委托乙方为其建立信息发布网站，双方就该网站建设有关事宜达成如下协议。

第一条 网站建设项目。

（一）域名注册

1. 甲方拟定的域名为：_____。

2. 甲方须向乙方提供域名注册申请所需的营业许可证照、相关文件资料和域名注册费用款项。

3. 乙方为甲方代办域名注册申请事务，并负责该域名注册续期及维护工作。

（二）网站空间

乙方为甲方提供虚拟主机（服务器）租用服务，作为甲方网站所依存的网络空间和信息发布平台。

（三）网页制作

1. 甲方须向乙方提供与制作网页有关的文字、图片资料和《网站建设规划方案》，并委派专人与乙方协调有关网站设计和网页制作的具体事宜。

2. 乙方按照甲方网站规划方案设计和制作网页。其中，①网站语言版本：_____种。②网站页数：_____页。③网页主色：_____。④网页动画：_____秒。⑤声音效果：_____秒。⑥数据库容量与功能：_____。

第二条 网站建设周期。

1. 网站网页制作周期为_____天，乙方应在_____年__月__日前交付该网站网页制作成果，并由甲方主持启动验收工作程序。

2. 如因甲方提供制作网页的有关文字、图片资料不充足或因甲方中途变更网站规划方案，致使乙方网页制作工期拖延，前述网页制作周期应当予以合理的顺延。

第三条 验收标准与期限。

（一）验收标准

1. 甲方注册域名开通后，可以通过任何上网的计算机浏览该网站主页。

2. 该网站主页无文字拼写及图片错误（以甲方提供文件材料为依据）。

3. 该网站网络程序运行正常。

（二）验收期限

1. 甲方验收工作应在____个工作日之内完成。验收合格后，甲方以书面形式签收。

2. 在验收期间甲方如提出网站网页设计改进建议，双方可以另签增加网页制作工日和制作经费的补充协议。

第四条 报酬费用标准及支付结算方式。

（一）域名注册费

1. 网站域名注册费：____元/年（含乙方应收域名注册代理费）。

2. 第一年度域名注册费，甲方应在交付域名注册的申请文件时一并支付给乙方；以后年度域名注册费，甲方应于每年域名到期日之前的____日内支付给乙方。

（二）网站空间租用费

1. 网站空间（虚拟主机/服务器）租用费：____元/年。

2. 甲方应于网站开通之日起____日内，向乙方支付第一年度的网站空间租用费；以后年度网站空间租用费，甲方应于每年度租用到期日之前的_____日内支付给乙方。

（三）网页制作费

1. 网页制作费总额：____元。实际投入使用的网站网页超出第一条第三款约定的页数限额，超出部分页数按每页____元加收制作费用。

2. 甲方应于本合同签订之日起____日内，向乙方支付网页制作费总额的30%作为定金；其余款项和追加制作费用应于网站验收合格后____日内支付结清。

（四）设备购置费

网站配套设备（路由器、开关柜）如约定由乙方代为采购，甲方应于网站正式开通前____个月将设备购置经费汇入乙方账户。

（五）乙方开户银行名称及账户：_____。

第五条 网站维护。

1. 网站开通后____年内，乙方负责网站的技术维护，保障站点的正常运行（电信部门检修、乙方虚拟主机正常维护、互联网络通路堵塞等情况例外）。

2. 乙方负责对甲方网站工作人员的定期指导和培训。

3. 乙方应向甲方交付互联网站维护与更新的网页副本，网页副本以数字形式保存到由甲方指定的电脑。

4. 甲方要求乙方对已发布网页进行改进和补充，乙方免费为甲方做不涉及网站结构修改的更新维护工作＿＿＿次；超过约定次数的维护费用由甲方自行负担。

5. 网站日常维修所必需的零配件、消耗性材料费用，由甲方自行负担。

第六条　知识产权归属与保护。

1. 网站徽标、版式、文字和声像作品版权归甲方所有。但是甲方须在网站主页下方显著位置标明本站网页由乙方设计制作。

2. 网站配载由乙方自主开发的系统和应用程序及其源码的版权与专利归乙方所有；甲方享有限于本网站应用范围内的非独占性使用权；未征得乙方的书面同意，甲方不得擅自将此类程序许可给任何第三人以同一方式使用。

第七条　保密条款。

任何一方对于在本合同签订和履行过程中所获悉对方的商业秘密（包括从未对外公开的技术信息和经营信息），均负有保密的义务，不得擅自向任何其他第三人泄露，本合同期限届满后＿＿＿年内，该保密条款继续有效。

第八条　违约责任。

1. 甲方未及时交付制作网页所需的文字、图片资料，致使乙方网页制作工作停工达＿＿＿天以上的，甲方应给付乙方相当于网页制作费总额的＿＿＿％违约金。

2. 乙方因自身原因交付网页制作成果期限拖延达＿＿＿天以上的，乙方应给付甲方相当于网页制作费总额的＿＿＿％违约金。

3. 甲方因隶属关系变更、经营陷入困境等自身原因中途停止网站建设，甲方应给付全额的网页制作费，以补偿乙方所蒙受的经济损失。

第九条　争议解决方式（略）。

第十条　其他事项。

1. 甲方委派＿＿＿＿＿＿＿先生/女士负责网站建设的具体事宜，办公电话：＿＿＿＿＿＿，手机：＿＿＿＿＿＿，电子邮箱：＿＿＿＿＿＿。

2. 乙方委派＿＿＿＿＿＿＿先生/女士担任本网站建设项目负责人，办公电话：＿＿＿＿＿＿，手机：＿＿＿＿＿＿，电子邮箱：＿＿＿＿＿＿。

3. 甲方拟订的《网站建设规划方案》和双方商定的《网站配套设备采购

清单》为本合同的必要组成部分。

4. 本合同未尽事宜，双方本着平等、互利、诚实、信用的原则友好协商，可以签订补充协议，作为本合同的必要组成部分。

第十一条 本合同一式两份，甲乙双方各执一份，具有同等法律效力。

甲　方：_____　　　　乙　方：_____

代　表：_____　　　　代　表：_____

附件1 《网站建设规划方案》（略）

附件2 《网站配套设备采购清单》（略）

B. 网页制作合同（参考文本）

网页制作合同

合同编号：_____

甲方（委托方）：_____　　签订地点：_____

乙方（服务方）：_____　　签订时间：____年___月___日

甲方委托乙方制作网站主页，帮助甲方树立企业形象，拓宽产品销售渠道，经双方友好、充分协商，签订本合同，以期双方共同遵守。

第一条　甲方委托乙方制作甲方网站http: //_____的主页，乙方应按照甲方的要求设计和制作主页，并达到甲方满意的效果。该网页内含有/不含有后台管理系统。

第二条　甲方负责提供网页制作所需的文字、图片和相关文件资料，并制作成电子文件后____日内交付给乙方。

第三条　甲方保证所提供的文字、图片和相关文件资料不含有侵犯任何第三人知识产权的内容。甲方保证其委托制作网页内容的合法性。对于含有涉及盗版、色情、赌博、迷信、邪教等违法内容和直接损害他人合法权益的内容，乙方有权拒绝制作。

第四条　甲方委派_____先生/女士（手机：_____，电子邮箱：_____）协调网页制作的具体事宜，并在乙方网页制作过程中提供便利条件。

第五条　网页制作流程：①乙方根据甲方提供的网站材料及其设计要求进行网站首页设计，应在____个工作日后将主页平面设计图交给甲方审核。②甲方应在____个工作日内提出主页平面设计图修改意见。③乙方应在

_____个工作日内完成修改工作，交由甲方签字确认后网页首页设计完成。④乙方完成后续网页制作周期为_____个工作日，乙方完工后将整个网站网页上传至甲方服务器空间。

第六条　甲方收到乙方传送的该网站网页成果后，应在_____个工作日内完成验收工作。验收标准为：①甲方可以通过任何与互联网进行网络连接的计算机浏览自己的主页。②主页无文字拼写及图片（以甲方提供的材料为标准）错误。

验收合格，甲方应以书面文字传真方式签收。甲方如提出合理的补充修改或改进意见，乙方应当配合完成修改工作，验收工期可以合理顺延。

第七条　网页制作经费：_____元。其中，①首页设计制作费：_____元。②内页设计制作费：_____元。③gif多层动画设计制作费：_____元。④flash页面设计制作费：_____元。⑤其他页面设计制作费：_____元。

本合同签订后_____日内，甲方预付网页制作经费的_____%作为定金；其余款项应在网站网页验收合格后_____日内支付结清。

第八条　乙方负责对甲方网站工作人员进行操作培训。培训方式包括免收、电话指导和电子邮件解疑等；培训内容仅限于乙方所提供的服务的内容，如邮件的使用、源代码及数据库的备份、网站后台管理的使用等。

第九条　网站徽标、版式、文字和声像作品版权归甲方所有。但是甲方须在网站主页下方显著位置标明本站网页由乙方设计制作。网站配载由乙方自主开发的系统和应用程序及其源码的版权与专利归乙方所有；甲方享有限于本网站应用范围内的非独占性使用权。

第十条　保密条款（略）。*

第十一条　违约责任：_____。

第十二条　争议解决方式（略）。

第十三条　本合同一式两份，甲乙双方各执一份为凭。

甲　方：_____　　　　乙　方：_____
代　表：_____　　　　代　表：_____

---

* "保密条款"参见本节 A 合同文本相同条款内容，本节其他合同文本如列该条内容相同。

C. 域名注册合同（参考文本）

域名注册合同

合同编号：_____
甲方（委托人）：_____ 签订地点：_____
乙方（代理人）：_____ 签订时间：____年___月___日

甲方委托乙方代理申请在国际互联网上的域名。经协商双方达成如下协议。

第一条　甲方拟注册域名为：_____，共计____个。

第二条　甲方拟注册启用的域名，不得含有下列内容：①反对宪法所确定的基本原则的。②危害国家安全，泄露国家秘密，颠覆国家政权，破坏国家统一的。③损害国家荣誉和利益的。④煽动民族仇恨、民族歧视，破坏民族团结的。⑤破坏国家宗教政策，宣扬邪教和封建迷信的。⑥散布谣言，扰乱社会秩序，破坏社会稳定的。⑦散布淫秽、色情、赌博、暴力、凶杀、恐怖或者教唆犯罪的。⑧侮辱或者诽谤他人，侵害他人合法权益的。⑨含有法律、行政法规禁止的其他内容的。

第三条　甲方应向乙方出具授权委托书，提供申请域名注册所必需的甲方经营许可证照（或居民身份证）等证明文件，并为乙方的代理申请工作提供必要的协助。

第四条　甲方应向乙方支付域名注册费（包含乙方代理费）：_____元。甲方在交付申请文件资料的同时，应将该项费用以现金/银行汇款方式支付给乙方。

第五条　乙方根据域名注册管理规定的程序向域名注册管理机构代交书面申请和交纳注册费用；向甲方通报域名查询和注册结果；利用乙方域名注册服务系统为甲方的域名提供服务，保持甲方域名直到甲方具备使用其域名的条件。

第六条　甲方域名注册信息发生变更的，甲方应在变更后30日内向乙方申请变更注册信息。经乙方核准后，甲方域名注册信息予以变更运行。

第七条　本合同有效期限为____年，自乙方代交甲方域名注册申请书之日起生效。甲方交纳第二年度及以后年度的域名注册费（含乙方代理费），应在上一年度域名注册到期日之前____日内以现金/银行汇款方式支付给乙方。

第八条　在本合同有效期内，甲方申请转让域名的，应当向乙方提交盖有单位公章或者经公证的域名转让申请表和身份证明材料,经乙方核准后该域名予以变更运行;甲方申请注销域名的,应当向乙方提交盖有单位公章或者经公证的域名注销申请表和身份证明材料,经乙方核准后该域名予以注销。

第九条　本合同未尽事宜,双方本着诚实、信用的原则友好协商解决。

第十条　本合同一式两份,甲乙双方各执一份,具有同等法律效力。

甲　方:＿＿＿＿＿＿＿　　　乙　方:＿＿＿＿＿＿＿

代　表:＿＿＿＿＿＿＿　　　代　表:＿＿＿＿＿＿＿

D. 网站转让合同（参考文本）

网站转让合同

甲方（出让人）:＿＿＿＿＿＿＿

乙方（受让人）:＿＿＿＿＿＿＿

甲方意向将其合法拥有的网站转让给乙方,经协商双方达成如下协议。

第一条　网站名称:＿＿＿＿,域名:＿＿＿＿＿＿＿,共计＿＿＿＿个。甲方出让该网站包括其属下域名所指向空间的所有内容的知识产权。

第二条　甲方应在本合同签订之日起＿＿＿＿日内,办妥该网站域名变更登记手续;向乙方移交该网站经营许可证照、备案和注册文件,并配合乙方办理该网站的其他过户手续;交付该网站运行程序及其源码、网页、数据库等备份文件。

第三条　该网站出让价款为＿＿＿＿＿＿＿元。该网站域名办理变更登记之日起＿＿＿＿日内,乙方以银行汇款方式向甲方支付网站出让价款的＿＿＿＿％;乙方实际取得该网站空间运营管理权限之日起＿＿＿＿日内,结清其余价款。

第四条　甲方保证独立拥有该网站域名、徽标、版式、网页、数据库等文字和声像信息的全部知识产权,并且毫无保留地转让给乙方。因该网站内容引发版权、专利、肖像、名誉或其他权益纠纷,如事发起因在移交该网站空间运营管理权限前,由甲方承担全部的法律责任;如事发起因在移交运营管理权限后,则由乙方承担全部的法律责任。

第五条　如因甲方责任范围引起的法律纠纷并致使乙方被追诉的,甲方应无偿配合乙方的应诉工作。乙方由此蒙受经济损失的,甲方应当补偿乙方所蒙受的经济损失。

第六条 为了便于合同履行和联系沟通，双方通报以下信息。

甲方基本信息。企业法人营业执照号码（事业单位法人代码或居民身份证号）：_____；住所：_____；电话：_____；开户银行：_____；银行账号（或信用卡号）：_____。

乙方基本信息。企业法人营业执照号码（事业单位法人代码或居民身份证号）：_____；住所：_____；电话：_____；开户银行：_____；银行账号（或信用卡号）：_____。

第七条 在移交该网站空间运营管理权限的过程中如遇未尽事宜，双方经过协商可以另行签订补充协议。

第八条 争议解决方式（略）。

第九条 本合同一式两份，甲乙双方各执一份，具有同等法律效力。

甲　方：_____　　　乙　方：_____
代　表：_____　　　代　表：_____

E. 服务器托管/租用合同（参考文本）

服务器托管/租用合同

合同编号：_____

甲方（托管/租用人）：_____　　签订地点：_____
乙方（代管/出租人）：_____　　签订时间：____年__月__日

甲乙双方就服务器托管/租用事宜，经协商达成如下协议。

第一条 合同项目与定义。

1. 服务器托管是指将属于甲方所有的服务器置于乙方网络环境，从而为互联网上的用户提供信息服务。甲方自己负责其服务器的硬件配置和软件安装、升级、服务器管理及故障的排除，并购买相关软件使用权。

2. 服务器租用是指甲方租用属于乙方所有的服务器，该服务器置于乙方网络环境，从而为互联网上的用户提供信息服务。乙方负责该服务器的硬件配置和软件安装、日常维护及服务器故障的排除，甲方按照本合同的约定购买相关软件使用权。

3. 本合同条款中所称"因特网"是"Internet"的中文正式译名，也称国际互联网。

第二条 甲方的义务。

1. 甲方应向乙方提交其企业法人营业执照（事业单位法人证书或居民身份证）的复印件，以确认其从事民事活动的人身资格。甲方如从事互联网信息服务，还应提交相关业务的许可证书、备案批文（包括电子文件）的复印件。

2. 甲方服务器交由乙方托管，应将该服务器硬件送达乙方营业地点。

3. 甲方应向乙方支付约定的服务器托管费/租用费。

4. 甲方保证利用服务器发布的信息不含有下列内容：①反对宪法所确定的基本原则的。②危害国家安全，泄露国家秘密，颠覆国家政权，破坏国家统一的。③损害国家荣誉和利益的。④煽动民族仇恨、民族歧视，破坏民族团结的。⑤破坏国家宗教政策，宣扬邪教和封建迷信的。⑥散布谣言，扰乱社会秩序，破坏社会稳定的。⑦散布淫秽、色情、赌博、暴力、凶杀、恐怖或者教唆犯罪的。⑧侮辱或者诽谤他人，侵害他人合法权益的。⑨含有法律、行政法规禁止的其他内容的。如果出现发布上述违法信息的情况，甲方应当承担全部的法律责任。

第三条 乙方的义务。

1. 乙方为甲方的服务器提供一条带宽＿＿＿M的高速数据端口用以接入因特网，并协助甲方进行设备安装、联网调测、域名设定，提供整个IDC的硬件防火墙过滤。

2. 乙方对托管/租用服务器进行日常维护和监控，以保证甲方信息服务器的正常运行。如果甲方托管服务器出现故障，乙方应提供备用服务器，以保障甲方站点的正常运行。

3. 乙方为甲方提供放置信息服务器的标准机房环境，包括空调、照明、不间断电源、防静电地板等。

4. 乙方不得擅自复制、传播甲方存放在服务器上任何作品和数据，也不得擅自将这些作品和数据许可给任何第三人使用。

第四条 服务费用及支付方式。

1. 服务器初装费＿＿＿元/台（包括分配一个独立IP地址）。服务器开通后＿＿＿日内，甲方以银行汇款方式支付给乙方。

2. 服务器托管费＿＿＿元/月，服务器租用费＿＿＿元/月。服务器开通后，甲方于每（月/季/年）＿＿＿日前以银行汇款方式，向乙方支付该（月/季/年）的服务器托管费/租用费。

第五条 合同期限。

本合同有效期为＿＿＿年。自服务器开通之日起生效。合同到期，双方如果继续合作并对本合同无异议,则本合同自动顺延;如任何一方认为某些条款需修改,届时双方另签合同。甲方有权单方提前终止合同,但此前应付的服务器托管费/租用费,甲方须足额支付。

第六条 保密条款。

任何一方对在本合同履行过程中以任何方式获知对方的商业秘密(包括技术信息和经营信息)均负有保密的义务,不得擅自向任何其他第三人泄露,但现行法律法规另有规定或者经对方书面同意的除外。

第七条 违约责任。

1. 在本合同履行期间,甲方如拖延付款超过_____个工作日,乙方有权关闭服务器。如甲方拖欠付款一个月之内完成付款并要求重新开启服务,应支付_____元重新开启费。

2. 因乙方原因造成服务器的正常工作中断,乙方以小时为单位、以月费为基数,按平均每小时费用的_____倍向甲方赔偿。但以当月服务器托管费/租用费为赔偿的最高限额。

第八条 除外责任。

乙方在进行服务器配置、维护时需要短时间中断服务,或由于因特网上通路的阻塞造成甲方服务器访问速度下降,甲方均认同是正常情况,不属于乙方违约。鉴于计算机及互联网的特殊性,因病毒、黑客、电信部门技术调整等引起的事件,甲方认同不属于乙方违约。

第九条 争议解决方式(略)。

第十条 本合同一式两份,甲乙双方各执一份,具有同等法律效力。

甲方:_____ 乙方:_____

代表:_____ 代表:_____

地址:_____ 地址:_____

电话:_____ 电话:_____

网站:_____ 网站:_____

附件:乙方服务器配置表(略)

F. 互联网接入服务合同（参考文本）

互联网接入服务合同

合同编号：_____

甲方（服务商）：_____　　签订地点：_____

乙方（网络用户）：_____　　签订时间：____年__月__日

甲方向乙方提供多媒体宽带业务服务，双方就该项服务和使用事宜达成以下协议。

第一条　甲方按照国家国际互联网接入业务的相关法律法规和行业规章，向乙方提供本合同约定的宽带网服务，并根据甲方资费标准（见附件）向乙方收取入网服务费。

第二条　乙方在登记安装宽带时，须向甲方提供真实的客户资料（个人提供居民身份证原件和复印件，单位提供营业执照及代办人身份证原件和复印件，并在申报表上加盖公章）。当客户资料变更时应及时办理客户资料变更手续，客户办理迁移、过户、报暂停、复通、注销等手续时，必须签订相应的服务协议。

第三条　乙方安装宽带网络终端设备地点：_____。乙方办理报装手续后，甲方应在_____个工作日内完成施工，开通宽带上网业务。乙方如遇接收信号不正常时可向甲方投诉，甲方承诺在接到乙方报障后24小时内解决常见故障，使乙方尽快获得正常服务（但甲方不负为乙方维护PC机硬件、系统的义务）。

第四条　入网服务费计费周期为月度，乙方应在每月_____日前交纳上个月度的入网服务费。逾期交纳的，从逾期之日起至实际付款日止，每天按欠费总额的_____%向甲方支付违约金。乙方逾期_____天以上仍不交费的，甲方有权断网停止提供服务，并有权追缴乙方所拖欠的入网服务费（包括违约金）。

第五条　如因甲方自身技术、系统等原因造成宽带持续断网超过24小时以上的，甲方应承担每天相当月度入网服务费的_____%作为违约金，该违约金可从乙方应付月度入网服务费中抵扣。但因不可抗力及供电系统停电、网络通路堵塞、黑客制造事端等原因导致断网的，可免除甲方责任。

第六条　乙方连续接受甲方服务并按时交费一年以上（含一年），可以免费租用甲方的网络终端设备，退网时归还；未满一年退网的，需交_____元/月的终端设备租金，并完好交还终端设备。

第七条 甲方提供的网络终端设备，乙方不得擅自拆卸、不得恶意损坏，否则按原价赔偿；在正常使用情况下，甲方将提供一年的免费维护和终身维修服务。对网络终端设备使用一年后发生的故障进行维修，只收取设备维修的成本费。

第八条 未经甲方同意，乙方不得以经营性手段许可第三方共享甲方提供的宽带接入服务，也不得利用该服务从事 VPN 带宽分销等经营性活动，否则甲方有权立即停止对乙方提供宽带接入服务。

第九条 乙方如有制造和扩散病毒或有黑客等破坏行为，甲方有权停止乙方接入，乙方因恶意攻击他人的网络设备所造成的一切法律责任，由乙方自行承担。乙方如受病毒侵害或黑客破坏导致不能正常上网的，甲方对此不承担任何责任。

第十条 本合同签订之日起生效。本合同一式两份，甲乙双方各执一份为凭。

甲方：_____ 乙方：_____

代表：_____ 代表：_____

附：甲方宽带服务资费标准（略）

G. 网站维护服务合同（参考文本）

网站维护服务合同

合同编号：_____

甲方（网站用户）：_____ 签订地点：_____

乙方（服 务 商）：_____ 签订时间：____年____月____日

甲方委托乙方对其网站（名称：_____，网址：http://_____）进行专业维护，双方本着公平互利、诚实信用的原则订立本合同。

第一条 维护服务内容

乙方提供网站标准维护，具体维护内容包括文字修改、图片更新、文件增删和数据库整理。甲方如需增加网页版式、动画、音效设计等服务内容，双方可以另签补充协议。

第二条 维护服务费用

网站标准维护费用为____元/年。甲方应于本合同签订之日起____日内，以银行汇款方式向乙方支付该项费用。

第三条 甲方义务

1. 甲方应按约定交纳网站标准维护费用。

2. 甲方委派专人（姓名：_____，电话/手机：_____，E-MAIL：_____）负责协调网站维修的具体事宜。

3. 甲方保证其网站发布的信息不含有国家法律法规所规定禁止的内容。

4. 甲方上传超过5M以上的文件，应事前通知乙方。

第四条 乙方义务

1. 乙方根据甲方在网站标准维护范围内的具体要求进行站点维护。

2. 乙方委派专人（姓名：_____，电话/手机：_____，E-MAIL：_____）负责甲方网站维修的具体事宜。

3. 乙方负责甲方网站程序部分的升级工作，负责处理程序或网页链接的BUG。

4. 乙方应在24小时之内回复甲方提出的网站业务咨询，并对甲方网站的工作人员进行必要的技术指导。

第五条 违约责任_____。

第六条 争议解决方式（略）。

第七条 其他补充条款_____。

第八条 本合同一式两份，甲乙双方各执一份，具有同等法律效力。

甲　方：_____　　　乙　方：_____

代　表：_____　　　代　表：_____

H. 网络广告合同（参考文本）

网络广告合同

合同编号：_____

甲方（广告主）：_____　　签订地点：_____

乙方（发布者）：_____　　签订时间：____年__月__日

甲方拟在乙方网站发布广告，双方本着平等互利的原则经过充分协商订立本合同。

第一条 广告主题：企业形象（　）；产品品牌（　）；服务品牌（　）。

第二条 广告投放：乙方网站第____页，位置____；规格____；像素____；广告采用悬挂/漂移方式；广告投放时间：_____。

第三条 广告制作：甲方自行设计制作或委托第三方设计制作广告版本（   ）；或选择甲方提供广告预案和企业素材，委托乙方设计制作广告版本（   ）。

第四条 广告内容：甲方保证其提供的广告素材和完成版本（以及乙方保证其受托制作的广告版本）不含有下列内容：①反对宪法所确定的基本原则的。②危害国家安全，泄露国家秘密，颠覆国家政权，破坏国家统一的。③损害国家荣誉和利益的。④煽动民族仇恨、民族歧视，破坏民族团结的。⑤破坏国家宗教政策，宣扬邪教和封建迷信的。⑥散布谣言，扰乱社会秩序，破坏社会稳定的。⑦散布淫秽、色情、赌博、暴力、凶杀、恐怖或者教唆犯罪的。⑧侮辱或者诽谤他人，侵害他人合法权益的。⑨含有法律、行政法规禁止的其他内容的。

第五条 证明材料：甲方应依法向乙方提供其发布的广告内容真实、有效的资质证明、产品说明以及有关行业主管部门广告审批文件等证明材料，并对其所提供证明材料的真实性、有效性自行承担责任。

第六条 广告审查：乙方有权要求甲方按规定提供相关证明材料，甲方拒不提供的，乙方有权拒绝为其发布广告。乙方有权审查甲方广告内容及表现形式，对违法的广告内容及表现形式，有权要求甲方做出修改；甲方拒不修改的，乙方有权拒绝发布。

第七条 广告费用：网站广告位置租用费为＿＿＿元/月度（季度/年度），甲方应于每月度（季度/年度）投放广告前＿＿＿日内，以银行汇款方式向乙方支付网站广告位置租用费。乙方开户银行：＿＿＿＿＿＿，账号(信用卡号)：＿＿＿＿＿＿＿＿＿。

甲方如委托乙方设计制作广告版本，广告设计制作费为＿＿＿元。甲方应于交付广告预案和企业素材的同时，以银行汇款的方式向乙方预付广告设计制作费的＿＿＿%作为定金；广告制作完成版本经甲方审核认可后＿＿＿日内，甲方支付结清其余款项。

第八条 甲方违约责任：甲方提供的资质证明、产品说明、广告批文等证明材料存在虚构、造假问题的，乙方有权停止发布广告。如因虚假广告致使乙方名誉受到损害的，甲方应给付乙方相当月度（季度/年度）网站广告位置租用费的＿＿＿%作为违约金；如因虚假广告致使乙方蒙受经济损失的，甲方还应赔偿乙方的经济损失。

第九条 乙方违约责任：乙方因系统软件、人为操作等自身原因导致其服务器不能正常运行，致使乙方投放广告不能正常显示超过24小时以上的，乙方应承担每天相当月度（季度/年度）网站广告位置租用费的＿＿＿%作为违约金，该违约金可从甲方应付网站广告位置租用费中抵扣。但因不可抗力及电力系统停电、网络通路堵塞、黑客攻击网站等原因导致乙方服务器不能正常运行的，可免除乙方责任。

第十条 补充条款：如因不可抗力及电力系统停电、网络通路堵塞而最终造成甲方广告不能发布或发布天数不足的，乙方应当合理顺延该广告发布期。本合同履行过程中如遇其他未尽事宜，双方经过协商可以另签补充协议。

第十一条 争议解决方式（略）。

第十二条 本合同有效期限为_____年。本合同一式两份，甲乙双方各执一份为凭。

甲方：_____ 乙方：_____

代表：_____ 代表：_____

I. 搜索引擎收费服务合同（参考文本）

搜索引擎收费服务合同

甲方（客户）：_____

乙方（网站）：_____

在您使用_____网站搜索引擎收费服务前，请仔细阅读本搜索引擎收费服务合同。

第一条 合同术语定义。

1. 协议：指本搜索引擎收费服务合同，即简称。

2. 客户：指符合本协议规定条件并已支付服务费用，使用_____网站搜索引擎收费服务的单位或个人。

3. _____网站：指乙方开办的、兼营搜索引擎收费服务业务的网站。

4. 搜索引擎收费服务：指_____网站提供的搜索引擎目录及搜索结果页面上展示客户网站信息的一种有偿服务。

第二条 合同服务对象。

甲方要成为_____网站搜索引擎收费服务的正式客户，必须具备以下条件：

1. 同意本协议及_____网站服务条款，并注册成为_____网站的用户。

2. 按照本协议的规定已向_____网站支付相应的搜索引擎服务费用。

3. 甲方网站没有任何违反国家法律、法规和行业规章的内容。

4. _____网站同意收录甲方网站。

第三条　服务费用。

1. _____网站搜索引擎服务费为_____元/月度（季度/年度）。客户应按照_____网站在其搜索引擎频道相应页面上公布的支付方式交纳支付服务费。

2. _____网站有权根据实际情况随时调整服务费收费标准及支付方式。但调整后的费用收费标准及支付方式只适用于新的客户，已经支付服务费的客户不受影响。

第四条　申请与审核。

1. 客户如需使用_____网站搜索引擎收费服务，需按照本协议规定的收费标准向本网站支付相应的服务费，并向_____网站提供其希望登录的网站名称、网站网址、网站简介、其为登录网站选择的目录以及其他网站要求的信息。

2. _____网站将在收到客户支付的服务费后_____个工作日内，处理客户提交的网站信息，并在处理完毕后以电子邮件的方式回复客户。如果网站认为客户的网站不符合本协议的相关规定，将在发送给该客户的电子邮件中向客户说明拒绝收录该网站的理由。如果客户的网站被收录，网站将在_____个工作日内，将客户网站信息发布到网上的相关页面。

3. 对于是否收录客户要求登录的网站，_____网站享有最终决定权。

第五条　服务内容。

客户可享受_____网站提供的以下服务：

1. 目录排名：客户网站将收录在_____网站收录目录的第一页的前_____名。

2. 关键词排名：客户网站将在所订购关键词综合搜索结果页面的第一页中_____网站搜索结果的前_____名内显示。

3. 客户在服务期内，可以根据注册的_____网站会员代号和密码，登录客户管理中心。查询客户网站所在目录页面的访问量、所订购关键词的搜索次数以及经由_____网站搜索引擎点击进入客户网站的点击次数。

第六条　服务开通。

1. 客户同意在提交网站登录申请后选择付款方式，并及时支付服务费。支付该服务费的行为并不保证客户网站一定会被_____网站搜索引擎收录。如果客户网站不符合本协议相关条款的规定，_____网站将退还该客户已经支付的服务费（但不包括利息）。

2. _____网站自收到客户全额支付的服务费之日起提供本协议约定的各项服务。

3. _____网站有权随时删除客户网站所含有的违法内容及侵害他人民事权益的信息。

4. _____网站有权随时修改客户网站所在目录及其上级目录名称和结构,但客户网站在所在目录的排名将得到保证。

5. _____网站有权随时修改客户在购买收费登录服务时所选择的与其网站内容不相关的目录和关键词。

第七条 客户代号、密码及其安全性。

客户对其在_____网站注册的会员代号和密码的安全性负全责,并对以其客户名进行的所有活动和事件负全责。客户若发现任何非法使用账号或存在安全漏洞的情况,应立即通告_____网站。

第八条 客户的义务。

1. 客户须保证其网站不含有任何违反国家法律、法规和行业规章的内容。

2. 客户须保证其提交的信息真实、准确和完整,并与其网站当前情况一致。

3. 客户网站须有一定的实质内容,此项标准由_____网站全权决定。

4. 客户网站须能够支持多种浏览器,并且每天24小时正常运行、能被访问。

5. 客户在使用_____网站提供的搜索、引擎服务时须保证:遵守国家法律、法规和行业规章的规定,遵守与使用搜索引擎服务有关的网络协议、程序和行业惯例。

6. 客户应及时、足额地支付搜索引擎服务费。

第九条 乙方的义务。

1. 乙方须按本协议的约定为客户提供_____网站搜索引擎收费服务。

2. 乙方不向任何第三人承诺和保证客户网站符合登录标准。

3. 乙方不随意向任何第三人泄露客户网站登录信息,但是依据法律规定、司法程序、行政执法要求披露的或基于客户推广目录需要披露的情况除外。

第十条 确认与接受协议。

客户自愿付费使用_____网站提供的搜索引擎收费服务的行为,应视为客户对本协议全部条款的确认与接受。

第十一条 协议的修改。

_____网站有权随时根据国家出台的新的法律法规、互联网的发展趋势以及网站经营策略的调整等原因修改本协议。客户继续使用_____网站搜索引擎收费服务,就有必要对修改后的本协议进行认真阅读和重新确认。如双方发生合同履行纠纷,应以新协议为准。

第十二条　违约责任＿＿＿＿＿＿＿＿＿＿＿＿＿＿＿＿＿＿。
第十三条　争议解决方式（略）。
第十四条　其他事项。
　　＿＿＿＿＿网站服务条款为本协议的必要组成部分。＿＿＿＿＿网站服务条款与本服务协议内容发生冲突的，应以本协议为准。
第十五条　本合同一式两份，甲乙双方各执一份，具有同等法律效力。

甲　　方：＿＿＿＿＿＿　　　乙　　方：＿＿＿＿＿＿
代　　表：＿＿＿＿＿＿　　　代　　表：＿＿＿＿＿＿
住　　所：＿＿＿＿＿＿　　　住　　所：＿＿＿＿＿＿
网站网址：＿＿＿＿＿＿　　　网站网址：＿＿＿＿＿＿
电子邮件：＿＿＿＿＿＿　　　电子邮件：＿＿＿＿＿＿
签订地点：＿＿＿＿＿＿　　　签订时间：＿＿＿＿＿＿

附件：《X 网站服务条款》（略）

J. 收费电子邮箱服务合同（参考文本）

收费电子邮箱服务合同

甲方（用户）：＿＿＿＿＿＿＿＿＿
居民身份证号：＿＿＿＿＿＿＿＿＿
住所：＿＿＿＿＿＿＿＿＿＿＿＿＿
电话/手机：＿＿＿＿＿＿＿＿＿＿
乙方（网站）：＿＿＿＿＿＿＿＿＿
经营许可证号：＿＿＿＿＿＿＿＿＿
住所：＿＿＿＿＿＿＿＿＿＿＿＿＿
网站名称：＿＿＿＿＿＿＿＿＿＿＿
电子邮件：＿＿＿＿＿＿＿＿＿＿＿
客服电话：＿＿＿＿＿＿＿＿＿＿＿

根据我国《合同法》及相关法律法规的规定，双方本着平等互利的原则订立本合同。

第一条　收费电子邮箱类型
收费电子邮箱类型：＿＿＿＿＿＿；邮箱空间：＿＿＿＿＿＿；可发附件＿＿＿＿＿＿。
第二条　收费电子邮箱租费标准及支付方式

1. 电子邮箱租费标准：_____元/月度（季度/年度）。
2. 甲方可以通过邮局汇款、银行汇款、门店交费、网上支付、电话购卡、手机扣费等方式之一支付电子邮箱租费。

第三条　收费电子邮箱的状态

1. 正常。在本合同期内，甲方可享用乙方提供的电子邮箱服务，电子邮箱处于"正常"状态。
2. 待续费。本合同期限届满起_____日内，甲方未续交电子邮箱租费的，则该电子邮箱处于"待续费"状态。在此期间，甲方不能使用电子邮箱收发电子邮件，但可登录电子邮箱进行续费。本合同期限届满起_____日内，乙方为其保留_____日的服务器端收信功能。
3. 放弃。本合同期限届满起_____日以后甲方仍未交纳电子邮箱租费的，则该电子邮箱处于"放弃"状态。在此状态下，乙方可将该电子邮箱账号提供给其他用户注册使用。

第四条　甲方的权利与义务

1. 甲方有权按照自己意愿，根据账号命名规则注册电子邮箱账号，并可设定密码。
2. 甲方应在本合同订立之日起_____日内交纳电子邮箱租费。
3. 甲方应妥善保管其电子邮箱账号和密码。
4. 甲方应及时清理电子邮箱。因未及时清理，造成电子邮件体积超出邮箱可用空间的，甲方自行承担电子邮件传输内容丢失等不利后果。
5. 甲方不得利用电子邮箱制作、复制、发布、传播违反国家法律、法规的和侵害他人民事权益的信息。

第五条　乙方的权利与义务

1. 乙方依法对甲方的注册信息、电子邮箱账号、通信内容采取保密措施。
2. 乙方为履行本合同所提供的服务及相关信息至少应当以中文形式表达。
3. 乙方在收到甲方的邮箱租费后，应当向甲方注册的电子邮箱发送本合同文本和服务起止期限等相关信息。
4. 乙方应在本合同期限届满前_____日内，向甲方发出服务期限即将届满以及告知办理电子邮箱续期和续费的提醒邮件。
5. 乙方采取技术措施提升电子邮箱系统服务质量时可能影响到甲方邮箱正常使用的，应提前_____日通报甲方，以便甲方采取对应措施。
6. 用户发送出的电子邮件无法成功投递给收信方时，乙方应及时以_____形式通知对方，并告知无法成功投递电子邮件的原因。
7. 乙方应给予甲方有关电子邮箱设置与使用方面的指导。

第六条 合同的成立、终止

1. 本合同在网上订立，进入注册流程，甲方点击"_____"时本合同成立。

2. 甲方注册电子邮箱账号后，即拥有电子邮箱账号和密码。乙方在收到甲方租费之日起即为甲方开通电子邮箱服务。

3. 甲方注册电子邮箱账号后未按约定交纳租费的，本合同终止。

4. 甲方如提出提前解除本合同的，经乙方确认后，本合同终止。

第七条 违约责任

1. 甲方如利用乙方电子邮箱系统制作、复制、发布、传播违反国家法律法规的和侵害他人合法权益的信息，乙方有权中止服务；经查证属实的，乙方有权解除本合同，未到期的租费不予退还。

2. 乙方因自身原因导致甲方无法正常使用电子邮箱服务超过24小时以上的，乙方应当承担相当于月度（季度/年度）电子邮箱租费的_____%作为违约金，该违约金可从甲方应付电子邮箱租费中抵扣。

第八条 解决争议方式（略）

第九条 合同期限及续展

本合同有效期限以甲方支付电子邮箱租费对应的服务时间为准。本合同期限届满，双方对本合同内容无异议的，按甲方续付月度（季度/年度）电子邮箱租费相应续展合同期限。

K. 电子认证服务合同（参考文本）

电子认证服务合同

甲方（用　户）：_____
乙方（服务商）：_____

甲乙双方就申请与使用电子签名认证证书（以下简称"证书"）事宜达成以下协议。

第一条 申请

1. 甲方在申请证书前，应详细了解乙方网站公布的《电子认证业务规则》。

2. 甲方在申请证书时，应提供真实、完整和准确的信息及证明材料。

3. 乙方按照业务规则进行用户的信息录入、身份审核、证书制作和签发工作。

4. 甲方应在申领证书时向乙方交纳证书签发服务费和年度认证服务费。证书资费标准及支付方式详见乙方网站公布的相关信息。

5. 甲方获得证书后应及时验证此证书所匹配的信息，未提异议则视为接受证书。

第二条　使用

1. 乙方发放的证书只能用于在网络上标识用户身份，各应用系统可以根据该功能对其用途进行定义。

2. 甲方应妥善保管证书和私钥及保护密码，不得泄漏或交付他人。甲方如不慎将证书丢失，或因故意、过失导致他人盗用、伪造、篡改时，甲方应当自负全责。

3. 证书对应的私钥为甲方本身访问和使用，故甲方对其在网上交易和网上作业中使用证书的行为以及由此产生的一切后果自负全责。

4. 证书不得转让或转借他人使用。因转让或转借而造成的任何损失由甲方自负全责。

5. 乙方保证其签发的证书不会被伪造、篡改。如因乙方原因导致证书被篡改、伪造的，乙方应当根据《电子认证业务规则》的相关规定承担赔偿责任。

第三条　更新

1. 证书自签发之日起，有效期限为一年。甲方应在证书有效期限届满前一个月内进行证书更新，并应续交年度认证服务费。

2. 随着互联网和数字化技术的进步，乙方有权要求甲方及时更新证书。甲方收到更新通知后，应在规定的期限内办理更新证书手续。

第四条　吊销

1. 如遇证书私钥泄露、证书所载信息发生重大变更以及甲方宣告停业、解散、破产或被兼并等情形的，甲方应及时办理该证书吊销手续。

2. 如遇下列情形之一的，乙方有权吊销其所签发的证书：①甲方在申请证书时提交了不真实的信息资料。②证书对应的私钥泄露。③法律、法规规定的其他情形。

第五条　其他

1. 本合同条款如有修订且涉及甲方的权利与义务时，乙方会通过其网站进行通知。甲方因此而要求吊销证书的，应当自通知发布之日起＿＿日内，向乙方提出申请。逾期没有提出异议的，则视甲方同意接受修订后的本合同。

2. 甲方确认已经认真阅读并完全理解本合同的各项内容。甲方在证书申请表格上签名盖章之行为即表明其接受本合同的约束，本合同即时生效。

L. 短信平台服务合同（参考文本）

短信平台服务合同

甲方（用户）：_____
乙方（网站）：_____

甲方委托乙方通过其网站短信平台代为发送_____类短信，双方经协商订立本合同。

第一条 甲方委托乙方发送短信内容为_____项，发送短信共计_____条。甲方通过电子邮件、电话传真等方式提交发送短信内容和接收对象范围，并提前预约发送时间。

第二条 甲方保证其短信内容的真实性和有效性，并保证其短信不含有任何的违反国家法律、法规和行业规章的内容。甲方对其短信内容所造成任何的不良后果自负全责。

第三条 乙方收取短信服务费标准为_____元/条，总计_____元。甲方应以现金或银行汇款方式支付短信服务费，且甲方先行支付后乙方才履行短信发送义务。

第四条 乙方依法对甲方提交的短信内容进行审查。经审查认定甲方短信含有违法内容的，乙方有权要求甲方修改短信内容；甲方拒绝修改的，乙方有权拒绝代发。

第五条 甲方对短信接收对象是否愿意接收其提供的信息，以及由此可能引发的法律纠纷自负全责，乙方概不承担由此可能引发的任何法律责任。

第六条 乙方承诺保质、按时、按量发送短信，并向甲方提供发送日志作为查验依据。

第七条 乙方对代发短信业务服务过程中所接触到甲方的商业秘密（未对外公开的技术信息以及客户资料、促销方案、推广计划等经营信息），负有保密的义务。

第八条 争议解决方式（略）。

第九条 本合同自甲方支付短信服务费之日起生效，至乙方代为发送甲方短信完毕之日终止。本合同一式两份，甲乙双方各执一份为凭。

甲方：_____　　　　乙方：_____
代表：_____　　　　代表：_____

M. 短信息服务合同（参考文本）

短信息服务合同

（一）服务项目

_____网短信息服务是由_____网站经营者_____网络技术有限公司（以下简称"_____网"）与_____移动通信运营商联合为手机用户推出的短信息定制及短信息点播服务业务（以下简称"短信息服务"）。

（二）服务对象

若想成为_____网短信息服务的正式用户，应具备以下条件：

1. 用户是与_____网合作提供短信息服务的_____移动通信运营商的手机用户。

2. 用户认可《_____网短信息服务条款》。

3. 用户完成_____网短信息服务的相关注册程序。

（三）特别提示

1. 用户在订购_____网提供的短信息服务前，应当确认自己手机能够正常接收和显示短信息。因用户手机原因而不能正常接收和显示_____网发送的短信息的，由用户自负全责。

2. 用户应妥善保管自己的手机，如用户手机被他人借用或盗用，借用人或盗用人利用用户手机订购_____网短信息服务所产生的服务费用，由用户承担。

3. 用户出国并使用国际漫游服务时，如用户未取消已定制的短信息服务，或者在国际漫游状态下继续使用短信息点播服务，由此引发的国际通信费用须由用户自行承担。

（四）收费标准与和交费方式

1. _____网短信息服务费的收费项目及其资费标准公布在其网站的相关网页上，用户可根据实际需求自主选择。

2. 用户同意应交短信息服务费由_____移动通信运营商为_____网代收，并在用户向_____移动通信运营商交纳的各项费用中优先扣缴。

（五）服务变更与终止

1. 用户可根据其实际情况随时停止使用_____网提供的一项或多项短信息服务，也可以取消已定制的短信息服务。

2. 用户在_____移动通信运营商处注销短信息服务时，应同时在_____网注销短信息服务，否则因此产生的相应费用仍须由用户承担。

3. ＿＿＿＿网提供的短信息服务需取决于＿＿＿＿＿＿网与＿＿＿＿＿移动通信运营商之间的合作，如双方的合作关系终止，＿＿＿＿＿＿网提供的短信息服务也相应终止。

（六）用户安全

1. 用户成为＿＿＿＿网短信息服务的用户后，即可使用其注册用户名和密码访问与享用＿＿＿＿网短信息服务系统。用户可随时更改其设定的密码，并对其密码保密自负责任，用户如发现任何非法使用其用户名或存在安全漏洞的情况，应立即通知＿＿＿＿网采取相应的补救措施。

2. 因＿＿＿网的原因造成用户密码、账号泄露并造成用户损失的，＿＿＿＿网应负赔偿责任。是否因＿＿＿＿＿＿网的原因造成用户损失，由＿＿＿＿＿＿网承担举证责任。

（七）用户承诺

用户在使用＿＿＿＿＿＿网提供的短信息服务时须承诺：

1. 遵守国家法律法规的有关规定。
2. 遵守所有与使用短信息服务有关的网络协议和行业惯例。
3. 不利用＿＿＿＿网短信息服务进行任何非法活动。
4. 不干扰＿＿＿＿网短信息服务的正常运行。

（八）违约责任

1. 用户拖欠＿＿＿＿＿＿移动通信运营商的手机服务费用，从而导致该运营商不能及时向＿＿＿＿网转付短信息服务费的，用户应主动向＿＿＿＿＿网交纳拖欠的短信息服务费，并按有关规定给付所拖欠费用的滞纳金。

2. 如因＿＿＿＿＿网过错导致用户接收不到预约短信息或接收到错误短信并支付了相应的短信息服务费的，经核查情况属实，＿＿＿＿网应双倍返还用户短信息服务费。返还双倍的费用可从用户应付短信息服务费中抵扣，也可以现金方式赔付给用户。

（九）除外责任

＿＿＿＿＿网对非自身过错行为发生的损害后果不承担责任。这些损害可能来自：不正当地使用短信息服务、在网上购买第三方提供的商品或服务、在网上进行交易或用户传送的信息丢失、移动通信运营商所属基站发生技术故障、互联网络通路严重堵塞等。

（十）其他事项

1. 本合同条款如有修订且涉及用户的权利与义务时，＿＿＿＿＿网会通过其网站进行通知。自通知发布之日起＿＿＿＿＿＿日内，用户可向＿＿＿＿＿网提出异议。用户逾期没有提出异议的，则视用户同意接受修订后的本合同。

2. 用户确认已经认真阅读并完全理解本合同的各项内容。用户在_____网完成注册手续之行为即表明其接受本合同的约束，本合同即时生效。

N. 数据库信息服务合同（参考文本）

数据库信息服务合同

第一条　服务项目

_____网数据库信息服务系_____网站（以下简称"_____网"）经营者_____出版社（杂志社/图片社/研究院/科技推广中心/软件开发有限公司）自主创建的图书（文学作品/技术文献/学术论文/应用软件）数据库，并面向网络用户有偿提供该数据库的文献信息服务。

第二条　服务对象

若想成为_____网数据库信息服务的正式用户，应具备以下条件：

1. 用户浏览_____网并认可《_____网数据库信息服务条款》。

2. 用户在_____网数据库信息服务的相关网页办理注册手续。

3. _____网依据用户注册信息在"数据库财务管理系统"为其设立专用账号。

4. 用户须向"数据库财务管理系统"其专用账号一次性划拨最低限额的充值费。

第三条　收费标准与交费办法

1. 数据库信息下载服务费收费标准为_____元/页。用户付费按其每次下载文献页数计算费用，并由"数据库财务管理系统"所设置计数器自动从用户账号中扣减该笔费用。

2. 用户向其专用账号一次性划拨充值费的最低限额为_____元，上不封顶。用户可以邮局汇款、银行汇款、网上支付等方式向_____网"数据库财务管理系统"其专用账户预付充值费。_____网开户银行：_____，户名：_____，账号：_____。

3. _____网收到用户充值费后_____个工作日内，开通用户账号并为用户提供数据库信息下载服务。当用户账户余额不足支付一次性下载服务费时，_____网会及时通知用户续费，并即时中止数据库信息下载服务。

第四条　用户安全

1. 用户成为_____网数据库信息服务系统的用户后，即可使用其注册用户名和账号密码访问_____网数据库并可以下载其所需要的文献信息。用户可以随时更改其账户密码，并对其账户密码保密自负责任。用户如发现任何非法使用其用户名、专用账号或存在安全漏洞的情况，应立即通知_____网采取相应的补救措施。

2. 因_____网的原因造成用户账号密码泄露并造成用户损失的，_____网应负赔偿责任。是否因_____网的原因造成用户损失，由_____网承担举证责任。

第五条 用户承诺

用户在使用_____网提供数据库信息服务时须承诺：

1. 遵守我国知识产权法律及相关法规的有关规定。
2. 遵守所有与数据库信息服务有关的网络协议和行业惯例。
3. 不以任何方式对_____网数据库信息进行非法的复制、解密或扩散。
4. 不以任何方式对_____网数据库信息进行非法的剽窃、篡改或歪曲。

第六条 违约责任

1. 用户非法复制、解密、扩散、剽窃、篡改或歪曲_____网数据库文献信息，侵害_____网的版权和其他权益的，用户应承担违约（及侵权）责任，赔偿_____网的经济损失。

2. 用户非法复制、解密、扩散、剽窃、篡改或歪曲_____网数据库文献信息，侵害第三人的版权和其他权益，并导致_____网承担连带损害赔偿责任的，用户应赔偿_____网因此蒙受的实际经济损失。

3. 如因_____网数据库自身原因导致用户下载文献信息出现明显错误的，_____网应双倍返还数据库信息下载服务费，该笔赔偿费用充值方式的注入用户的专用账户。

第七条 合同修改

用户确认已经认真阅读并完全理解本合同的各项内容。本合同条款如有修订且涉及用户的权利与义务时，_____网会通过其网站进行通知。自通知发布之日起_____日内，用户可向_____网提出异议。用户逾期没有提出异议的，则视用户同意接受修订后的本合同。

第八条 合同生效与终止

本合同自用户预付充值费注入其专用账户之日起生效；用户专用账号余额不足支付一次性下载服务费之状态超过_____个月的，将视为本合同终止。本合同终止后，_____网将吊销该用户的专用账号，其专用账户余额不予退还。

O. 网上支付服务合同（参考文本）

网上支付服务合同

合同编号：_____

甲方（商户）：_____　　签订地点：_____
乙方（网站）：_____　　签订时间：____年____月____日

甲方电子商务活动需要乙方网上交易支付平台的支持服务，双方经协商订立本合同。

第一条　服务内容。

1. 通过_____支付平台提供网上交易支付接入服务。
2. 提供与乙方所连通的国内商业银行之银行卡网上交易转接服务。
3. 提供相关信息查询服务。
4. 提供商户端软件升级服务。

第二条　服务费用与支付方式。

1. _____支付平台技术服务费：_____元/年。

甲方应在本合同签订之日起_____日内，以银行汇款、网上支付方式向乙方一次性支付该项服务年费。

2. 网上支付交易订单结算手续费按每笔交易金额的_____%计提，单笔交易手续费不足_____元的按_____元计算。

乙方应收取的交易订单结算手续费，从代收甲方订单交易款项中自动扣除。乙方向甲方代转（扣除手续费后的）订单交易款项的结算周期为每_____天结算一次。

3. 甲方、乙方银行账户信息详列如下，以便利双方之间的资金往来结算。

甲方账户名称：_____，开户银行：_____，账号：_____。
乙方账户名称：_____，开户银行：_____，账号：_____。

第三条　甲方的义务。

1. 甲方应按期、足额交纳_____支付平台技术服务年费。
2. 甲方应对借助_____支付平台进行的交易及时进行订单处理，并对其与第三人进行的交易活动及其任何后果自负全责。
3. 甲方应向乙方提供上线工作所必需的文件和相关信息资料，并对其所提供上述信息材料的真实性、合法性及完整性自负全责。

第四条　乙方的义务。

1. 乙方提供使用的_____支付平台，能够保证甲方在正常情况下进行结算。

2. 乙方应对甲方开展的网上交易活动提供必要的技术支持。

3. 乙方应按合同约定及时办理代收代转甲方交易款项业务。

第五条　保密条款（略）。

第六条　违约责任_____。

第七条　争议解决方式（略）。

第八条　其他事项_____。

第九条　本合同有效期限为____年，自签字之日起生效。本合同一式两份，甲乙双方各执一份为凭，具有同等法律效力。

甲方：_____　　　乙方：_____
代表：_____　　　代表：_____
住所：_____　　　住所：_____
电话：_____　　　电话：_____
网址：_____　　　网址：_____

P. 网站商务会员服务合同（参考文本）

网站商务会员服务合同

合同编号：_____

甲方（商户）：_____
乙方（网站）：_____

甲方意向成为乙方网站的商务会员，双方就商务信息服务事宜达成如下协议。

第一条　会员注册。

甲方自愿接受乙方____网提供的商务信息服务，并同意按照____网商务信息网页公告的《服务指南》和《操作规则》的要求，在办理注册手续及交纳会员服务费后，成为乙方____网的注册会员。

第二条　服务内容。

甲方选择注册____网商务会员服务类别的第____项，服务类别内容详见____网商务信息网页公布的《服务指南》。乙方提供的商务信息服务还包括：将甲方的信息编辑、加工后在____网上发布；协助甲方在____网上进行电子商务交易。

第三条　服务期限。

本合同有效期限（会员服务期限）为＿＿＿＿年，自乙方实际收到甲方交纳商务会员服务费之日起生效。

第四条　服务费用。

＿＿＿＿网商务会员服务费的收费标准为＿＿＿＿元/年。甲方应在办理会员注册手续当日，以网上支付（或邮局汇款、银行汇款）方式向乙方支付会员服务费；第二服务年度以后交费，应在上一服务年度结束前＿＿＿＿日以内支付。

第五条　信息储存与限制。

1. 甲方需要发布商务信息，可由乙方代其录入＿＿＿＿网信息数据库中；也可由甲方通过网络自行录入，并根据需要进行删除和更新，但须按《操作规则》及时通知乙方。

2. 甲方应对其录入＿＿＿＿网信息数据库中的经营证照、企业形象、产品数据等信息资料的真实性、合法性、准确性自负全责。

3. 甲方所提供的信息不得含有国家法律法规、行业规章所规定禁止的内容。

4. 乙方对甲方提供的属于非法的、侵害他人合法权益的信息，依法享有不经甲方认可即予以删除的权利。

第六条　会员账号与密码安全。

甲方成为乙方的注册会员后，将得到一个专有账号和密码，甲方对其专有账号和密码的安全自负全责，并对以其专有账号进行的所有活动及其后果自负全责。甲方如遇其专有账号被非法使用、密码外泄等安全问题的，应立即通报乙方采取补救措施。

第七条　知识产权。

乙方自主研发的网页版式、系统程序、应用软件、数据库等知识产权包括但不限于著作权、专利权、专有技术及其他享有独占的、排他性的权益。

第八条　保密条款（略）。

第九条　违约责任＿＿＿＿＿＿＿＿＿＿＿＿＿＿＿＿＿＿＿＿＿＿。

第十条　除外责任。

乙方对于下列原因造成的损害不承担任何违约或侵权责任：因甲方使用自己的上网设备发生故障所造成的损害；因甲方不正当使用网络服务服务所造成的损害；因甲方提供的商务信息发生变动所造成的损害。乙方对其提供的商务信息不负任何形式的担保义务。

第十一条　争议解决方式（略）。

第十二条　其他补充事项＿＿＿＿＿＿＿＿＿＿＿＿＿＿＿＿＿＿＿。

第十三条　合同修改。

甲方确认已经认真阅读并完全理解本合同的各项内容。本合同条款如有修订且涉及甲方的权利与义务时，＿＿＿＿网会通过其网站进行通知。自通知发布之日起＿＿＿＿日内，甲方可向＿＿＿＿网提出异议。甲方逾期没有提出异议的，则视甲方同意接受修订后的本合同。

第十四条　合同生效与终止。

本合同自乙方实际收到甲方交纳会员服务费之日起生效，至会员服务期限届满终止，或至甲方拒交下一年度会员服务费终止。本合同终止后，＿＿＿＿网将吊销甲方的会员账号。

Q. 网站商家加盟合同（参考文本）

网站商家加盟合同

合同编号：＿＿＿＿＿＿＿＿

甲方（商家）：＿＿＿＿＿＿＿＿　　签订地点：＿＿＿＿＿＿＿＿

乙方（网站）：＿＿＿＿＿＿＿＿　　签订时间：＿＿＿年＿＿月＿＿日

双方基于网络营销飞速发展的趋势，本着公平、诚信、互利的原则，就甲方加盟乙方＿＿＿＿网商城事宜，经过充分协商订立本合同。

第一条　网站运营类型。

乙方所属＿＿＿＿＿＿＿＿网商城是一家从事商品营销、生活服务的专业性网站。＿＿＿＿＿＿网商城竭诚为百姓生活和娱乐休闲提供便利的条件和高效的服务，并以网上展卖形式协助商家实现网上营销的运作方式。

第二条　甲方加盟条件。

甲方具备开设网上商城所需的商品货源或配套的服务硬件（包括专业人员和服务设施），须向乙方提交相关的证明文件和财产资料。乙方认可甲方加盟条件的，双方商定甲方加盟＿＿＿＿网商城期限为＿＿＿＿年。

第三条　甲方加盟权益。

甲方可以通过＿＿＿＿网展示其商品或服务信息；可以在付费前提下利用＿＿＿＿网开展商品或服务促销活动；可以采用乙方代为送货及代理票务的方式，及时回收甲方货款及票款。

第四条　甲方加盟义务。

甲方应提供货真价实的商品和健康优质的服务；甲方自主制定网上商品

售价或服务项目收费标准,但报价原则总体上低于市场行情,以此确立网络市场营销的优势;甲方也有义务在其现实门店及其报刊广告、宣传资料上展示乙方网址、订购热线等相关信息。

第五条 经营许可公示。

甲方需提供营业执照、税务登记证、法人代码证及各类商品(服务)经营许可证明,并在_____网商城网页上公示。

第六条 信息存放与展示。

乙方负责为甲方在_____网上提供信息存放空间,将甲方提供的商品(服务)信息资料按统一格式制作成网页链接在_____网上,供网上顾客查询、购买,并负责信息的日常更新。

第七条 商品配送。

送货上门为双方的统一行为,送货范围仅限于_____网已开通的区域内,乙方原则上保证在其可供货时段内全天候供应。商品送达时间根据商品品种和顾客预约予以确定,并以_____网服务条款明示的承诺为准。

第八条 供货程序。

1. 供货通知:根据订单情况乙方向甲方开出入库单通知送(备)货或提货。

2. 交易:由乙方网站专职配送人员送达顾客处。

3. 存货:除鲜活、现做商品和双方约定外,甲方应根据网上销售量安排一定数量的存货在乙方仓库以保证全天候供应。此存货所有权为甲方所有,在其销售之前甲方对其有任意处置权,同时乙方还应保证该存货的安全。

4. 成交记录及货款结算:由配送人员代表甲方与顾客结算货款,并做相应成交记录。货款存入甲方单独开设的存款账户,此账户货款中包含甲方应支付给乙方的配送服务费用。甲方可随时(预)约定时间对账收取货款,同时按约定支付配送服务费给乙方。

第九条 邮购。

对于_____网规定送货上门范围以外订单或顾客有特殊要求的,乙方可以提供邮寄、快递服务,邮费由顾客负担。

第十条 网页信息服务费。

乙方为甲方作为商家及其商品(服务项目)制作图文介绍网页,甲方应向乙方支付网页信息制作、维护(信息更新)服务费。网页信息服务费的资费标准在_____网商城网页上予以公示。

第十一条 税务。

商品销售(服务收费)发票,根据顾客需要按网上成交金额由甲方开具。有关交易涉及的商品增值税和商业、服务业营业税等，由甲方履行纳税义务。

第十二条　质量。

商品（服务）质量有国家标准的执行国家标准，有行业标准的执行行业标准，没有国家和行业标准的，甲方应依法制定符合行业惯例的质量标准，并对顾客承诺保证其商品（服务）质量。对于顾客有关商品（服务）质量的投诉，由甲方承担实体责任，乙方仅负程序义务（如代向甲方转达顾客投诉）。如因商品（服务）质量缺陷追究而乙方连带赔偿责任的，甲方应补偿乙方所蒙受的经济损失。

第十三条　其他。

1. 因不可抗力或网络系统故障等原因造成顾客下单不顺利或中断，＿＿＿＿网有权延缓、暂停或取消订单。

2. 因国家法律法规、行业规章出台新的规定禁止或限制某些交易行为的，＿＿＿＿网有权依法变更或停止相关交易的进行。

3. 乙方有权对＿＿＿＿网商城公示的服务条款、资费标准根据实际情况进行修改、变更、调整和补充。

4. 本合同未尽事宜，双方本着互惠互利的原则协商解决，另签补充协议。

第十四条　违约责任＿＿＿＿＿＿＿＿＿＿＿＿＿＿＿＿＿＿＿＿。

第十五条　争议解决方式（略）。

第十六条　本合同自签订之日起生效，至甲方加盟本网商城期限届满终止。本合同一式两份，甲乙双方各执一份，具有同等法律效力。

甲方：＿＿＿＿＿＿＿＿　　　乙方：＿＿＿＿＿＿＿＿

代表：＿＿＿＿＿＿＿＿　　　代表：＿＿＿＿＿＿＿＿

住所：＿＿＿＿＿＿＿＿　　　住所：＿＿＿＿＿＿＿＿

电话：＿＿＿＿＿＿＿＿　　　电话：＿＿＿＿＿＿＿＿

网址：＿＿＿＿＿＿＿＿　　　网址：＿＿＿＿＿＿＿＿

R. 网上购物合同（参考文本）

网上购物合同

合同编号_____ 交易日期_____

甲方（卖方）：_____

地址：_____

邮编：_____

客服电话：_____

传真：_____

网址：_____

乙方（买方）：_____

地址：_____

邮编：_____

电话/手机：_____

电子邮件：_____

甲方经销商品获得乙方中意，双方本着公平、自愿、互惠互利的原则订立本合同。

（一）商品名称、商标牌号、规格型号：_____。

（二）计量单位及数量、单价及总金额：_____。

（三）货运。

1. 发货地点及发货时间：_____。

2. 送货方式及货运单位：_____。

3. 收货地点、收货人姓名及联系电话：_____。

4. 运费：_____元，由乙方承担。

（四）货款及运费支付。

1. 交易方式选择：第____种（①先付款后发货；②先发货后付款）方式。

2. 付款方式选择：第_____种（①邮局汇款；②银行汇款；③网上支付，即乙方将款项汇入_____网账户，_____网收到乙方收货通知后将货款支付给甲方）方式。

（五）交货。

1. 甲方应在发货后____日内向乙方或委托____网向乙方发出发货通知。

2. 乙方到货日后_____天内可以提请退货，但须承担因退货而产生的一切费用；到货日后超过_____天以上的，则不得退货。到货日以货运凭证所载签收日期为准。

3. 甲方应当承担因货物包装不当而造成的货物损害或灭失的责任，但不承担货运过程因自然损耗、合理磨损而造成货物品质减损的责任。

（六）违约责任：_____。

（七）争议解决方式（略）。

（八）甲方支付中意商品货款及运费之行为，即表示甲方认可本合同条款以及_____网购物商城网页公布的《交易须知》，本合同即时生效。

S. 网上订票合同（参考文本）

网上订票合同

合同编号：_____

甲方（顾　客）：_____
地址：_____
邮编：_____
电话/手机：_____
电子邮件：_____
网址：_____
乙方（服务商）：_____
地址：_____
邮编：_____
客服电话：_____
传真：_____
网址：_____

甲方拟订乙方（代理）提供的_____类服务，双方本着平等互利的原则订立本合同。

（一）服务项目：剧场/影院/迪厅/展馆/夜总会/俱乐部门票，或车票/机票/船票。

（二）服务地点（服务区间）及时间：_____。

（三）票价（元）、数量（张）及总金额：_____。

（四）收票人姓名、地址及联系电话：_____。

（五）收票方式：选择第_____种（①售票处自取；②运营地自取；③快递；④邮寄）方式。

（六）付费方式：选择第_____种（①邮局汇款；②银行汇款；③网上支付，即甲方将票款汇入_____网账户，_____网收到甲方收票通知后将票款支付给乙方）方式。

甲方收票如选择快递或邮寄方式，应加付快递费或邮寄费。

（七）乙方是该服务项目票务代理商。如遇票务纠纷，甲乙双方协商解决；如遇服务质量、延期服务、退票等纠纷，甲方应当凭票与该项目服务商协商解决（选择性条款）。

（八）违约责任：_____。

（九）争议解决方式（略）。

（十）甲方支付订票之行为，即表示甲方认可本合同条款以及_____网俱乐部/客运站网页公布的《交易须知》，本合同即时生效。

后 记

  2009年作者主编《文化产业法学通论》一书，并被列为云南大学出版社高等学校文化管理类专业系列教材之一。该书初稿约80万字，作为教材显然容量太大，出版时将文化经济合同实务章节部分50余合同文本删减了近一半，故而留下诸多遗憾。鉴于我国文化产业飞速发展、文化市场日趋繁荣，文化产业经营人员迫切需要签约技巧方面知识充实他们的市场交易实践，作者在前书基础上，结合多年担任文化行业单位和文化经营项目法律顾问的经验，编写了《文化产业经营合同实务》一书。本书前四章分别介绍物权法、版权法、合同法以及相关经营行为法；第五章介绍八种有名合同（买卖、赠与、借款、租赁、承揽、技术、保管、经纪合同）实务；第六章介绍八种无名合同（投资、版权、劳务、演出、娱乐、旅游、培训、网络合同）实务，基本涵盖了文化产业主要行业的经营业务。诸如，大众传媒行业（包括出版业、音像业、广播业、电影业、电视业、网络业）可参考版权、网络合同实务，广告业可参考承揽、版权合同实务，展览业可参考租赁、承揽、娱乐、旅游合同实务等。因我国民办教育立法滞后（现行法律规定属于公益性事业性质），故未设专节介绍教育合同。

  本书编写过程中，得到北京电影学院及相关部门领导大力支持，为此向本院院长张会军教授和籍之伟、侯光明、谢小晶、孙立军、王鸿海、孙欣、姚国强、俞剑红教授致以诚挚的谢意。时逢党的十七届六中全会出台"关于深化文化体制改革"的决定，提出"推动文化产业成为国民经济支柱性产业，文化管理体制和文化产品生产经营机制充满活力、富有效率，文化繁荣发展的人才保障更加有力"的奋斗目标，中国社会科学院所属经济管理出版社积极编审本书，中国知识产权法研究会会长、中国人民大学知识产权学院院长刘春田教授为本书作序，在此一并致以诚挚的谢意。

作 者

2012年1月于北京·育新花园